中國都市藝能研究會叢書
05

The Japan Association for Chinese Urban Performing Arts Library
中國城市戲曲研究會叢書

◇　◇　◇

中華圏の伝統芸能と地域社会

峰 正介史
一 大仁
邱 氷上田
千佐藤
生夫健和
光 一
下部 宣
石山戸平林

著

本書は日本学術振興会科学研究費補助金「近現代中華圏の伝統芸能と地域社会〜台湾の皮影戯・京劇・説唱を中心に」（平成27 〜 30 年度、基盤研究(B)、課題番号：15H03195、研究代表者：氷上正）による成果の一部である。

前 言

　本書は、中国都市芸能研究会有志による研究プロジェクト「近現代中華圏の伝統芸能と地域社会〜台湾の皮影戯・京劇・説唱を中心に」（平成 27 〜 30 年度日本学術振興会科学研究費補助金基盤研究 (B)、課題番号：15H03195、研究代表者：氷上正）の研究成果の一部である。

　中国の伝統芸能については、1980 年代以降、我が国において農村祭祀芸能の演劇史・文化人類学的調査・研究が進展し、中国本土においても地方芸能の調査・整理が進んだことで、新たな伝統芸能像が描き出されている。一方、中国各地の伝統芸能のあり方が解明されてゆくにつれて、それら個別の事象を相互に結びつけるネットワーク構造を、演劇学・文学史研究のみならず歴史学・宗教学などの方法・知見を総合し、分野横断的に解明する必要性が高まってきている。

　こうした認識のもと、中国都市芸能研究会では科研費研究「近現代華北地域における伝統芸能文化の総合的研究」（平成 17 〜 19 年度、基盤研究 (B)、課題番号：17320059、研究代表者：氷上正）、「近現代中国における伝統芸能の変容と地域社会」（平成 22 〜 25 年度、基盤研究 (B)、課題番号：22320070、研究代表者：氷上正）などを通じて、北京・天津・河北・山西・陝西・遼寧・黒竜江などの北方地域、上海・江蘇・浙江・安徽などの江南地域において現地調査を行い、皮影戯・京劇・相声・宝巻などの伝統芸能を研究し、その成果を『近現代中国の芸能と社会――皮影戯・京劇・説唱』（中国都市芸能研究会叢書 3、2013 年）・『中国皮影戯調査記録集――皖南・遼西篇』（中国都市芸能研究会叢書 4、2014 年）などとして公刊してきた。

　一方、研究の蓄積が進むにつれて、従来注目してきた同一地域内の都市・農村を結ぶ伝統芸能のネットワーク構造に留まらず、複数の地域を跨がる全国レベルのマクロなネットワーク構造の解明が新たな課題として浮上することとなった。また、中華人民共和国成立後の芸能・文化政策が伝統芸能のあり方に及ぼした影

i

響が思いのほか大きく、また近年の急激な市場経済化による社会構造の変化や無形文化遺産ブームにともなう政策的影響などにより、更なる変容を遂げつつある実態も明らかになっている。

　このため、中国本土の伝統芸能への理解を深めるために、研究を深化させるばかりでなく、そのあり方を相対化し客観的に論ずるための視座や比較対象を設定する必要性が浮上してきた。そこで本共同研究では中国本土に加え、台湾の伝統芸能を研究対象として採りあげることになった。

　台湾の伝統芸能はいずれも中国本土から伝播しているが、近現代において政治的・経済的に本土と異なる環境下にあったため、台湾で独自の発展を遂げている。特に、社会主義革命を経ていないために、地域社会に根ざして生き残っているものが多いことは、台湾の伝統芸能の魅力の一つである。

　一般に、地域社会に根ざした伝統芸能は、移民などを通じた人口移動に伴う地域社会の再編過程、および近現代の文化政策といった政治的要因に規定される側面を持つ。このため台湾の伝統芸能を検討するにあたっては、清代以来の移民の状況や西洋近代の流入、さらに日本による植民地支配の影響などを考慮し、伝統芸能を取り巻く社会背景について検討する必要がある。そうした台湾独自の要素も考慮し、中国本土と比較を行うことによって、中華圏全体における伝統芸能の本質に迫ることも可能となろう。本書の「中華圏の伝統芸能と地域社会」というタイトルは、こうした発想に基づくものである。

　なお今回のプロジェクトでは、中国都市芸能研究会有志に加え、台湾の伝統芸能研究の分野で数々の業績を上げてきた石光生氏と、台湾を代表する皮影戯研究者である邱一峰氏にも参画していただくことで、極めて有意義な国際研究を展開することができた。共同研究を快く引き受けていただいた両氏に、改めて御礼を申し上げる。

氷上　正

2019 年 2 月 1 日

目　次

前言……………………………………………………… 氷上　　正　　i

I　山中登と台湾皮影戯……………………… 石　光　生（山下一夫訳）　1

II　台湾皮影戯の発展・現状と展望……… 邱　一　峰（千田大介訳）　23

III　台湾皮影戯上四本の『白鶯歌』と『蘇雲』について　山下　一夫　47

IV　台湾における相声についての一考察………………… 氷上　　正　93

V　1950・60年代台湾における社会教育館と地方演劇との関わり
　　──高雄県立社会教育館の活動を例に──………… 戸部　　健　101

VI　北京・冀中・冀東皮影戯変遷史考
　　──北京西派錫慶班を端緒として──……………… 千田　大介　119

VII　1919年の梅蘭芳訪日公演と「東洋の美」の発見 … 平林　宣和　161

VIII　非遺時代における中国民俗文化の行方
　　──蘇州呉江の宣巻芸人を事例に──……………… 佐藤　仁史　173

執筆者紹介……………………………………………………………………　206

　　＊　本文中の漢字表記は、引用を除き、原則として常用漢字体に統一した。

I

山中登と台湾皮影戯

石　光　生

（山下　一夫　訳）

『桃太郎』の雉と鬼

1. 前言

　民国 78（1989）年、中華民国教育部は 7 名の「重要民俗芸術芸師」を選出した。そのうち皮影戯（影絵芝居）が張徳成（1920-1995）で、布袋戯が李天禄（1910-1998）である。2 人はいずれも台湾の人形劇界を代表する人物で、日本統治時代の皇民化の苦難も経験しており、その優れた技術と芸術によって賞を獲得した。民国 82（1993）年、筆者はアメリカで博士号を取得して帰国したが、まだ台湾で教壇に立っていなかった時に、高雄県文化局の委託で張徳成のライフヒストリーを本に纏めることになった。張徳成は大社郷に住みながら、岡山の文化センターで皮影戯の教育も行っていたため、筆者は車で両方の場所を行き来してインタビューを行い、かれの人生における感動的な場面を幾つも伺った。張徳成はきちんと資料を保存する点にかけては台湾の芸人の中で最も優れており、おかげで私は日本語新聞の切り抜きや山中登の写真、山中登と滝沢千絵子のガリ版印刷の台本、人形などを見せてもらうことができた。張徳成の回想が次第に日本統治時代に入っていくと、まるでかれらが目の前で生きて動いているかのように思えた。総督府が台湾の伝統演劇を弾圧する度に、山中登は身を挺して総督府を説得し、皮影戯を改造して「奉公団」とし、皇民化の一翼を担わせることで、南台湾で悠久の歴史を持つ皮影戯を救った。山中登の台湾皮影戯に対する重要な貢献について、私は幸いにも張徳成のライフヒストリーの中に書き入れることができた。

　山中登（1896-1979）は日本の優れた民俗学者である。日本統治時代の台湾総督である長谷川清とは同郷で、また兄の山中樵は当時台湾総督府図書館の館長を務めていた。山中登は台湾在留時に高雄駅と高雄中学の近くに住んでおり、また南方土俗文物館を創設し、台湾原住民や閩南の文化・習俗の研究を行った。さらに台湾の皮影戯にも情熱を注ぎ、総督府が何度か台湾の伝統演劇を潰そうとした時は、その都度起ち上がり、一貫して南台湾の皮影戯を擁護する発言を行った。また山中は東華皮影戯団の張川・張叫・張徳成の三代にわたる当時台湾で最も優れた芸人たちと親交を深め、総督府に対して皮影戯を政治宣伝の任務に当たらせるよう説得も行った。本論文は、山中登が日本統治時代末期にいかにして台湾皮影

戯を保護・改造し、「皇民奉公会」の任務を行わせ、滅亡から救ったかについて、述べていこうと思う。

2. 台湾皮影戯の伝播の歴史について

　台湾皮影戯は日本統治時代以前に台湾へ伝来し、清代にはすでに繁栄期を迎えていた。台湾皮影戯は、糸操りの傀儡戯、手遣いの布袋戯と並ぶ3大人形劇の1つで、明末清初に大陸の福建省漳州から南台湾の台南および高雄・屏東地区に伝来した。台湾皮影戯は、保守的な性質のために、長い間南台湾だけで流通していた。

2.1. 清代の繁栄期

　台湾は清代中葉になってようやく情勢が安定し、発展が始まった。政治・経済・社会・農業の安定した建設が進むことで、民間で演劇を上演する土壌が培われ、南台湾の広大な平原地域の都市や農村で皮影戯の上演が行われるようになった。清代の繁栄期についての文献資料は比較的整っており、中でもしばしば引用されるのが、嘉慶24（1820）年の台南市普濟殿の「重興碑記」である。碑文には2つの禁令が書かれているが、そのうち2つ目が廟内での皮影戯上演を禁止するというものである。禁令の条文は以下の通りである。「大殿の前埕、理として宜しく潔浄たるべし。穢積及び影戯を演唱し、喧嘩して賭を聚むるを許すなかれ」（石光生 1995：15）。碑を立てて上演を禁止したのは、当該劇種が広く人々に好まれていたため、夜間に上演を行うと観衆で混み合い、寺廟の清浄荘厳を汚してしまうことが原因だった。こうした態度は元代以来、統治階層がたびたび演劇の上演を禁じた史実と軌を一にしている。[1]

　この他、清代に繁栄期を迎えた直接の証拠として、当時大量に出現した皮影戯の抄写台本がある。台本には一般に作成者の姓名・地名・戯班の名称・年代・台本の頁数などが記されている。例えば高雄県大社郷の東華皮影戯団の初代芸人で

---

[1] 元代以降、演劇の上演を禁止した法令と世論については、王利器『元明清三代禁毀小説戯曲史料』（上海：上海古籍出版社、1981年）を参照。

ある張状（1820-1873）は、かつて芸人の陳贈から皮影戯を学んでいた。東華劇団に所蔵される同治丁卯（1867）抄本の『董榮卑』は、張状が実際に上演に使った台本である可能性が極めて高い。現在我々が見ることのできる比較的古い台本には、このほか大社の合興皮戯劇団の張福丁旧蔵の『救韓原』があり、抄本作成者の名前は記されていないが、咸豊3（1853）年の年記がある。さらに張福丁旧蔵で全26頁の『汪玉奇』には同治8（1858）年の年記がある。また『救孤児』の末葉にも、「大清光緒捌年参月拾玖日抄し完れり、救孤児は合共に玖拾易の大吉利市なり」とある。なお「玖拾易」は『救孤児』抄本が全部で90頁であることを示す。[2]

さらに、オランダの学者クリストファー・シッペール（Kristofer Marinus Schipper、1934年生）は、1960年代に南台湾にやって来て道教儀礼の研究を行った際、台湾皮影戯の抄本を購入しているが、中には清代のテキストが多数含まれている。[3]『師馬都』は嘉慶23（1818）年（87頁）、『章達徳』は道光11（1831）年（127頁）、『崔学忠』は咸豊10（1860）年（125頁）、『劉全進瓜』は光緒元（1875）年（22頁）、『救孤児』は光緒癸未（1883）年（41頁）、『金光陣』は光緒丙戌（1886）年（36頁）の抄写である。

これらの台本から見ても、清代の南台湾における皮影戯の発展状況が分かるだろう。特に高雄県と屏東県に多数の台本が現存することから、当該地区ではこの頃上演需要が非常に多かったことも分かる。さらに前述の普済殿の碑文も合わせれば、清代の繁栄期の盛況を証明するのに充分だろう。なお当時、影絵人形は黒・赤・緑の3色のみで、造型は素朴、スクリーンは油灯で照らしたようである。

---

[2] 合興皮影戯団はすでに解散したが、劇団が所有していた文物は高雄市立皮影戯館が購入・所蔵している。

[3] シッペールは、台湾では施博爾、中国大陸では施舟人の漢字名で知られる、スウェーデン生まれのオランダ系研究者で、クービン（Wolfgang Kubin）、シュミット・グリンツァー（Helwig Schmidt-Glintzer）とともに「ヨーロッパ3大漢学者」と称される。8つの言語に通じ、現在は福州大学で教授を務めるほか、福州大学世界文明研究センターの主任も兼任している。

3. 日本統治時代の台湾皮影戯

1895年、清朝は下関条約によって台湾を日本に割譲した。台湾は支配者が交替し、異民族の植民地となった。日本統治時代の50年間における台湾の伝統演劇の発展は、日中戦争以前の放任期（1895-1937）と、戦争期間の抑圧期（1937-1945）とにはっきりと分かれる。

3.1. 日中戦争以前の放任時代

日本統治時代の初期、総督府は「反乱」の武力鎮圧に忙殺された。続いて進められたのが、台湾縦断鉄道や砂糖工場の設置などの、台湾建設事業である。そのため日本統治初期・中期の明治・大正・昭和初めにおいて、総督府は政策上、台湾の伝統演劇の上演に強い干渉は行わず、台湾の民間信仰や習俗も以前のままであった。『安平雑記』によると、1898年前後、台南地域は以下のような状況にあったという。

> 神に酬うには傀儡戯を唱う。喜慶と普渡とは、官音班・四平班・福路班・七子班・掌中班・老戯・影戯・車鼓戯・採茶唱・芸旦唱等の戯を唱う [4]。

日本統治時代初期に皮影戯が依然として活発な状況にあったことは、当時大量の台本が抄写されていることからも証明できる。例えば先に言及した東華の張旺は明治33年（1900）に『昭君和番』、明治36（1903）年に『陳光蕊』を抄写しているし、また高雄県岡山後協里の黄遠も明治36（1903）年に『五虎平南』を抄写している。大正年間の抄本も多く、高雄県の各劇団に所蔵される他、屏東地区でも発見されている。例えば屏東港西中里の浩興班の鍾天金は大正8（1919）年に台本を抄写しているし、また高雄州潮州郡五魁寮の胡南征も大正14（1925）年に『下南唐』を抄写している。昭和の抄本も高雄県・屏東県の劇団で作られていて、

---

[4] 酬神唯傀儡戯。喜慶、普渡唱官音班、四平班、福路班、七子班、掌中班、老戯、影戯、車鼓戯、採茶唱、藝旦唱等戯。（邱坤良 419）

例えば東華の張川は昭和 4（1929）年に『前七国』を抄写しているし、また屏東の陳忠礼や王鉄観などの抄本もある。この他シッペール所蔵本の中にも、明治 43（1910）年に抄写された『師馬都』や、大正 11（1922）年に抄写された『陳杏元和番』がある。こうした大量の抄本の存在は、当時皮影戯が依然として盛んな状態にあり、植民地政府の干渉を受けていなかったことを示している。

3.2. 戦争期の抑圧

　台湾総督府が実際に台湾皮影戯に対する抑圧を始めたのは、民国 26（1937）年に盧溝橋事件が発生し、中国が全面的な抗日戦争に突入してからである。事件の後日本の植民当局はすぐに「皇民化運動」を実施し、台湾の文化・宗教信仰・言語・芸術・演劇などの徹底的な改造を試みた。事件発生後の 9 月に植民地政府は「国民精神総動員計画実施綱要」を発表し、台湾はその影響下で皇民化運動の推進が加速された。台湾人を「天皇陛下の赤子」とする皇民化運動を急速に推し進めるため、大日本帝国政府は 1937 年に新聞の「漢文」欄を廃止し、国語（日本語）常用運動を進めた。また偶像や寺廟を取り壊して神社への参拝を強制し、旧暦の正月の儀礼も廃止するなど、台湾文化を破壊する精神改造政策を実施した。またこれと同時に進行したのが、台湾人の軍役徴用と、小規模かつ試験的な台湾人志願兵制度の実施であった。この皇民化運動のクライマックスとなったのが「改姓名」（黄昭堂 1990：171）である。昭和 12（1937）年に総督府が「鼓楽禁止」を実施すると、伝統演劇は完全に禁止され、「新劇」（すなわち近代的な舞台劇）も「皇民劇」だけが上演を許されることとなった。この措置によって、台湾の伝統演劇は困難な状況に陥り、有能な役者は次々と「新劇」に転向し、能力の無い者は劇団の解散に追い込まれた。著名な布袋戯芸人だった雲林県の黄海岱（1901-2007）と台北の李天禄も、こうした苦しい暗黒期を経験している。

　志願兵制度と日本風の「改姓名」についても、台湾皮影戯の芸人たちはいずれも似たような経験を有している。例えば高雄県大社郷の東華皮影戯団の張徳成は 1942 年に志願兵となって日本軍に入隊し、翌年の年初から海南島での兵役に服しているし、また高雄県永安郷の福徳皮影戯団の林淇亮はフィリピンに派遣されており、さらに高雄県弥陀郷の復興閣の許福能もフィリピンに派遣されて、敗

戦の際は洞窟に身を替え、最後は米軍の捕虜となった。許福能と同郷の永興楽皮影劇団の張歳も軍隊加入を強制され、屏東県枋寮郷に駐屯していた時に日本の無条件降伏を迎えている。

図1　西川満が『台湾日日新報』に発表した「台湾の影絵」（石光生撮影）

3.2.1. 西川満による賛美

日本統治時代に台湾に在留した日本の文化人の中には、台湾の民族文化に関心を持つ者も少なくなかった。中でも最も重要なのは、日本籍の作家である西川満（1908-1999）と、民俗学者の山中登である。西川満は3歳の時に両親と共に台湾に渡り、その後30年の歳月を台湾で過ごした。台湾で高等学校を卒業し、日本に帰って早稲田大学文学部仏文科で学んだ後、再び台北に戻り、昭和9（1934）年に『台湾日日新報』に入社して、文芸面の主編を担当した。西川は詩歌や小説の創作も行い、「異国情緒（exoticism）」を代表する作家となったが、後になると機関誌『文芸台湾』を発行して、総督府の推進する「皇民化運動」を支持した。

昭和15（1940）年、西川満と台北帝国大学教授の広津和郎・真杉枝ら約10人から成る一行が、高雄州仁武庄に旅行し、「台湾全色皮戯新劇部」（台湾光復後は張徳戌によって東華皮影戯団と改名）の張叫・張徳成父子、さらに張営・張水清ら団員による『西遊記』の「孫悟空大いに天宮を鬧がす」の上演を鑑賞した。この時の上演に深い感銘を受けた西川満は、『台湾日日新報』に台湾皮影戯を賞賛する文章を発表した（図1）。その中で以下のように張叫・張徳成父子を褒め称えている。

　　今年四十八歳になる張叫君の手で一度その人形が動き出すや、正直なところ、私もまいってしまったのである。全く人形が生きて、ものをしゃべり出

した感じであった。…（中略）…今年二十一歳の息子の張徳成君が楽器を手にしている。人形を使い台詞をいうのは、張叫君だけで、後の三人は囃、吹奏、合唱の係だという。傍で見ると、汚れたただの皮の人形にすぎぬ。この人形のどこに、あれだけの生命が宿っていると思えよう。…台湾の古典として、彼等の生活を保障し、かの「文楽」のように文献的意味で後世に伝える具眼の士を求めたいものである。（西川満 1940）

西川満はここではっきりと台湾皮影戯の破壊に反対しているだけでなく、「彼等の生活を保障し、かの『文楽』のように文献的意味で後世に伝える具眼の士を求めたいものである」と言って、皮影戯が後世に伝わっていくことを願っている。

3.2.2. 山中登による保存と改造

太平洋戦争末期、実際に南台湾皮影戯の保存に尽力したのが、高雄州に住んでいた山中登である。まずはこの山中登という民俗学者について見ていきたいと思う。昭和18（1943）年に出版された『台湾人士鑑』には以下のように記されている。

山中登　皇民奉公會高雄州支部奉公委員會文化班主事
（現）高雄市三塊厝一七八
【經歷】山中樵ノ弟ニシテ明治二十九年五月四日仙臺市北四番町ニ生ル　東京高等工業ヲ中途退學後農商務省技手ヨリ東京女子高等技藝學院自由ヶ丘學園ノ教師ヲ經テ渡臺　高雄州商工獎勵館囑託　南方土俗研究會副會長　高雄州影繪協會長　皇民奉公會文化班囑託　臺灣畜產興業株式會社囑託　高雄維新文化聯盟常務委員長ニ歷任シ文化運動ヲ推進シツツアリ　趣味ハ土俗研究 [5]

上記資料に依れば、山中登は皇民化運動が全面的に展開された際、高雄州で「高雄州影絵協会長」の職にあり、台湾皮影戯の保存と改造を主導する重責を

---

[5] 『台灣人士鑑』、興南新聞社、昭和18年（1943）、411頁。

担っていたことが分かる。文中で触れられている山中樵（1882-1947）は山中登の14歳年上の兄で、福井市に生まれ、後に第18代総督となる海軍大将長谷川清（1883-1970）と同郷で、しかも1歳年上であった。昭和2（1927）年、山中樵は台湾総督府図書館長に任命されたが、これは正五位五勳五等の官位であった。昭和16年（1941）4月19日に「皇民奉公会中央本部」が成立し、「皇民化運動」が実施されて行くが、山中樵はその皇民奉公会所属娯楽委員会の顧問も兼任していた。かれと同じく顧問として招聘された者には、西川満、金関丈夫、稲田尹、中山侑、黄得時など33名がいた。山中樵が総督府で指導的立場にあったことは、山中登が台湾皮影戯の保存活動を進めるにあたって大きな助けとなった。

1. 南台灣皮影戯調査

　民俗学を専門とする山中登は昭和10（1935）年に台湾の高雄州にやって来て、南方土俗研究会を成立させ、原住民文化の研究・収集を進めた他、高雄特有の皮影戯について詳細な調査を行った。山中は万造寺竜の筆名で「台湾の影絵」という文章を発表したが、これは西川満を継いで、総督府に対し台湾皮影戯を消滅させないよう強く主張したものであった。

> 影戯は台南だけに残っている。すなわち、路竹から楠梓、岡山から台南旧城付近のみに分布している。これら影戯の芸人は上演を禁止されているため、困窮した生活を送っている。しかしかれらの技法と人形は、独立した堂々たる立派なものである。[6]

　この文章が発表されたのは1941年であるが、確かに山中登の言うように、1937年に総督府が「禁鼓楽」の措置を実施し、民間の全ての祭礼上演を厳禁したことで、次々と劇団が解散し、伝統演劇の芸人たちの生活は非常に苦しくなっていた。当時の日本の官僚たちは、台湾の「新劇」を日本人と台湾人が一緒に舞台に上るように改造して、審査を通過した皇民劇の上演だけを許可し、民間に根付いていた伝統演劇はなおざりにしていた。そこで山中登は日本の内地の『大

---
[6]　万造寺竜、「台湾の影絵」、『高雄新報』、昭和16年7月4日。中国語からの重訳。

図2　1941年に、山中登（中央）と記者の陳明春（右から1番目）が仁武庄に張川（左から2番目）・張叫（左から1番目）・張徳成を訪問した際の写真（石光生撮影）

阪毎日新聞』で文章を発表し、高雄州の日本人官僚の無知と小心を厳しく糾弾した上で、「民衆に深く根ざした影戯こそ利用されて然るべきである」[7]という解決法を提示した。山中は台湾農村の観客の日本語学習という教育目的に台湾皮影戯を利用することで、活路を開いたのである。

　昭和15（1940）年に西川満が高雄仁武庄の張叫・張徳成父子を賛美する文章を発表し、政府による慰労公演へのかれらの劇団の参加を黙認したことは、自ずと山中登の注意を惹いた。昭和16年3月1日、山中は『高雄新報』記者の陳明春と一緒に仁武庄にやって来て、この一流の劇団の存在を知った（図2）。張徳成はこの時のことを以下のように回想している。

> 山中登が私の父に教えを乞い、学ぼうとする態度は、非常に心が籠もっていた。こんなにも台湾皮影戯に興味を持っているのかと、私たちは目の前の日本人を驚きの眼差しで見つめた。次第にかれは私たちの信頼を獲得していった。後にかれが皮影戯の文物を収集し、南方土俗文物館で展示を行う計画を提示した時、私たちはすぐに幾つかの文物を提供し、心からの協力を惜しまなかった。[8]

---

[7]　万造寺竜、「高雄随想④これからの『影戯』」、『大阪毎日新聞』、昭和16年9月7日。
[8]　石光生による張徳成へのインタビュー、高雄県大社郷張宅、1993年4月7日。

これより後、山中登と張叫・張徳成父子は生涯の友として交わっていくことになる。

2.「高雄州影絵協会」の成立

半年後の 9 月 21 日、山中登の主導の下、高雄州商工奨励館で「高雄州影絵協会」という政府組織が成立した。これは山中による台湾皮影戯の保存・改造の重要な第一歩であった。開幕式は当日の午後 3 時半から始まり、多くの政府関係者が出席した。

> 来賓横田警察部長、河野市助役。台北より遙る来高の総督府図書館長山中樵氏、皇民練成協力会長陳光燦氏列席並に会長積穂正義氏、副会長山中登氏、其他州下業者の代表二十名出席の下に挙行、時代に相応し良き指導の下にその精神と技を磨き健全なる娯楽を提供し、以奉公の誠を致したいとの所期の目的に邁進するため力強き第一歩を踏み出すことになった。館副会長には前記の山中登氏と張徳成氏の両氏、評議員に林文宗、張叫ほか七名が選ばれている [9]

これは山中登の主導による南台湾の皮影劇団の再編の第一歩で、農村の民衆に皇民化を広めるための教育活動を台湾皮影の劇団が担当することを正式に承認したものであった。またこの時 20 名の代表が参加しているが、ここから高雄地区のほとんどの皮影戯の芸人が招聘されていることも分かる。うち張徳成は山中登によって副会長に抜擢され、またかれの父親の張叫と、永安福徳皮影戯団の林文宗が、他の 5 人の皮影戯従事者とともに評議委員に名を連ねたことは、皮影戯の芸人たちの士気を大いに鼓舞した。

3. 総督府における二回の試演会

当時の日本の専門家の中で、台湾皮影戯を最も良く理解していたのは、ほかでもない山中登だった。台湾皮影戯の保存と改造を完成させるには、まず総督府の「皇民奉公会中央本部」の認可を得なければならないことを、かれははっきりと

---

[9] 「影戯協会結成式」、『高雄新報』、昭和 16 年 9 月 24 日。

認識していた。そのため山中登は「高雄州影絵協会」設立以前に、兄の山中樵に頼んで、試演会を申請していた。また山中樵自身も南部に赴いて開幕式に出席し、台湾皮影戯の価値を自分の眼ではっきり目にしていた。そして総督府娯楽委員会の席上、試演会開催の重要性を強く主張し、委員たちの支持を取り付けた。そうして試演会は、総督府情報部の招待により、10月3日に開催されることが決定した。高雄の皮影劇団が台湾北部に行って総督府で上演するというニュースは、高雄で多くの人々の注目を浴びた。『高雄新報』には、この時の試演会についての予告が載っている。

> 今回奉公会の招聘で積穂協会長山中登副協会長並に業者張徳成氏一行四名が二日の夜行で上北台北州新荘街の布袋戯小花園と共に三日総督官邸に於いて試演会を開催長谷川総督の鑑賞に供することとなった[10]

10月3日午後の総督官邸における試演会は成功し、政府側の支持を取り付けることができた。ただ『西遊記』が畢竟、中国文学の作品であり、日本文化に由来するものではないことを、総督府はなおも懸念していた。

昭和17（1942）年1月、総督府は直ちに「台湾演劇協会」を組織し、台湾の演劇活動の厳格な統制を開始した。元々、各州庁が台本を審査していたのを改め、すべての上演台本に総督府の審査を義務づけるという、非常に厳しい審査制度を実施したのである。山中はこの新しい法律への対応を積極的に進めた。山中は東華皮影戯団による『西遊記』の「火炎山」の段の日本語上演を以前から計画しており、29ページにも及ぶ日本語版台本も執筆していた（図3）。この時日本語の訓練に協力したのは、山中登の学生で、高雄地方の学者であった林有淎である。また照明や音楽についての専門的な訓練も実施した。

山中は、東京からやって来た役者の滝沢千絵子と協力して『日本桃太郎』や『猿蟹合戦』などの台本を作り、高雄市三塊厝の山中登の自宅で劇団員の訓練を行った。当時の『高雄新報』にはこの時の訓練の強力な布陣が記されている。

---

[10] 「影絵の試演会」、『高雄新報』、昭和16年10月2日。

行事指導、田村州社会教育主事
演劇指導、滝沢千絵子
講話「日本及び日本精神」、庄司進一郎
挺身隊の意義と役割、山中登

この時の訓練は、技術よりも精神的な部分に重きが置かれた。中でも注目されるのが演劇指導の滝沢千絵子である。林有涔は彼女のことを良く覚えており、こう言っている。「滝沢千絵子は東京の女優で、台湾演劇協会によって監督として招聘され、劇団の上演指導を担当しました。彼女は高雄では山中登の家の隣に居を構えました。ショートカット

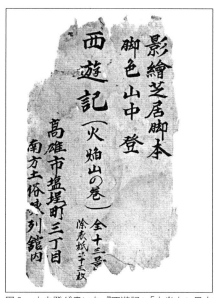

図3　山中登が書いた『西遊記』「火炎山」日本語版の表紙（石光生撮影）

で、お洒落な服を着ており、モダンな身のこなしをされる方でした。」[11] 劇団員にとって最大の障害は日本語だったが、山中登はまだ訓練を終えないうちに団員を連れて台北に行き、台北社会教育館で開催された「影絵の再検討」を行う試演会に参加させた。[12] 山中は、張徳成以外の劇団員に日本語での上演は無理だと判断し、林有涔だけが日本語の台詞を担当することとし、午後2時からの上演に臨んだ。林有涔は当時のことをこう語っている。

> 張叫が人形操作の主担当、張徳成が副担当で、幕裏には3名が配置されました。私は父子の後ろからかれらの影絵人形を見ることができる場所にいて、箸を2本持ちながら台詞を担当しました。劇中の人物が話をする時、私が人形操作担当に箸で触れることで、人形を動かす合図としたのです。そうして

---

[11] 石光生による林有涔へのインタビュー、林有涔宅、1994年7月1日。
[12]「影絵芝居　高雄州下に更生　国語普及宣伝に」、『興南新聞』、昭和17年5月16日。

順番に箸で合図していくことで、『西遊記』の上演を終えることができました。[13]

　この上演で、ようやく総督府を完全に説得することに成功した。総督府で上演を見た人々が劇の内容を全部理解できたためである。そして山中登が進めている、高雄・屏東地区の皮影劇団を積極的に訓練し、皇民化の一翼を担う「挺身隊」とする計画への同意を取り付けた。[14]

　総督府を説得した後、日本籍の役者である滝沢千絵子らの協力の下で、『日本桃太郎』・『猿蟹合戦』などの純日本文化に属する台本を劇団員たちが上演する訓練が加速されることとなった。

4.「影絵挺身隊」

　「影絵挺身隊」の試練はなおも続いた。皇民奉公会高雄支部が州庁の前の広場で5日間の日程で「大東亜局勢展覧会」を開催したが、山中登はそこで3月29日の夜8時に挺身隊による日本語版の『西遊記』と『猿蟹合戦』の上演を手配した。山中登が苦労して訓練した劇団の、市民への初披露は、満足の行く出来栄えであった。そこで6月10日をもって挺身隊に対する訓練を終了することにした。10名の団員は2つの劇団に再編され、張徳成の一家は「第一奉公団」の所属、林文宗と他の4名の団員は「第二奉公団」の所属となった。正式な団員の家族はみな食糧の配給を得て、皇民化の一翼を担うこととなった。

　5月中旬に、山中登は高雄州の各郡で「皇民化運動」を宣揚する挺身隊の巡回公演を手配した。昭和17（1942）年5月16日、『興南新聞』に以下のような予告が報道されている。

　　皇民奉公会高雄州支部では事変以来閑却されていた影絵芝居を更生させるため上演者を集めて錬成したが来る六月十四日より州下一斉に実施される国語

---

[13] 石光生による林有涔へのインタビュー、林有涔宅、1993年12月18日。
[14] 当時の台湾における布袋戯の皇民化は、黄得時の手配により、総督府で三回の試演会が開催され、七個の布袋戯団が選出されて挺身隊となることで実行された。呂訴上『台湾電影戯劇史』（台北：銀華、1961年）、418-420頁。

当用強調週間の一行事として国語を使用する影絵隊を編成左記日程により州下十七ヶ所に於いて上演して国語当用強化に資することとなった　十四日岡山郡十五日鳳山郡十六日旗山郡十七日屏東市十八日屏東郡十九日潮州郡二十日東港郡[15]

　台湾の伝統演劇であるのにもかかわらず、日本人の登場人物が出てきて日本語で話すという上演方式は、当時、皮影戯だけでなく布袋戯・歌仔戯・新劇などにも強要された。観客は日本語を学習するために政府側が特別に手配し、娯楽を求めて来たのではなかったため、上演に対する反応は自ずと冷ややかなものとなった。山中もこうした事業の推進が簡単でないことを認めざるを得なかった。山中は以下のように述べている。

　　こんどの影戯は民衆を対象とするため構造も複雑になり、型も大きくなり、六尺五平方ぐらいの画面として五千人程度の観衆に見せられるが、脚本は試みに日本的伝説を台湾語と日本語の二本建で演出、筋の運びで国語でも理解するようになれば国語にするはずで…（以下略、山中登 1942）

　ただし、実は最大の問題は日本語ではなく、表現形式と内容の違いにあった。「禁鼓楽」の厳格な実施以降、台湾の伝統劇団は伝統演劇の楽器を使うことができなくなっていたのである。張徳成は当時を回想して次のように言っている。「高雄・屏東の各地で『日本桃太郎』と『猿蟹合戦』の巡回上演を行い、ついでに各地を見物して歩いた。私は楽器を担当したが、銅鑼と太鼓ではなく小さい鐘なので、叩いてもしっくり来ない。孫悟空が日本の武士の姿に変わったのも、どうしても受け入れられなかった。私はやはり、自分がよく知っている孫大聖の方が好きだ。」[16] 上演形式の改変は、当然のことながら、台湾皮影戯をよく知っている芸人や観客にとって、興を削がれるものでしかなかったのだ。

---

[15]「影絵芝居　高雄州下に更生　国語普及宣伝に」、『興南新聞』、昭和 17 年 5 月 16 日。
[16] 石光生による張徳成へのインタビュー、張徳成宅、1993 年 4 月 14 日。

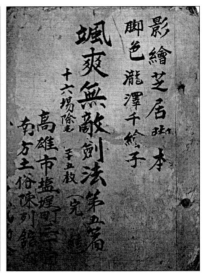

図4　1942年に滝沢千絵子が書いた『日本桃太郎』の表紙（石光生撮影）

図5　1943年に滝沢千絵子が書いた『颯爽無敵剣法（第五篇）』の表紙（石光生撮影）

5. 日本統治時代における台湾皮影戯の変革

　日本統治時代における台湾皮影戯の重大な変革は、主に山中登と滝沢千絵子によって実施された。変革内容については、以下の数点に纏めることができる。

（1）台本：台湾の伝統演目は上演禁止となり、替わって滝沢千絵子が執筆した『日本桃太郎』・『猿蟹合戦』・『颯爽無敵剣法（第五篇）』などの日本劇が上演された（図4）。これらの台本の上演時間はおおむね1時間であった。

（2）言語：「国語」の普及が上演の目的とされたため、台本は日本語か、日漢併記で書かれた。台湾の芸人たちは日本語の台詞を学ばねばならず、観衆も日本語で上演される内容を観賞する他は無かった。

（3）人形：上演場所は室外の広場か劇場となったため、以前に比べてより多くの観衆を収容することができるようになった。そのためスクリーンのサイズが大きくなり、人形もそれに従って大きくなった。また日本の物語であったために、芸人は初めて海外文化の人形の制作・上演を行うことと

なった。

（4）検閲制度：台湾演劇協会は厳しい検閲制度を設け、台本は上演前に必ず総督府の検閲を受けなければならなかった。戦争が激化すると、総督府の検閲もより厳しくなった。これについては、滝沢千絵子が昭和18（1943）年1月13日に執筆した『颯爽無敵剣法（第五篇）』という台本からもその一端を伺うことができる（図5）。表紙のタイトルの右側には、1行目に「影絵芝居脚本」と書かれ、皮影戯の台本であることが示されている。2行目には「脚色滝沢千絵子」と書かれているが、「脚色」とは脚本を書いた作者のことである。表紙の左側の1行目には「十六場除表紙二十五枚」とあり、この劇は16場に分かれ、中身は全部で25ページであることが示されている。残りの3行には、「高雄市塩埕町三丁目／南方土俗陳列館内／高雄州影戯協会」というように、台本製作者の所属機関の住所と名称が記されている。表紙は山中登が書いたものである（石光生1995：164）。表紙の次のページには総督府の検査記録がある。左上には総督府の番号で第253号の検査印があり、台本の上演の有効期限は昭和18（1943）年4月13日から昭和21（1946）年4月12日で、つまり有効期限は3年間しか無かったが、失効する前に台湾は光復を迎えた。さらに、皮影戯芸人に対するより厳しい抑圧の事実が滝沢千絵子のこの台本に記録されている。台本の最後のページに山中登が署名した、上演に際して厳格に台本の内容を守る旨の誓約書があり、勝手に台詞を変えることは決して許されなかったのだ（石光生1995：165）。これほど厳しい検閲制度は、台湾演劇史の中でも例が無い。注意すべきは、台本は全ページにわたって上が日本語、下が「漢文」という形式で、非常に珍しい日中二言語の台本となっていることである。もちろん、こうした処理は台湾の芸人が日本語の台詞を学ぶ助けとするためのものであった（図6）。

台湾の皮影戯は日本統治時代の抑圧期にドラスティックな変革——台本・言語・人形・検閲制度——を経験したが、しかしその効果はほんの一時的なものに過ぎなかった。日本帝国主義の植民地政府は、人形に日本の童話やチャンバラ物の衣

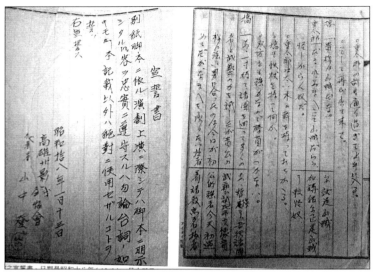
図6　『颯爽無敵剣法（第五篇）』の日漢二言語の台詞と誓約書（石光生撮影）

を纏わせ、植民地主義における優勢言語を上から被せただけで、中国の歴史と伝説に基づく台湾の民間演劇を改変することはできなかったのである。斬新な形式と内容の上演を行いはしたが、結局人々を引きつけることはできなかったし、日本語を強制的に学ばせようという政治的な目的では、人々が台湾の伝統演目から娯楽的・教育的効果を得るという、それまで馴染んできたやり方に取って代わることもできなかった。日本統治時代の植民地文化が台湾の演劇文化を支配するという方法は、いわば始めから失敗が運命づけられていたのである。ただし上演形式の変革だけは、その後の張徳成の上演技術に大きな影響を与えた。張徳成は、続く光復復興期においてただ独り、全く新しい皮影戯芸術を創設していく優れた芸人となったからである。

4. 日本帰国前の日々

　昭和18（1943）年1月23日、張徳成は志願兵として軍に入隊した。家族と別

れた後に配属されたのは、なんと海南島での警護班長という任務だった。皇民化時代の「皮影戯挺身隊」を後にして、故郷を3年4ヶ月も離れることになるとは、当時は夢にも思わなかったようである。張徳成の入隊後も、「第一奉公団」は各郡で巡回公演を行ったが、昭和19（1944）年以降、日本軍が次第に劣勢に立たされ、米軍による大規模な台湾空襲が始まると、高雄の港や軍事施設が主要な攻撃目標となった。山中の家は高雄駅の側にあったため、妻子とともにいつも空襲から逃げ回ることとなり、非常に危険な状態となった。やむを得ず仁武庄に赴いて老友の張叫に助けを求めると、張叫は喜んで受け入れ、観音山の自分の畑に小屋を建てて山中を住まわせた。山中は市内と仁武庄を往復して、長年にわたって収集した文化財を張叫の家に運び入れ、ようやく一息つくことができた。

　1945年8月15日、天皇は連合国に対し無条件降伏を宣言し、日本は戦争に負けて、台湾は光復を迎えた。日本人が次々と帰国していく中で、張徳成は海南島からなかなか出られなかったが、1946年になってようやく台湾兵とともに故郷に戻ることができた。そうした中で台湾皮影戯を愛する民俗学者の山中登は、仁武庄の張家と深い友情を結んでいた。また山中は、戦後すぐには日本に帰らなかった。林有澤の回想によれば、以下のような状況であったと言う。「かれは高雄市長の連謀によって市政顧問に迎えられた。原住民を理解していることから、高雄の山間部の開発に協力することになったのだ。ただ、かれが南方土俗文物館に置いていた多くの民俗文化財は、市政府が勝手に廃棄してしまった。これは非常に残念なことである。」[17]

5. 戦後の山中登

　山中登は日本に帰国した後、日華交流協会の初代会長となり、張徳成と手紙のやり取りを続けた。山中登はまた一貫して民俗研究を愛し、北海道以南の日本の民間工芸、特に児童玩具についての調査を行った。日本農村工芸作家協会の会長も務め、日本の民間文化財の保存にも大きく貢献している。昭和30（1955）年に

---

[17] 石光生による林有澤へのインタビュー、林有澤宅、1994年12月10日。

出版した『郷土玩具：沖縄、中国、台湾、韓国』には、かれが幾つかの国で収集した玩具や人形が収められているが、その中には台湾のパイワン族のヒャッポダのトーテムや、台南の布袋戯の人形、高雄の皮影の人形なども含まれており、大変貴重な資料となっている。

図7　1972年に山中登が高雄で老友の張徳成と再会した際、『中華日報』が往事の山中登のことを報道した記事（石光生撮影）

さらに山中登は『人形教室』（1953年）、『民芸の旅』（1963年）など6冊の本を次々と出版している。

　民国61（1972）年5月30日、山中登は宗教民俗の調査のため台湾を訪れた。この時、愛弟子である林有渟と共に、第二の故郷である高雄を再訪している。山中はさらにわざわざ大社郷まで老友の張徳成に会いに行った。長い年月を経て再開した2人は、喜びのあまり号泣したという（図7）。6月6日の『中華日報』は、山中登来訪のニュースを以下のようなタイトルで伝えて、かれを高く評価している。「山中登：本省の民間芸術をこよなく愛する日本の老人／日本統治時代に布袋戯と皮影戯を保護／台湾の寺廟神像の恢復にも尽力」[18]。民国68（1979）年8月25日、「国際人形劇連盟」（UNIMA）日本支部は連盟設立50周年を記念した東京での上演活動に東華皮影戯団を招待し、日本支部長の川尻泰司が劇団に感謝状を贈った。張徳成は東京で『西遊記』を5回上演し、大変な成功を収めたが、老友の山中登はこの時すでに世を去っていた。

---

[18]「山中登：一位熱愛本省民間芸術的日本老人」、『中華日報』、1972年6月6日。

6. 結語

　1993年に皮影芸人張徳成のライフヒストリーを執筆した際に、私は初めてこの山中登という優れた民俗学者の存在を知った。山中登は日本統治時代末期、台湾の人形劇の困難な状況を心から理解し、苦難の中にあった民間の芸人たちのために声を上げた。総督府が台湾の伝統演劇を消滅させることに反対し、皮影戯を総督府にも受け入れられるような形に改造し、保護した。皇民化は短命に終わり、あと一息というところで失敗したものの、張徳成はこれによって広い空間で皮影戯を上演する様々な技術を学び、日本統治が終わった後の「内台戯」（光復後の近代的な劇場での上演）時期に、台湾皮影戯の空前絶後の黄金時代を創り出したのである。

　日本を訪問して、山中登の子孫を訪ね、資料を探し、日本の学界に山中登の貢献を伝えることを、私は長い間待ち望んでいた。こうした私の夢は今年（訳注：2018年）の夏、氷上正教授、山下一夫准教授、千田大介教授のご厚意による招聘によってようやく実現し、本論文を慶應義塾大学で開催された国際講演会で発表することができた。特に、山中登の戦後の著作を提供していただいた山下一夫准教授には感謝を申し上げる。

参考文献

山中登、「懐し復活する"影戯" 題材も夢想から科学へ」、『大阪毎日新聞』、昭和17年6月？日（訳注：掲載誌と日付は張徳成のメモに基づくが、確認を取ることはできなかった）。
「山中登：一位熱愛本省民間芸術的日本老人」、『中華日報』、1972年6月6日。
王利器、『元明清三代禁毀小説戯曲史料』、上海：上海古籍出版社、1981年。
石光生、『皮影戯張徳成———重要民族芸術芸師生命史（I）』、台北：教育部、民国84（1995）年。
西川満、「台湾の影絵」、『台湾日日新報』、昭和15（1940）年12月22日（訳注：この日付は張徳成のメモに基づくが、実際に掲載されたのは12月15日・16日）。
「影絵芝居 高雄州下に更生 国語普及宣伝に」、『興南新聞』、昭和17（1942）年5月16日。
呂訴上、『台湾電影戯劇史』、台北：銀華、民国50（1961）年。
邱坤良、『日治時期台湾戯劇之研究』、台北：自立晩報、民国81（1992）年。
黄昭堂（著）・黄英哲（訳）、『台湾総督府』、台北：自由時代、民国79（1990）年。

李天禄（口述）・曾郁雯（撰録）、『戯夢人生―――李天禄回憶録』、台北：遠流、1992 年。
万造寺竜（山中登）、「台湾の影戯」、『高雄新報』、昭和 16（1941）年 7 月 4 日。
万造寺竜（山中登）、「高雄随想④これからの『影戯』」、『大阪毎日新聞』、昭和 16（1941）年 9 月 7 日（訳注：掲載誌と日付は張徳成のメモに基づくが、確認を取ることはできなかった）。
滝沢千絵子、『日本桃太郎』抄本、昭和 18（1943）年。
瀧沢千絵子、『颯爽無敵剣法（第五編）』抄本、昭和 18（1943）年。
『台湾人士鑑』、興南新聞社、昭和 18（1943）年。
「影戯協会結成式」、『高雄新報』、昭和 16（1941）年 9 月 24 日。
「影絵の試演会」、『高雄新報』、昭和 16（1941）年 10 月 1 日。
石光生による張徳成へのインタビュー、張徳成宅、1993 年 4 月 7 日・1993 年 4 月 14 日。
石光生による林有湾へのインタビュー、林有湾宅、1993 年 12 月 10 日・1994 年 7 月 1 日。

II

台湾皮影戯の発展・現状と展望

邱　一　峰

（千田　大介　訳）

高雄皮影戯館

はじめに

　台湾皮影戯は、ごくありふれた研究テーマであり、何の目新しさもない。これまで台湾皮影戯について紹介ないし検討した文章は多くないとはいえ、語りうることは概ね語り尽くされており、もはやブレークスルーとなりうるような論考は登場しがたいかのように思える。しかしこのことは決して、台湾皮影戯が窮地に直面していることを反映しているわけではない。逆に、時代環境の変遷に従って、皮影戯上演も新たなコンセプトや新たな技術と結合することで、伝統ある上演芸術から新たな形態へと発展しつつある。

　筆者は1996年より、伝統芸術センターの委託による「皮影戯『復興閣』許福能技芸保存計画」の専属助手を3年連続して担当し、許福能氏の技芸保存作業を進めるとともに、台湾皮影戯の発展と現状に関する理解を深めることができた。計画の内容は、皮影戯関連資料の収集、台本の保存、潮調楽譜の整理、上演の録画、そしてライフヒストリーの撰述で、非常に大きな成果が上がり、台湾の伝統芸術にいささかなりと貢献できたと思う。その後、これらの成果資料に基づいて、引きつづき「皮影戯潮調音楽整理・保存プロジェクト」に1年間従事したが、「潮調」の楽譜はこれまで全く記録がなく、口伝の芸人による差異が非常に大きかったため、より一層の確実な調査が待たれる。この方面には将来的に更なる検討の余地があり、今後の体系化に期待したい。

　残念なことに、この十数年で、多くの高齢のベテラン伝統皮影芸人が相次いで世を去り、伝統芸能界は嘆息とやるせなさに包まれた。現存するわずか5つの皮影劇団の団員が日に日に欠けてゆき、劇団間で人手を融通しあうのがますます頻繁になるのを見るにつけ、皮影戯の未来は全く楽観できないように思える。しかし現実には、文化とは有機的な生命体であり、現実の環境と協調できなければ、あるいは適応の過程で必要な変化を遂げられなければ、衰退と淘汰の運命に直面することになるのであり、皮影戯の状況もその例に漏れない。我々は、伝統の衰退を悲観するのではなく、斬新なイノベーションを楽しむべきなのかも知れない。影戯の上演形態も、まさにこの転換のさなかにある。

小論では台湾皮影戯発展の歴史について、まずこれまでの研究成果について述べ、簡単に先行文献を振り返る。次に台湾皮影戯の現在の境遇および生態について概説し、皮影戯が陥っている苦況と再生の転機について検討する。最後に現代の現有影戯上演形式を結合し、長所を生かしつつ短所を補い、良いものを選び取ることで、悠久の歴史を持つ伝統芸能を持続的に継承するために、台湾皮影戯が歩むべき道を探索したい。

1. 台湾皮影戯の研究成果

　現存する文献資料によれば、遅くとも清代中期までに、皮影戯は台湾に伝来している。最もよく知られた証拠は、台南市普済殿の清・嘉慶二十四（1819）年に立てられた『重興碑記』であり、以下のように記されている。「禁：大殿の前埕、理として宜しく潔浄たるべし。穢積及び影戯を演唱するを許すなかれ……（禁：大殿前埕，理宜潔淨，毋許穢積及演唱影戯……）」[1] その賑やかな様子がうかがい知れ、碑を立てた者もはばかるところがあったからこそ禁じたのであろう。

　台湾皮影戯に関する比較的詳細な記述として最も早いのは、日本人・片岡巌が民国10（1921）年に刊行した『台湾風俗誌』であろう。第三集第五章「台湾の演劇」に以下のように見える。

> 皮猿戯(ママ)とは田舎の祭日等に其村の人の演ずるものにして、紙に書きたる武者、老人、少年、婦女、皇帝、臣下、姫嬪其他の畫像を鋏み取り、竹串に貼付、大なる白紙の後ろに燈火を置き、此紙人形を出し、影畫を幻出して種々なる劇題を演ずるものにして其舞臺は多く牛車臺を代用す、此戯の音樂は北管を用ふ[2]。

---

[1] 従来、多くの台湾皮影戯関連論者はこの一節を引用する際に、いずれも「穢積」の二字を「科積」あるいは「積科」と記してきたばかりか、勝手に「積料」と読む者さえおり、それがたびたび踏襲され、誰にも意味が分からなくなっていた。後に筆者は李殿魁教授の現地調査に随行して碑文を調査した際に、それが「穢」の字であることを確認し、長年の疑問が瞬時に氷解した。ここで特に説明しておくので、関連研究者には注意されたい。

[2] 片岡巖著『臺灣風俗誌』（臺灣日日新報社、1921年2月刷）、p.206。

今日の実際の調査結果に鑑みて、以上の記述には当然、多くの議論の余地がある。これについて、邱坤良は直接的に批判している。

　　片岡氏は皮影戯については門外漢であり、ほとんど接触したことがなかったのかもしれない。皮影戯の音楽は潮調であって北管ではないし、影絵人形も多くが牛の革を彫刻して作られているが、厚紙を彫刻したものが存在した可能性はある。というのは「村民が自ら演ずる劇」で、自ら楽しむという意味が強いからだ。[3]

　ともあれ、皮影戯が注目されたことは確かである。日本統治時期、皮影戯は日本の官憲にも重視され、皇民化政策の宣伝に利用された。形式の上でも創造と改良が施されたが、これは張徳成の「東華皮影劇団」に代表される。
　台湾皮影戯は日中戦争終結（1945）の後に、復活の兆しを見せ、清末以来の第二次隆盛期が現出した。特に1950年代から1970年代にかけてが最盛期で、そのため研究者の注意を引きつけた。そのうち、呂訴上が1958年に発表した「台湾皮猴戯考」[4]は、初めて台湾皮影戯の源流、発展および現状を論述した極めて詳細な論文であると言える。その後、呂訴上は『台湾電影戯劇史』（1966年刊）に収録する「台湾皮猴戯史」と、1967年の「台湾皮猴戯之研究」[5]の2本でいささか手直ししているが、台湾皮影戯研究の基本的なひな型を確立したと言えよう。
　呂訴上の後、特に1970年代に入ってから、郷土文学論戦の騒動が巻き起こり、一群の現地知識人が台湾の風物と文化に注目しはじめたことで、皮影戯もいささか脚光を浴びるようになった。この時期、歌仔戯と布袋戯のテレビ放映が広く歓迎され、皮影も何度か撮影されたのだが、さして反響がなかった。1970年代の学術誌を通観すると、個別に10篇ほどの論文があり、そのなかでも代表的な著作が文化大学戯劇研究所の柯秀蓮が1976年に発表した『台湾皮影戯的技芸与淵

---

[3] 非北管，影人大多是用牛皮雕製，但可能也有用厚紙鏤刻者，因是『村民自己演的戲』，自娛的意味很重。・（邱坤良『日治時期台湾戲劇之研究』、自立晩報文化出版部、1992年6月版、p.182）
[4] 『台北文物』、6巻4期、1958年5月。
[5] 『戯劇学報』第一期（中国文化学院戯劇系中国戯劇組編印，1967年7月）所収。

源』で、初の台湾皮影戯を研究した修士論文でもあり、非常に意義がある。1980年代、台湾は文化建設時期に突入し、台湾皮影戯も民間組織と政府機関のこれまでにない重視と援助を受けた。まず、施合鄭文教基金会が援助する『民俗曲芸』の刊行が正式に始まったが、その第三・四期の「皮影戯専輯」は十数篇の論著を収録しており、とりわけ邱坤良の「台湾的皮影戯」が注目を集め、今でも台湾皮影戯の最も重要な入門文章であるとされている。また、行政院文化建設委員会が設立され、民間の上演が毎年挙行されたことも、台湾の人びとに実際に皮影戯を鑑賞したり触れたりする機会をもたらした。また1983年、台湾大学人類学研究所の呉天泰の『台湾皮影戯劇本的文化的分析』は、台湾皮影戯を研究した2本目の修士論文であるが、残念ながら論述にいささか不備があり、さほど参考にはならない。

　1990年代になっても、1970・80年代の風潮は続き、皮影戯の地位はさらに上昇した。1993年、高雄県政府が岡山鎮に「皮影戯館」を開設したことは、台湾皮影戯の収集と研究の画期となった。また文化建設委員会は「国立伝統芸術センター準備処」（國立傳統藝術中心籌備處）の設立に乗り出すとともに、大量の予算を投入して「民間芸術保存伝習計画」を推進し、その中で皮影戯保存の豊かな実りが得られた。特筆に値するのは、上述の二大機構の努力の結果、この10年間に驚くべき数の皮影戯関連著作が産み出されたことで、修士論文は3本にも達しており、さらに石光生教授が教育部および高雄県文化センターの委託を受けて著した、民俗芸師・張徳成と「復興閣」団主・許福能のライフヒストリーが相次いで世に問われ、皮影戯芸人の歴史的地位の基礎を築いた。3本の修士論文とは、成功大学歴史言語研究所の陳憶蘇の『復興閣皮影戯劇本研究』（1992年）、高雄師範大学国文学究所の金清海の『「合興皮影戯団」研究』（1998年）および筆者が台湾大学中文研究所在籍時に書き上げた『台湾皮影戯研究』（1998年）である。ここに至り、台湾皮影戯の研究が、総論から家ごと劇団ごとの個別論の段階に入り、研究者が皮影戯の総体的な特徴のみならず、劇団個別の特色に注目し始め、また、影絵人形や台本の内容を個別に研究し、さらにはそれによって芸人ごとの技芸の

差異を際だたせるようになったことが、容易に見て取れよう。[6]

　いまや、国立伝統芸術センターは設立から長い年月が経ち、民間の技芸保存、伝習と調査プロジェクトで顕著な成果を蓄積している。また民間出版界の参入により、芸術関連叢書の出版がますます盛んになり、雑誌には数多くの紹介文書が掲載され、皮影戯の概説書も至るところで見られるようになった。現代の人びとにとって、台湾皮影戯はもはやなじみのないものではなくなった。

　学術的な研究成果については、2000 年以降今日に至るまで、皮影戯を扱った学位論文が雨後の筍のごとく大量に出現しており、上述の数本のほか、修士・博士論文は 35 本にも及んでいる。研究内容も台本・音楽・教育・動画・デザイン・デジタル化・展示館・産業などさまざまな方面に及び、それぞれより専門的かつ精緻でディープな領域へと研究を進め、まさに多元的に咲き誇っている。また皮影戯の分野横断的発展および再編という新たな効果も見て取れ、時代発展の趨勢に沿っていると言えよう（文末の付録「台湾地区『皮影戯』主題学位論文一覧表」参照）。[7]

2. 台湾皮影戯の現状

　ある事物の重要性が何度もくり返し強調され、絶えず保存の必要性がアピール

---

[6] 90 年代のテーマが皮影戯と関連する修士論文には、筆者が国家図書館「全国博碩士論文資訊網」で検索したところ、上述の 3 本以外にも、成功大学中文系の廖秋霞の『高文挙故事研究』（1998）、台南芸術学院博物館学研究所の謝暁婷の『台北偶戯博物館教学活動初探——以「皮影戯」工坊活動為例』（1999）の 2 本がある。しかし、皮影戯を論文全体の主軸に据えたものではないため、掲げなかった。このほか、2000 年以降では、成功大学芸術研究所の林永昌の『高雄県校園皮紙影戯競演劇本研究』（2001）、樹特科技大学応用設計研究所の陸彦誠の『台湾皮影戯角色造型研究』（2003）の 2 本がある。皮影戯研究全体の趨勢を概観して林鋒雄教授は講評において、台本を研究の中心とする時代に入ったものとしているが、筆者の見解とは異なるので、特に説明しておく。注意すべきは、その他の学術領域も次第に皮影戯研究と結合していることで、例えば中央大学資訊管理碩士在職班の鍾栄豪の『多媒体電脳輔助教学学習成効之研究——以皮影戯劇教学為例』（2002）、台湾師範大学美術系在職士班の林宏沢の『従文化産業探討地方文物館的発展』（2003）、それに上述の謝暁婷の論文があり、多元的発展の方向性を窺わせる。

[7] 「台湾博碩士論文加値系統網站」（https://ndltd.ncl.edu.tw/cgi-bin/gs32/gsweb.cgi/ccd=cHrSx7/webmge?mode=basic）参照（2018 年 7 月 25 日最終確認）。「皮影戯」をキーワードとして簡易検索した結果、計 40 件の関連学位論文の情報が得られた。それを筆者が年度順に排列したのが、付録の「台湾地区『皮影戯』主題学位論文一覧表」である。

されるとき、通常、既に衰退段階にさしかかり、緊急事態にあることを示している。この法則を見出すのは実のところ容易である。もちろん、伝統民俗芸術が絶えず時代の巨大な車輪に押しつぶされ、砕かれる状況下にあって、伝統皮影戯も当然、現実の運命から逃れるのは困難であり、既に日没間近の感がある。

こうした状況は、現代における環境の急速な変化に完全に規定されており、劇団そのものに根本的問題があるわけではない。筆者はかつて『台湾皮影戯研究』で、台湾皮影戯の現状について以下のように書いた。

> 民国56（1967）年、テレビと映画の普及が日ましに進み、新興娯楽ツールとなり、かつて農村社会に存在した娯楽方式に取って代わったことで、伝統演劇の上演空間は抹殺されることとなった。かつて一世を風靡した劇団は、現実の環境を考慮して次々と解散し、皮影戯も同様に没落の運命を逃れえなかった。台湾の光復初期に、清末台湾の皮影戯ブームが再現された後、坂道を転げ落ちていき、100〜200あった劇団が、100から10に、10から5に減り、目下のところ台湾南部では5つの伝統的皮影劇団が高雄県内で活動するだけになっており、影戯の上演も片手間にやる副業になってしまった。こうした状況下にあって、芸人は皮影芸術の研鑽に打ち込むことができず、当然、上演技術の向上も望めない。影絵人形の制作および上演方式を、より精緻かつ緻密に磨き上げることなど、望むべくもない。
>
> 現在、台湾南部に伝わる伝統皮影戯団は5つを残すだけで、しかも全てが高雄県内にある。大社郷の「東華」と「合興」、弥陀郷の「復興閣」と「永興楽」、および岡山の「福徳」である。さらに、数年前に大陸で芸を学んできて、台北に設立された「華州園」皮影戯劇団を入れるならば、目下台湾の皮影戯劇団は6つということになる[8]。

---

[8] 自民國五十六年（西元1967年），電視與電影日漸普遍，成為新興的娛樂工具，取代舊有農村社會的娛樂方式，傳統戲劇的表演空間遭到了抹殺，諸多名噪一時的劇團因現實環境的考量紛紛解散，皮影戲亦同樣的難逃沒落的命運。自台灣光復初期再現清末台灣影戲高潮之後，即從當時的一、二百團漸漸走下陡坡，由百而十、由十而五，截至當前，台灣南部僅有五個傳統皮影戲團還在高雄縣內活動，但演出的機會絕少。由於微薄的演出酬勞無法維持生計，大抵說來，藝人們自己都有另一份賴以為生的工作，影戲演出成了偶爾兼職的副業。在這種情況之下，藝

むろん、歳月の無情な淘汰を経て、この5つの皮影戯劇団は今に至るまでにさらにシャッフルされ、状況は変化している、否、より悪化している。高雄皮影戯館のWebサイトに紹介される資料によれば、厳密に言って4つの劇団しか残っていないのである！[9]「福徳」は2007年に団主の林淇亮が病で逝去した後、活動を停止しており、もはや継承も上演もできないことが確定しているため、消滅したといえる。「合興」も似たような状況で、団長の張春天が長期間の肺疾患の末、2009年に世を去った後、後継者がおらず上演を停止しており、劇団はもはや活動できない。「永興楽」では中堅世代の張新国・張英嬌兄妹が劇団業務を維持・展開しており、上演にも積極的で、次世代の継承者の育成にも力を注いでおり、第四世代の張信鴻が団長を引き継いでいる。内外での公演も頻繁で、現在、最も完全な伝統皮影戯劇団であると言える。「東華」は古くから名声を博した老舗劇団で、主演の張樽国は改良・創造に優れており、変化に機敏に対応できる。この先十数年は活動を維持し、招待上演を続けることができるだろう。「復興閣」に至っては、許福能が生前に劇団の基礎を固め、後を継いだ許福助もまた積極的に努力してたえず補助と上演機会を勝ち取ることで、十数年、維持してきた。しかし許福助は既に80歳近くで、団員たちも次第にバラバラになり、解散の危機に直面している。注目に値するのが、許福能に師事した陳政宏で、伝統演劇を継承・発展させなくてはならないとの信念のもと、2002年に当時、高雄で6つ目の伝統皮影戯劇団となる「宏興閣皮影戯劇団」（2013年1月に「高雄皮影戯劇団」に改称）を設立し、そのパフォーマンスで脚光を浴びた。皮影戯の研究・創造にも注力しており、上演スタイルは耳目を一新させ、しかも一家3人がいずれも劇団の主要メンバーであるので、将来に期待が持てる。奉納演劇の上演機会の減少に従って、現在これらの劇団は多くが文化イベントの招待公演に従事しており、前

　　人無法專心於皮影藝術的鑽研，演出的技巧自然難以精進，影偶製作及表演方式的精緻細膩當然更談不上。
　　如今，在台灣南部流傳的傳統皮影戲團僅剩五團，且全部位於高雄縣境內，他們分別是大社鄉的「東華」和「合興」；彌陀鄉的「復興閣」和「永興樂」，以及岡山的「福德」。如果再加上前幾年從大陸學藝回來，成立於台北縣的「華州園」皮影戲團，則目前在台灣的皮影戲團就有六團了。（拙著『台湾皮影戲研究』、台湾大学中文所修士論文、1998年6月、p.126）

[9]「高雄市皮影戯館」Webサイト、「台灣皮影戲劇團」ページ（http://kmsp.khcc.gov.tw/home02.aspx?ID=$4012&IDK=2&EXEC=D&DATA=43、2018年7月25日最終確認）。

者の報酬が1日約2〜3万台湾ドルであるのに対して、後者はずっと手厚い。とはいえ、1人あたりの額はやはり少なく、年間の上演回数も限られており、本業以外の臨時収入にしかならない。

　際だって深刻な問題が、多くの上演者が既に高齢で健康に不安があることで、あとどれくらい耐えうるのか、考えるだに胸が痛む。上演技芸が優れているか否かは、あるいはもはや焦点ではなく、将来、演じようという人がいるかどうかが、より重要になっているのかもしれない。いつまで皮影戯の上演を目にすることができるだろうか。まったくもって、想像したくない！　だが、近年、東華・永興楽および高雄皮影戯劇団はいずれも新しい血の導入に力を注いでおり、新世代による継承に、一筋の光明が差している。

　かつて台北「華洲園」が出現したとき、台湾の皮影戯界は震撼した。もともと布袋戯の上演を主としていた華洲園は、遠く大陸の湖南で現代皮影戯を学び、アニメ風の造形、現代風の音楽、さらに物語の多くが簡潔で短い童話や寓話であることから、台湾の古い伝統皮影戯に比して、現代の観客や子どもを引きつけることができた。また、劇団のメンバーはいずれも若者で、意識が新しく、技術は機敏で、内容も変化に富んでおり、上演全体のパフォーマンスも比較的活力に溢れていた。これらの長所によって、多くの機関が争って招聘し、当然のことながら伝統皮影劇団の上演機会を少なからず奪うことになった。華洲園の上演スタイルと内容が完全に大陸の現代劇を踏襲したものであるかどうかはさておき、少なくとも台湾における人形劇上演芸術に刺激を与え、伝統皮影戯劇団に改革の機運をもたらしたことは確かである。[10]

　このほか、陝西の華県皮影劇団と河北の唐山皮影劇団が相次いで台湾巡回公演に訪れるとともに、高雄の皮影戯芸人・劇団と相互交流し、上演の秘訣を交換した。これは台湾の伝統皮影戯の上演スタイルを改良する上での新たなモデルとなり、何人かの意識の高い芸人は不断に人形の構造と上演技術の研鑽を重ね、それを新たに制作した影絵人形に活用して、かなりの成果を収めている。

---

[10] 許福能氏がさきに『李哪吒鬧東海』を再編した際、長年使用していた黄色の電球を蛍光灯に改め、操作棒の影を消そうとした。しかし観察したところ、蛍光灯の投影効果は電球ほど鮮明で美しくなく、逆に上手く伝わらない恐れがあったため、取りやめとなった。

近年、研究者の提唱のもと、伝統的劇団は新たな台本を創作し、いくつかのいわゆる古典名作劇ばかりを繰り返し上演することのないように、絶えず求められている。現代の観衆にとって、それらの劇は全く魅力がないからだ。それゆえ、ここ数年、各皮影劇団は相次いで新作劇や、伝統劇の新演出を上演している。例えば「復興閣」の『真武収妖』・『十二生肖的由来』、および「東華」の『延平郡王鄭成功』、高雄皮影戯劇団の『日月潭伝奇』などは、いずれも好評を博し、伝統芸人の努力と心配りを示した。

　ここから、伝統皮影戯芸人は多くが年老いているとはいえ、皮影戯の芸術生命を引き延ばすために、なおも積極的にチャレンジし創造する勇気があり、古くからのやり方や伝統的スタイルの墨守にこだわっていないことがわかる。このことには賛同できるし、敬服させられる。

3. 台湾皮影戯の展望

　32年前、柯秀蓮は『台湾皮影戯的技芸与淵源』の中で、皮影戯の当時の状況と未来の命運について、やるせなさげに嘆いた。

> 社会全体の歯車が速すぎ、歩調についていけない事物は淘汰される運命にある。皮影戯は農業社会の寵児であるが、辛いことに工業社会には安住の地が見つからない。テレビに登場し、国際的にもいささか人びとの注意を引いたのは確かであるが、我々は、これを喜ぶべきでないことを理解すべきだ。多くの人びとは骨董を見るかのように、好奇のまなざしでそれを見る。国外で我々が上演するのは『西遊記』であり、『済公伝』であり、『封神榜』であり、物語の不思議さ、趣味性が上演の技術や芸術的価値に勝っている。ここで筆者は、皮影戯の芸術性やその価値を引き上げて、なんらかの芸術品と競わせる意図はないし、皮影戯の目下の上演がいかに観客に疎まれていようとも構うものではない。しかしそれには確かに輝かしい時代があり、傑出した民間芸人がかつて心血を注いでその美の形態を作りあげた。今日、それは一歩一歩、没落に向かっており、純朴な民間芸人にも運命にあらがう個性を持つも

のが見あたらない。しかし我々は、中国に起源し、我々自身の土地に根ざしたこの花が姿を消すのを、なすすべなく見まもるべきであろうか？[11]

　考えてみてほしい。今日この時、このような運命を変えられるだろうか？　もしも我々が伝統皮影戯の旧来の形式にこだわるのであれば、あるいは焦点は老芸人が年老いて死にゆくことに集中するかもしれないし、確かにそうなのだろう。しかしもしも角度を変えて観察するならば、必ずしもそうであるとは限らない。
　呂訴上が『台湾電影戯劇史』を執筆したとき、早くも皮影戯が直面する苦況を発見するとともに、その未来の発展について、以下のような見解を述べている。

　　具体的な方法は、第一に新たな台本を創作することだ。……皮猴戯はその他の芸術や演劇と比べて、操作が簡単であるばかりでなく、内容も極めて応用性に富んでいるので、芸術的表現の可能性は、決してその他の芸術に劣るものではない。人形も是が非でも皮革を使わなければならないものでもなく、適切な紙を使いさえすれば、十分に効果を発揮することができる。……
　　皮猴戯の普及力は恐らく紙芝居を上回る。そのぼんやりとした味わいと幻想性は、決して紙芝居やその他の演劇スタイルの及ぶところではない。しかも、いかなる意図をも自由に表現できるのみならず、観客を夢の世界に誘うことができる。……本来は灯火を使うが、灯火を使わなくても、太陽の光線が利用できれば、十分な効果を上げることができる。……
　　皮猴戯の普及、これは我々の家庭、機関、学校、農場、漁村から始めなくて

---

[11] 整個社會的輪子跑得太快，跟不上腳步的事物就得遭上淘汰的命運。皮影戲是農業社會的寵兒，卻委屈得無法在工業社會找到棲息之地，雖然，它也在電視上露過面；國際上也小小的引起了人們的注意。但是，我們要了解，這並不是太為可喜的事情，大部分的人們看古董、好奇的眼光來看它們；在國外，我們所演出的是「西遊記」、是「濟公傳」、是「封神榜」；故事的神奇性、趣味性大過了演出的技巧、演出的藝術價值。在這裡，筆者無意於提昇皮影戲的藝術性或其價值與任何藝術品相抗衡，也不管皮影戲目前的演出如何為觀眾詬病，但它確實有過輝煌的時光，傑出的民間藝人也曾費盡心血塑造它們美麗的形態，今天，它們一步一步的趨向沒落，純樸的民間藝人少有與天爭命的個性。可是，我們就該眼睜睜的看著這朵源之於中國的珍貴花，種在我們自己的土地上絕跡嗎？（柯秀蓮『台灣皮影戲的技藝與淵源』、中國文化大學藝術研究所修士論文、1976年6月、p.90）

はならない。皮猴戯が今後、目指すべき使命は、ここにあると確信する[12]。

　上述の基礎の上に、柯秀蓮は創作台本の内容、舞台装置の改善、人物造形の更新、アニメ風切紙の制作、皮影戯演目の録画など5項目の改革を提案しており、目標の方向性は明確である[13]。事実上、これらの項目の大部分は、今日、既に数多くの芸人あるいは影戯愛好者によって実現されており、台本、舞台、制作材料、人形の造形、人形の大量生産などなど、いずれもかなりの成績を上げている。

　注意が必要なのは、郷土教材および美術教育に先導されて、皮影戯が次第に小中学校の課程と結びつき、教育のパイプを通じて、児童生徒が実際に接触し上演する機会が提供されるようになってきたことである。特に高雄皮影戯館は毎年、小中学校皮影戯コンテストを開催しており、幼い児童生徒の皮影戯への理解と参加を育むとともに、彼らが上演する際の斬新なアイデアを刺激している。題材は老若男女を問わず、人形の操作は簡単であり、子どもたちの無限の潜在力に感服させられ、影戯の未来に一筋の暁光が差すのを目にすることができる。このイベントは年を重ねて恒例行事になっており、皮影戯芸術に新たな活力を注ぎ込んでいる。前述の呂氏、柯氏の提議した皮影戯改革の道が、ここで実現していることを、我々は容易に見て取ることができる。

　このほか、2005年から教育部が主催している「全国児童生徒アイデア人形劇コンテスト」（全國學生創意偶戯比賽。2014年より「全国児童生徒アイデア演劇コンテスト」（全國學生創意戲劇比賽）に改称）は、小中学校の人形劇上演への積極的な参加を促している。そのうち現代人形劇類には「光影人形劇グループ」（光影偶戯組）が、伝

---

[12] 具體的方法，第一要創新劇本，……皮猴戯比之其他藝術和演劇，不但操作很簡單，內容也極富於應用性，在藝術的底表現的可能性，決不劣於其他的藝術，它的人形也決不必使用皮革才行，若能使用適當的紙，就能充分的發揮它的效果。……
皮猴戯的普及性恐怕超過畫片劇，它的幻恍味與夢幻性，決不是畫片劇或其他戲劇形式所能跟得上。而且不但能自由表現何自的意圖，還令觀客遊於夢的世界裡。……它原本是使用燈火，可是不用燈火也可能的，若能利用太陽的光線，也能充分的舉其效果。……
皮猴戯的普及，這是要從我們的家庭、機關、學校、農場、漁村開始的。確信著皮猴戯的今後所向的使命就在於此呢。（呂訴上『台灣電影戲劇史』、銀華出版社、1961年10月版、p.459）
[13] 柯秀蓮『台湾皮影戲的技芸与淵源』（中国文化大学藝術研究所修士論文、1976年6月）pp.91-94参照。

統人形劇類には「皮(紙)影戯グループ」が設けられており、この措置も各地の小中学校に皮影戯を学習し上演する素晴らしい機会を提供している。上演には、さまざまなアイデアが加えられており、小中学生の活発な息吹とあいまって、芸術、人文教育の理念と結合した同コンテストは、確実に若者の皮影戯上演芸術への認識を深め、さらには自ら人形を操作し、舞台で上演することで、皮影戯の普及に好ましい影響と効果をもたらしている。

とはいえ、かくも魅力的で素晴らしい上演が、往々にして児童生徒の成長や進学によって継続できないことは、残念と言うほかない。筆者は、もしも皮影戯の創作と上演に興味を持つこうした若者が継続的に学習できるパイプを提供し、勉学と同時に整った上演設備とスペースを与え、物語を作り、技芸を向上できるようにすれば、影戯芸術の生命を引き延ばすことができると考えている。

2003年3月、筆者は『台湾皮影戯』[14]を上梓し、『中国時報』の李文儀記者の取材を受けた際、以下のように語った。

> 「皮影戯の没落は、社会変遷における避けて通れない過程であるようだ。」邱一峰は感慨深げに語った。60年代以降、映画、テレビなどの新興マスメディアが勃興し、皮影戯の没落が加速した。台湾には6つの皮影劇団が現存し、団員の総数は百人足らず、大部分が還暦を過ぎており、かつ専業ではない。目下、最も重要なのが、やはり教育から着手し、高等教育機関に皮影戯に関する学科を開設することだ。それとともに、国家級の人形劇団を組織し、上演者の後顧の憂いを断ち切る、そうすれば皮影戯が台湾から消え去る事態を避けられるだろう[15]。

むろん、筆者が再三アピールしているように、根本的な解決の道として戯曲学

---

[14] 文星出版公司、2003年3月30日刊。
[15] 「皮影戲的沒落，似乎是社會變遷下的必經歷程。」邱一峰感慨地表示，六〇年代後電影、電視等新興大眾媒體的興起，加速了皮影戲的沒落。台灣現存的六個皮影戲團，團員總數不超過一百人，大部分年齡都超過六十歲，且多為兼職。當前最重要的，還是從教育著手，在大專院校開設皮影戲相關科系；並成立國家級的偶戲團，讓演出者沒有後顧之憂，才不致讓皮影戲在台灣絕跡。(李文儀「台灣皮影戲　一本滄桑史」、『中國時報』民國92年3月15日、14版)

校での人形劇学科開設に勝るものはない。積極的に教育システムを通じて優秀な上演者を育成するとともに、卒業後の就業機会を保障してこそ、上演者は皮影戯上演芸術の創作と改良に打ち込めるのである。[16]

4. 皮影芸術の新たな状況

前述の皮影戯の現状と展望については、多くが上演技術と形態に着目しており、また無形文化遺産（芸能）が消滅に直面していることに迫られて発せられたやるせない慨嘆であった。しかし、時代は絶え間なく進み続け、新たなテクノロジーとコンセプトを適切に使いこなすことができれば、伝統的上演芸術に新たな息吹を与え、時空の流れを飛び越えて、かつての繁栄を観客の目の前に再現することができるだろう。

1994年に設立された高雄皮影戯館は、台湾唯一の皮影戯をテーマとする地方文化館である。現在、皮影戯が高雄にしか存在しないことを考慮して計画され、台湾皮影戯を伝承し発揚するという重責を担っている。皮影戯館は地下一階、地上五階で、収蔵、展示、伝習および劇場の空間が上手く設計されており、劇団が頼みにする地方政府機構にもなっている。二十数年来、デジタル化技術および展示設計の発展に応じて、また教育プランのアップデートなどとあいまって、皮影戯館の内部環境も更新、調整されてきた。Webサイトの設立趣意書に以下のように見える。

---

[16] 筆者は多くの人形劇上演芸人と接触してきたが、いずれも個人の劇団で伝習課程を行うのは、特に経費負担の問題から、相当に難しいとのことであった。従って、もしも技芸の伝習を戯曲学校に取り込み、課程を整え、民間の優れた上演者と演奏者を招いて教授してもらえば、必ずや学生はよりよい学習環境の中で最大の成果を得ることができるだろう。筆者の見解では、戯曲学校に人形劇学科を設立し、「布袋戯」、「傀儡戯」と「皮影戯」の3コースを設ける。入学した学生にこの3種の人形劇についてある程度の知識と技術を身につけ、それぞれの操作に精通し、相互に共同上演できるようにさせ、あらゆる人形劇に通じた芸人として育成する。卒業後、成績が優秀で、パフォーマンスが傑出した者を選抜して、国家級の人形劇団に所属させ、その働く権利と生活を保障する。こうすれば人形劇の保存と創作活動に全力を集中することができ、台湾人形劇の上演芸術を持続的に受け継ぐことができよう。

新たな装いの皮影戯館は「光と影の織りなす交錯」というデザインコンセプトで、独特な外観を形作っています。館内の展示区画も新たに企画、デザインしたもので、インタラクティブな体験と視覚効果の変化を強調していて、「伝習教室」、「テーマ展示館」、「リソース・センター」、「劇場」、「デジタル・シアター」、「体験コーナー」などの6つのテーマ区画に分かれています。展示区画では影絵人形、楽器、灯火、スクリーンなどを展示するほか、野外舞台で皮影戯を見ている雰囲気を再現した初期の荷車舞台を設置したコーナーもあり、リアルな古風な上演を味わうことができます。新機軸の親子劇場は、可動式の舞台と親子座席を備え、人形劇の上演に無限の可能性をもたらすとともに、人びとと上演者の距離を縮めます。このほか、「人形」のテーマ売店――「影蔵1号店」が愛好者の来店をお待ちしております[17]。

世界で最も整った皮影戯博物館という目標を達成し、人びとに皮影戯を理解し接触する場を提供するために力を尽くしており、台湾皮影戯の発展において、古い世代を受け継ぎ次世代に引き継ぎ芸術文化を活性化する重要な役割を、確実に果たしている。

このほか、国際交流が盛んになるにつれて、皮影戯劇団が国外に招聘公演に赴く機会もかなり増えており、足跡は欧州、米州、アジア、オセアニアに及んでいる。台湾皮影戯芸術を世界各地に伝え、現地華人や外国の友人にこの伝統文化を紹介して、歓迎されている。例えば、筆者は昨年 (2017年) 9月末から10月初めにかけて、永興楽皮影劇団とともにニューヨーク、デトロイトおよびアナーバー公演に赴いたが、上演は非常に好評を博し、アメリカの人びとに台湾皮影戯の特色を印象づけ、民間文化交流および民間外交活動を成功裏に終えることができた。

---

[17] 新風貌的皮影戯館以「光影編織交錯」的設計理念，塑造出獨特的外圍景觀；館内展區亦重新規劃設計，強調互動體驗與視覺效果的變化，共分為「傳習教室」、「主題展示館」、「資源中心」、「劇場」、「數位劇院」、「體驗區」等六大主題區。展區内藉由展示的實體文物：戲偶、樂器、燈光、影窗等來呈現外台戲的觀賞氛圍；規劃獨立空間搭設早期的牛車戲台，享受最真實的古早味演出。創新的親子劇場則設計了可移動式舞台及親子座位，讓偶戲演出延伸出無限可能，更拉近民眾與演員之間的距離；次外，開設「偶」的主題專店 -- 「影藏1號店」，讓喜愛「偶」的民眾可以選購收藏。(「高雄市皮影戲館」Web サイト「成立縁起」ページ、http://kmsp.khcc.gov.tw/home02.aspx?ID=$2001&IDK=2&EXEC=L、2018年7月25日最終確認)

また昨年の素晴らしい上演の余韻冷めやらず、今年（2018 年）11 月に永興楽は再びアメリカ公演に招待された。

　あわせて、デトロイト美術館でのエピソードを紹介しておきたい。アレクサンダー担当マネージャーの案内で所蔵人形を見学し、展示準備中の中国皮影戯の人形について解説してもらっていたところ、急遽、収蔵庫のケースから由来不明の影絵人形が取り出され、それがいかなるものであるのか教えて欲しいと言われた。驚いたことに、これらの人形の外見は早期台湾皮影戯と極めて似かよっていたが、デトロイト美術館の収蔵責任者によると、いつ収蔵されたのか、誰が寄贈したのか、全く出所が分からず、仕方なく「X」のコード番号を振っているとのことだった。彼らには、中国の影絵人形であると判断するのが精一杯だったのだ！

　外見から判断すると、確かに早期台湾皮影戯の人形と極めて似ており、様式、構造もそっくりであるので、おそらくは清末民初の、100 年以上前のものであろう！　永興楽皮影戯劇団のメンバー、張新国、張英嬌および張信鴻らも一緒にそれらの影絵人形を見学していたが、張新国によると「家に一族に伝わってきた古い頭が残されているが、特徴がほぼ同じなので、調査比較する価値がある！」とのことであった。また、高雄皮影戯館所蔵の台湾皮影戯の影絵人形と比較対照することで、両者の関係の答案が見つかることだろう。この問題は非常に研究の価値があり、台湾皮影戯が海外に流布した足跡を新たに発掘することもできよう。[18]

5. おわりに

　芸術は多元的で、演劇の上演スタイルも多様である。同じ劇種であっても、皮

---

[18] デトロイト美術館所蔵の台湾皮影戯だと思われる物品について、私はいささか態度を保留し、軽々に結論を下せずにいた。というのも、中国大陸広東潮州の早期の影絵人形は台湾と特徴が一致するのか、どのような違いがあるのか、さらに言えば広東潮州でまだ実物を見て確定することができるのか、分からなかったからである。だが、折良く日本の慶應義塾大学の山下一夫教授が昨年潮州で現地の伝統的影絵人形の調査を行い、いくつかの人形を撮影していたので、映像資料を提供していただき比較してみた。その結果、潮州影偶の形態的特徴は台湾皮影戯と大きく異なり、外観が全く似ていないことがわかった。従って一歩踏み込んで、デトロイト美術館所蔵の影絵人形は、早期台湾のものと密接な関係があると確定できよう。機会を見付けてその詳細について検討したい。

影戯について言えば、同時に異なったさまざまな形態が存在しうる。伝統的形態の古い皮影戯は、悲しげな潮調の音楽に乗せて唱い、市指定の三級古跡と同様に貴重であり、生きた化石としてその芸術を極力完全に保存すべきである。しかし、改良された新式の影戯は、素材が軽い厚紙に改められ、音楽にも現代の録音された曲調が選ばれ、造形デザインはよりいっそう誇張され、操作技巧は機敏で変化に富み、伝統スタイルから脱却した新時代の産物であるとはいえ、これも光と影の投射原理を利用して上演される影戯であることを否定することはできない。

愚考するところでは、旧式の皮影戯はその最も伝統的な本来の姿を保ち、積極的に新世代の上演者を育成し、十分な訓練を施し、影絵人形の彫刻、人形の操作、台本の改良、音楽の伴奏と曲の歌唱などについて、全面的に精緻化を進め、生きた標本として国内外の舞台に上り、台湾本土のテイストを際だたせるべきである。一方、新式の現代影戯は、大陸の模倣であれ台湾の民間独自の改良であれ、上演団体に好きなように創意を発揮させ、素材、影絵人形の造形、舞台セット、台本の創作、言葉遣い、音楽などを自由に選び取り、それぞれ独自の上演スタイルを創造することで、百家争鳴の状況となり、台湾の新式影戯の特色や活力を示すようになるのが最も好ましい。

社会環境の急激な変化に直面して、伝統的皮影戯が次第に衰えるのはまったくもって必然である。それを、我々は過度に悲観してはならないが、しかし決して忘れてならないのは「我々が掌握できるのは現在だけである」ということだ！[19]

---

[19] このフレーズは、林鶴宜『台湾戯劇史』（国立空中大学、2003 年 1 月初版）の末尾の「結語」の標題から引用した。筆者は深く同感し、目下伝統芸術の保存と伝習に携わっているあらゆる人びとと、努力を共にしたいと願っている。

付録：

台湾地区「皮影戲」主題学位論文一覧表

番号	年度	論文名称	作者	大学／学部・研究所	修士／博士
1	1976	台灣皮影戲的技藝與淵源	柯秀蓮	中國文化大學／藝術研究所	修士
2	1982	皮影戲劇本的文化分析	吳天泰	國立臺灣大學／考古人類研究所	修士
3	1992	復興閣皮影戲劇本研究	陳憶蘇	國立成功大學／歷史語言研究所	修士
4	1998	台灣皮影戲研究	邱一峰	國立臺灣大學／中國文學系	修士
5	1999	台北偶戲博物館教育活動初探─以「皮影戲」工坊活動為例	謝曉婷	臺南藝術學院／博物館學研究所	修士
6	2002	多媒體電腦輔助教學學習成效之研究 - 以皮影戲戲劇教學為例	鍾榮豪	國立中央大學／資訊管理學系碩士在職專班	修士
7	2003	台灣文化創意產業行銷策略之研究－以皮影戲為例	陳淑汝	國立雲林科技大學／工業設計系碩士班	修士
8	2003	台灣皮影戲角色造形研究	陸彥誠	樹德科技大學／應用設計研究所	修士
9	2003	從文化產業探討地方文物館的發展 - 高雄縣皮影戲館視覺設計規劃研究	林宏澤	國立臺灣師範大學／美術系在職進修碩士學位班	修士
10	2003	《西遊記》的另類閱讀──以皮影戲為例	林美惠	國立新竹師範學院／臺灣語言與語文教育研究所	修士
11	2004	台灣庶民的藝文表述與歷史實踐 -- 以東華皮影戲團為考察	彭錦華	國立成功大學／中國文學系碩博士班	博士
12	2005	台灣皮影戲音樂研究	李婉淳	國立臺灣師範大學／民族音樂研究所	修士
13	2005	台灣地區皮影戲劇本語言研究	陳櫻仁	國立高雄師範大學／台灣語言及教學研究所	修士
14	2007	國小皮影戲社團教學研究－以高雄縣彌陀國小為例	張玉梅	國立臺南大學／戲劇創作與應用學系碩士班	修士

15	2008	高雄縣皮影戲館對傳統藝術教育推廣之研究－並以宏興閣皮影戲團為例	邱淑惠	南華大學／美學與藝術管理研究所	修士
16	2008	電腦動畫藝術應用皮影戲元素之創作研究	蘇巨暉	國立臺灣藝術大學／多媒體動畫藝術學系	修士
17	2008	論民族藝師張德成新編皮影戲	張能傑	國立臺北大學／民俗藝術研究所	修士
18	2008	高雄縣皮影戲數位博物館的建構與經營研究	林麗卿	國立成功大學／藝術研究所	修士
19	2008	文化創意加值運用 - 以台灣皮影戲為例	黃郁茹	立德大學／資訊傳播研究所	修士
20	2009	紙(皮)影戲應用於國小輔助教材設計創作	馮筱嵐	中原大學／商業設計研究所	修士
21	2009	合興皮影戲團四齣手抄本之研究	蔡杰芸	國立成功大學／藝術研究所	修士
22	2010	皮影戲手抄劇本的修護與保存 - 以高雄縣政府皮影戲館之藏品《陸鳳陽鐵求山》劇本為例	呂堅華	國立臺南藝術大學／古物維護研究所	修士
23	2010	臺灣皮影戲音樂的傳承與發展	陳怡礽	國立臺南藝術大學／民族音樂學研究所	修士
24	2010	動畫法則在 Wayang Kulit 皮影戲上的應用	譚安琪	亞洲大學／數位媒體設計學系碩士班	修士
25	2010	皮影戲應用於電腦動畫之創作研究－以《魅影》動畫製作為例	陳彥蓉	銘傳大學／設計創作研究所碩士班	修士
26	2010	皮影戲之圖像造形創作─以文化創意商品設計為例	林聖澤	國立臺灣師範大學／設計研究所在職進修碩士班	修士
27	2011	臺灣皮影戲音樂及其源流研究	李婉淳	國立臺灣師範大學／音樂學系	修士
28	2011	《皮影話白蛇》皮影戲文化創意加值應用於光柵光影視像創作研究	彭建華	樹德科技大學／應用設計研究所	修士
29	2011	探討皮影戲影偶造形意象對女性飾品設計之影響	蔡宜喬	大同大學／工業設計學系(所)	修士
30	2011	以 Inverse Kinematics 骨架融入皮影戲操作之悅趣學習設計與成效研究	蕭朋威	國立新竹教育大學／數位學習科技研究所	修士
31	2012	以臺灣傳統皮影戲為創意元素之動畫設計	李妍潔	樹德科技大學／應用設計研究所	修士

32	2012	數位皮影戲劇場平台開發之研究	吳宜璉	亞洲大學／數位媒體設計學系	修士
33	2013	台灣傳統皮影戲偶角色特徵與動作	黃淑芬	東方設計學院／文化創意設計研究所	修士
34	2013	數位偶戲設計與觀眾體驗調查－以高雄市皮影戲館為例	繆愫恩	樹德科技大學／應用設計研究所	修士
35	2014	非接觸式手勢辨識融入皮影戲操作之研究與創作	陳泊宏	國立臺北科技大學／互動媒體設計研究所	修士
36	2015	傳統與數位展示型態之觀眾體驗調查研究－以高雄市皮影戲館為例	陳巧芸	國立雲林科技大學／數位媒體設計系	修士
37	2015	臺灣傀儡戲、皮影戲音樂文獻資料之整理與研究（1945-2015）	王亮今	國立臺北教育大學／音樂學系碩士班	修士
38	2015	皮影戲文化價值及休閒功能之研究－以屏東光鹽民俗藝術團為例	杜盈穎	國立屏東科技大學／景觀暨遊憩管理研究所	修士
39	2016	嬉戲、玩皮！戲劇策略運用於國小安親班皮影戲教學	石怡穎	國立臺南大學／戲劇創作與應用學系碩士班	修士
40	2017	傳統皮影戲融入體驗式學習互動教材設計之研究	蕭朋威	國立雲林科技大學／設計學研究所	博士

Ⅲ

台湾皮影戯上四本の『白鶯歌』と『蘇雲』について

山下　一夫

台湾皮影戯扮仙戯

1. はじめに

　影絵人形劇———皮影戯は、中華圏の各地で行われている芸能である。台湾も例外ではなく、高雄市西部を中心に現在でも複数の劇団が活動している。演目は立ち回りの多い武戯と、唱や台詞が中心の文戯に大別され、1970 年代の段階では 150 ほどが確認できる[1]。これら多くの演目の中で、伝統的に最も重視されているのが、「上四本」「上四冊」、あるいは単に「四本」と呼ばれる、4 つの文戯の演目である。邱一峰は以下のように述べている[2]。

> 皮影戯の文戯にはいわゆる「上四本」、また「上四冊」と呼ばれるものがあり、それぞれ『蔡伯喈』・『蘇雲』・『孟日紅割股』・『白鶯歌』で、文戯の代表的な演目である[3]。

また永興楽皮影劇団の張歳は以下のように述べている[4]。

> 文戯も重要である。なぜなら、皮影戯にはいわゆる「四本」、『割股』・『白鶯歌』・『蘇雲』・『蔡伯皆（ママ）』があり、もしこの四本ができないなら、皮影戯をやろうと思ってはいけないからだ[5]。

復興閣皮影劇団の許福能もほぼ同様のことを述べている[6]。

---

[1] 陳憶蘇,『復興閣皮影戯劇本研究』, 国立成功大学歴史語言研究所碩士論文, 1992 年, 21 頁.
[2] 邱一峰,『台湾皮影戯』, 晨星出版, 2003 年, 169 頁.
[3] 皮影戯的文戯中有所謂的「上四本」, 又稱為「上四冊」分別為:《蔡伯喈》《蘇雲》《孟日紅割股》及《白鶯歌》, 為文戯的代表性劇目.
[4] 「高雄市皮影戯館」Web サイト掲載インタビュー映像, http://kmsp.khcc.gov.tw/home02.aspx?ID=$4012&IDK=2&EXEC=D&DATA=75&AP=$4012_SK-39（2019 年 1 月 28 日確認）.
[5] 文戯也很重要。因為皮影戯就是有所謂的四本,《割股》,《白鶯歌》,《蘇雲》,《蔡伯皆》, 這四本你若不會, 就別想做皮影戯.
[6] 石光生,『皮影戯芸師許福能生命史』, 高雄県立文化中心, 1998 年, 30 頁.

『蔡伯喈』・『割股』・『蘇雲』・『白鶯歌』は「上四本」と称し、芸人はみなこの四本のことをよく解っている[7]。

「上四本」については、本文でも触れるとおりすでに幾つかの研究があるが、台湾で最も上演頻度が高い『割股』と、元・高明の『琵琶記』に連なる『蔡伯喈』が好んで取り上げられる傾向があり、『蘇雲』と『白鶯歌』についてはあまり検討されてこなかったきらいがある[8]。筆者は近年、この2つの演目に関する資料を幾つか閲覧する機会に恵まれた。そこで本稿では、この台湾皮影戯『白鶯歌』と『蘇雲』のテキストを検討した上で、台湾皮影戯と明伝奇・陸豊皮影戯との関係や、台湾皮影戯という劇種の問題について考察していきたいと思う。

2. 台湾皮影戯『白鶯歌』と明伝奇『鸚鵡記』

台湾皮影戯『白鶯歌』は、本稿冒頭で引用した芸人たちの発言から考えても、かつては多くの劇団で行われていたものと思われる。しかし2000年代に入り、老芸人が相次いで世を去った上、影絵人形劇をめぐる環境が大きく変化したこともあって、すでに上演は行われていない。ただ、管見の及んだ限りでは、以下4種類の台本の抄本が現存している。

(一) 東華皮影劇団所蔵抄本

書写年不詳。表紙に「白鶯歌　東華皮影團　年代已久　前半頁已失後段不詳　張義國檢　共六十八頁　84・5・2」とある。「兄妹相議」から「潘葛思妻」までの残本。

---

[7] 《蔡伯喈》、《割股》、《蘇雲》、《白鶯歌》這稱為上四本，演出者皆知這四本的。
[8] 『蔡伯喈』については林鋒雄「論台湾戯『蔡伯皆』」(『漢学研究』第19巻第1期，2001年，329頁-353頁)、および鄭守治「台湾皮影戯"潮調"劇目、唱腔淵源初探」、『正字戯潮劇劇本唱腔研究』(中国戯劇出版社，2010年, 171頁-192頁)、『割股』については鄭守治「全本『葵花記』戯文輯考」(『韓山師範学院学報』2010-5，683-689頁)が挙げられる。

（二）永興楽皮影劇団所蔵抄本

　書写年不詳。表紙に「白鶯哥」とある。「阮寶起禍」から「圍棋進子」までの残本。

（三）皮影戲館所蔵許任抄本

　昭和六（1931）年書写。巻首に「順治立號大清，人民服，天下平。過明治，換大正，成昭和。削人形，換國泰，照舊用，歸中□[9]，衆神明，自忖逞筆不寫，看分明知其理，白鶯哥」とあり、また末葉に「白鶯哥寫完一百二十九易，昭和六年，許任親手寫的，年已六十九歲，策號丁貴之號，立名興旺班，庚午年十二月初四日寫完，白鶯哥」とある[10]。

　林永昌によれば、許任は興旺班という影絵人形劇団に所属し、息子の許丁貴を通じて台本の書写・販売も行った人物で、高雄市皮影戲館には許任が書写した影絵人形劇の台本が全部で四十九件所蔵され、この抄本もその一つだという[11]。

（四）皮影戲館所蔵呉典抄本

　明治四十三（1910）年書写。巻首に「仁壽上里鹽埕庄第一保ヒ正，呉典」とあり、また末葉に「明治四十三年舊參月十六日自手親抄完，仁壽上里鹽埕庄108，呉典」とある。

　呉典は復興閣皮影劇団を創始した張命首の師匠の一人である。石光生は1997年に行った許福能へのインタビューに基づいて以下のように記している[12]。

> 　影絵人形劇の芸人は、「四大本」のうちどれか一つでも得意であれば、それだけで一家を成すことができる。影絵人形劇の芸を他人には簡単に伝授しなかった当時にあって、張命首は張奢・呉天来・呉典・李看の4人の影絵人形

---

[9] 原欠。
[10] 林永昌，『福徳皮影戲劇団発展紀要暨図録研究』，高雄縣政府文化局，2008年，55頁。
[11] 林永昌，『合興皮影戲団発展紀要暨図録研究』，高雄縣政府文化局，2007年，10頁。
[12] 石光生，『皮影戲芸師許福能生命史』，21頁。

劇の芸人から、この4つの重要な演目をそれぞれ習得することができた[13]。

上記資料では、張命首が誰からどの演目を学んだかは解らないが、おそらくこの呉典から『白鶯歌』を教わったのだろう。なお別の資料では張命首の師匠は「呉大頭」となっているが、おそらくこれは呉典の渾名か芸名であろう[14]。

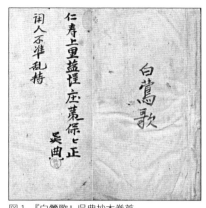
図1 『白鶯歌』呉典抄本巻首

「復興閣」はもとの名前を「新興皮戯団」と言い、張命首（1903～1980）によって弥陀郷で創始された。張命首は若いときに呉天来・李看・呉大頭・張著について影絵人形劇を学び、また様々な楽器の演奏も習得した[15]。

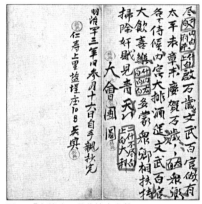
図2 『白鶯歌』呉典抄本末葉

呉典抄本の巻首および末葉に現れる「仁寿上里」は日本統治時代の行政区画で、現在の高雄市岡山区西南部・永安区西部・弥陀区・梓官区にあたり、また「塩埕庄」はうち弥陀区に含まれる。弥陀区は戦後の一時期「弥陀郷」と称され、上の記述にあるように復興閣皮影劇団の所在地であるほか、永興楽皮影劇団もここに置かれているなど、現在でも台湾の影絵人形劇の劇団や芸人が集中する地域

---

[13] 一般皮影戯演師擅長文戲四大本之一，便足以獨當一面，張命首在皮影戲技藝不輕易外傳他人的時代，能夠分別向張著、呉天來、呉典、李看四位皮影戲演師習得四本經典戲。
[14] 邱一峰，『台湾皮影戲』，201頁。
[15] 「復興閣」原名「新興皮戯團」由張命首（1903～1980）創立於彌陀郷。張命首早年隨呉天來、李看、呉大頭、張著等學習皮影戲，並學習演奏各種樂器。

となっている。当時にあって、呉典も恐らくその中の1人だったのだろう。

さて、いま呉典抄本に基づいて『白鸚歌』の内容を整理すると、おおむね以下の通りとなる。なお（）内は抄本中に現れる齣題で、番号は筆者が付したものである。

> 周の景王の治世。朝廷では潘葛が丞相を務めていた（1. 潘葛登擡）。そこに西蕃から白鸚歌・温良鐘・醒酒氈の三宝が献上されて来る（2. 西番義貢）。景王は西蕃を冊封し、また蘇妃と梅妃の二人の妃のうち、蘇妃が懐妊したことを知り、皇后に立てる（3. 朝賀阮宝、4. 帯旨封宮）。蘇妃を妬んだ梅妃は、長兄の梅平・次兄の梅輪と謀って温良鐘を壊し、また白鸚歌を殺して蘇妃に罪をなすりつけようとする（5. 兄妹相議、6. 阮宝起禍）。蘇妃と梅妃はいずれも自らの無実を訴えるが、結局蘇妃に死罪が言い渡される（7. 二妃扭奏、8. 斬是放非、9. 闖朝冒奏、10. 梅輪辱相）。潘葛は朝廷の将軍である全忠と相談し、蘇妃を助けるため、自分の妻に蘇妃の身代わりとなるよう頼む。潘葛の妻は夫の言い付け通り死に、偽の蘇妃の葬儀が行われる（11. 回家議代、12. 潘全謀計、13. 潘府代換、14. 上挍擡、15. 奠祭読文）。しかし占卜によって蘇妃がまだ生きていることを知った梅妃は、梅輪に潘葛の屋敷へ押し入らせるが、潘葛は密かに蘇妃を湘州に逃がし、さらに梅輪らの乱暴のせいで妻が死んだと言って朝廷に訴え出る（16. 梅妃卜卦、17. 聞報設計、18. 掃尋被打、19. 潘梅扭奏）。十三年後、潘葛は自らの誕生日を祝う宴で死んだ妻のことを想い出す。そこに湘州の蘇妃から手紙が来て、逃げる途中白馬廟で太子を出産したこと、その後いったん離ればなれとなったが再会したことなどが記されていた（20. 慶賀寿旦、21. 潘葛思妻）。朝廷に上がった潘葛は景王と象棋を打ちながら、すべては梅妃の計略であったこと、蘇妃と太子が生きていることを告げる（22. 囲棋進子）。梅妃一派は死罪となり、蘇妃と太子が朝廷に迎え入れられる（23. 接旨回朝、24. 見駕除奸、25. 登基団円、26. 新帝登基）。

この『白鸚歌』は無名氏の明伝奇『鸚鵡記』に基づくことが、すでに陳憶蘇に

III 台湾皮影戯上四本の『白鶯歌』と『蘇雲』について（山下）

よって指摘されている[16]。『鸚鵡記』の完全な版本は、現在のところ『古本戯曲叢刊初集』に影印が収録されている、万暦年間の金陵富春堂刊本が伝存するのみである。富春堂で刊行された戯曲は弋陽腔の系統のテキストであり、この『鸚鵡記』もそのうちの一つである。弋陽腔とは明代南戯四大声腔の一つで、江西省弋陽県を発祥地とし、伴奏は打楽器のみで、1人が歌った後ほかの人々が唱和する「幇腔」を行うこと、また「滾白」や「滾唱」といった方法を持つこと、大衆的・通俗的な演目が多く知識人には敬遠されたことなどを特徴とする[17]。さて、この富春堂本は二巻三十二齣から成り、全名を『新刻出像音注蘇英皇后鸚鵡記』という。内容はおおむね以下の通りとなる。なお、富春堂本には齣題が無い

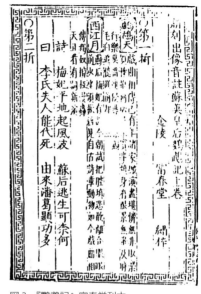

図3 『鸚鵡記』富春堂刊本

が、（ ）内は挿絵に添えられた語句をもとに筆者が仮に付したものである[18]。

　　周の景王の治世。朝廷では潘葛が丞相を務め、また景王には蘇妃と梅妃の二人の妃がいた（1.家門大意、2.潘家遊園、3.二妃飲宴）。そこに西羌から白鸚鵡・温良盞・醒酒氈の三宝が献上されて来る（4.西蕃進宝）。また蘇妃の甥の蘇敬は湘州に刺史として赴任する（5.任赴湘城）。景王は西羌を冊封し、また蘇妃が懐妊したことを知って皇后に立てる（6.設朝受貢、7.元宵冊封）。蘇妃を妬んだ梅妃は、長兄の梅伾・次兄の梅倫と謀って温良盞を壊し、また白鸚鵡を

---

[16] 陳憶蘇，『復興閣皮影戯劇本研究』，40頁。
[17] 蘇子裕，『弋陽腔発展史』，国家出版社，2015年，134頁-157頁。
[18] 同様の仮齣題の付与は白海英も行っているが、筆者のものとは必ずしも一致しない。白海英「戯文的近代伝承和民間経典的叙事策略―以『鸚鵡記』為例」，『民族芸術研究』，2012-6-28，47頁-53頁。

殺して蘇妃に罪をなすりつけようとする（8. 幸梅妃宮、9. 請二国舅、10. 梅倫定計、11. 梅妃壊宝）。蘇妃と梅妃はいずれも自らの無実を訴えるが、結局蘇妃に死罪が言い渡される（12. 金堦結奏）。潘葛は蘇妃を助けるため、自分の妻に蘇妃の身代わりとなるよう頼む。潘葛の妻は夫の言い付け通り死ぬ（13. 夫人代死）。しかし占卜によって蘇妃がまだ生きていることを知った梅妃は、梅倫に潘葛の屋敷へ押し入らせるが、潘葛は今度は死んだ婢女の雪姐を妻だと偽り、梅妃たちのせいで妻が死んだと言って朝廷に訴え出る（14. 梅妃問卜、15. 驚死夫人）。潘葛は妻の葬儀に借りて密かに蘇妃を湘州の蘇敬のもとに逃がす。蘇妃は追っ手に阻まれるが、天神に助けられて難を逃れ、白馬廟で太子を出産する。しかし追っ手に囲まれたため、仕方なく蘇妃は太子を置いて逃げる。そこを通りかかった樵夫の祝四郎が太子を拾う。蘇妃は無事、湘州の蘇敬のもとにたどり着く（16. 記議出葬、17. 途遇天神、18. 蘇妃奔相、19. 梅伻帰隠、20. 白馬廟生太子、21. 湘城会侄）。その頃朝廷では梅妃が景王の寵愛を失いつつあった（22. 宮人勧酒）。太子は祝四郎から枢密の張清に預けられ、張竜と名付けられる。十三年後、太子は蘇敬の子の蘇虎とたまたま同窓となり、これをきっかけに母親の蘇妃と再会する（23. 祝翁送子、24. 太子攻書、25. 蘇妃逢侄、26. 後院遊耍、27. 張清留子、28. 太子見母）。天監官が星象から蘇妃の事を知る（29. 看天相）。潘葛が景王に、すべては梅妃の計略であったこと、蘇妃と太子が生きていることを告げる（30. 詔迎蘇后）。潘葛が景王と象棋を打ちながら、すべては梅妃の計略であったこと、蘇妃と太子が生きていることを告げる（新増潘葛下棋）。梅妃一派は死罪となり、蘇妃と太子が朝廷に迎え入れられる（31. 蘇后赴京、32. 太子登基）。

明末の崇禎年間の成立とされる祁彪佳の『遠山堂曲品』では、「具品」に分類されている演目に『鸚哥』があり、この明伝奇『鸚鵡記』を指しているものと思われる[19]。

---

[19] 中国戯曲研究院編，『中国古典戯曲論著集成』第六冊，中国戯劇出版社，1959 年，82 頁。

（ここで述べられている）蘇妃の物語は、経典などに見あたらず根拠が無い話である。歌詞は解りやすく整っているが、構成がひどく悪くなってしまっている。たとえ（『西廂記』で知られる）王実甫が（本作を）書き直したとしても、どうにもならないだろう[20]。

周の景王（前544年～前520年）は実在の人物であるが、祁彪佳が「根拠が無い」と言うとおり、『春秋』などには外国から「三宝」が献上されたという記事は無いし、また蘇妃・梅妃・潘葛などの人名も見あたらない[21]。ただ正史を見ると、歴代の王朝で外国から「白鸚鵡」が献上された例は多数存在する。

義熙十三（417）年…六月癸亥の日、林邑（チャンパ）が馴象と白鸚鵡を献上した[22]。（『晋書』巻十「帝紀・安帝」）

天竺迦毗黎国（カピラ？）は元嘉五（428）年、国王の月愛が使いを派遣し、金剛指環・摩勒金環などの宝物と、赤と白の鸚鵡各一羽を献上した[23]。（『南史』巻七十八「列伝・天竺迦毗黎国」）

孝武帝の大明三（459）年正月丙申の日、盤皇国（注・現在のベトナム南部にあった）が赤と白の鸚鵡をそれぞれ一羽ずつ献上した[24]。（『宋書』巻二十九「符瑞下」）

婆利（ブルネイ）国は広州の東南の海中の島にある。…普通三（522）年、王の頻伽が再び使いの珠貝智を派遣し、白鸚鵡・青虫・兜鍪・瑠璃器・古貝・螺杯・雑香・薬など数十種を献上した[25]。（『梁書』巻五十四「列伝・婆利国」）

---

[20] 其詞亦明順。但立格已墮落惡境，即實甫再生，亦無如之何矣。
[21] 例えば『春秋左氏伝』の昭公十五年や昭公二十二年などに周景王の記事があるが、『鸚鵡記』の物語に関わるような内容は記されていない。
[22] 義熙十三年…六月癸亥，林邑獻馴象、白鸚鵡。
[23] 天竺迦毗黎國，元嘉五年，國王月愛遣使奉表，獻金剛指環、摩勒金環諸寶物，赤白鸚鵡各一頭。
[24] 孝武帝大明三年正月丙申，盤皇國獻赤白鸚鵡各一。
[25] 婆利國，在廣州東南海中洲上。…普通三年，其王頻伽復遣使珠貝智貢白鸚鵡、青蟲、兜鍪、瑠璃器、古貝、螺杯、雜香、藥等數十種。

杜正玄、字は慎徽、先祖は京兆の人である。…林邑（チャンパ）が白鸚鵡を献上したので、（お上は）急いで杜正玄を呼び出し、使者を待たせておいた。杜正玄が到着すると、すぐさま賦を書かせた [26]。（『隋書』巻七十六「列伝・杜正玄」）

林邑国（チャンパ）が…貞観五（631）年に今度は五色の鸚鵡を献上した。唐の太宗はこの珍しい生き物のため、太子右庶子の李百薬に命じて賦を作らせた。（チャンパは）さらに白鸚鵡も献上してきた。聡明でよく物事を知り、受け答えもはっきりできた。太宗はこれを憐れんで、使いの者に命じて林の中に放たせた。これ以後、朝貢は絶えることが無かった [27]。（『旧唐書』巻百九十七「列伝・林邑」）

闍婆（ジャワ）国…淳化三（992）年十二月…国王が象牙・真珠・繍花銷金・繍糸絞・雑色糸絞・吉貝織雑色絞布・檀香・玳瑁檳榔盤・犀装剣・金銀装剣・藤織花簟・白鸚鵡・七宝飾檀香亭子を献上した [28]。（『宋史』巻四百八十九「列伝・闍婆国」）

泰定四（1327）年十二月…乙卯の日、爪哇（ジャワ）からの使いが金文豹・白猴・白鸚鵡を献上した [29]。（『元史』巻三十「本紀・泰定帝也孫鉄木児」）

なお、台湾皮影戯『白鶯歌』に登場したのは「白鸚鵡」ではなく「白鶯歌」で、また『遠山堂曲品』でも題目が『鸚哥』となっているが、これらはいずれも「インコ」を表す言葉である。

「オウム」と「インコ」は、現在では異なる科に属する鳥と認識されているが、

---

[26] 杜正玄字慎徽，其先本京兆人…會林邑獻白鸚鵡，素促召正玄，使者相望。及至，即令作賦。
[27] 林邑國…五年，又獻五色鸚鵡。太宗異之，詔太子右庶子李百藥為之賦。又獻白鸚鵡，精識辯慧，善於應答。太宗憫之，並付其使，令放還於林藪。自此朝貢不絶。
[28] 闍婆國…淳化三年十二月…國王貢象牙、真珠、繍花銷金及繍絲絞、雑色絲絞、吉貝織雑色絞布、檀香、玳瑁檳榔盤、犀裝劍、金銀裝劍、藤織花簟、白鸚鵡、七寶飾檀香亭子。
[29] 泰定四年十二月…乙卯，爪哇遣使獻金文豹、白猴、白鸚鵡各一。

これは近代における生物分類に過ぎず、かつて両者は通用していた。例えば元・瞿鏞の「宮中曲」では、上の『元史』の例が以下のように「白鸚哥」として詠われている[30]。

　　南閩より新たな入貢ありと聞き到る、雕籠にて白鸚哥を進上せりと[31]。

オウムにせよインコにせよ、中国にも広西などに分布してはいるが、上記の資料のように外国、特にベトナムやボルネオ島から中国の朝廷に定期的に献上されたのは、人語を解する吉鳥と目された上に、東南アジアのそれが見た目に美しく、またサイズも大きかったためだと思われる[32]。

なお、『鸚鵡記』では西羌（西蕃）から白鸚鵡が献上されている。中国の西側にも鸚鵡はいないわけではなく、例えば現在の青海一帯を支配した吐谷渾には多くの鸚鵡が生息していることが知られていた。

　　吐谷渾には…犛牛や馬が生息し、また鸚鵡が多く、銅・鉄・朱沙も豊富である[33]。（『魏書』巻一百一「列伝・吐谷渾」）

ただ、例えば『鸚鵡記』でこの吐谷渾が想定されていたというわけではなく、単に西蕃＝外国ということで、東南アジアから中国への白鸚鵡の献上の例が使われただけだろう。また醒酒氈については、明代の小説『封神演義』第十九回「伯邑考進貢贖罪」に以下のような記述がある[34]。

　　比干は言った。「公子が献上されるのはどのような宝でしょうか。」伯邑考は

---

[30]『武林掌故叢編』第六集（清光緒四年銭塘丁氏嘉惠堂刊本）所収，元・楊維楨『西湖竹枝集』第三十二葉。
[31] 聞到南閩新入貢，雕籠進上白鸚哥。
[32] 王頲，「飛鳥能言――隋以前中国関於鸚鵡的描述」，『内陸亜洲史地求索』，蘭州大学出版社，2011 年，1 頁 -15 頁。
[33] 吐谷渾…土出犛牛、馬，多鸚鵡，饒銅、鐵、朱沙。
[34]『古本小説集成』（上海古籍出版社，1994 年）影印明万暦年間金閶舒載陽本。

言った。「わが始祖の古公亶父が遺された七香車・醒酒氈・白面猿猴、それに美女十名を献上し、父の罪の赦しを乞いたいと考えている。」比干は言った。「七香車とはどのような宝でしょうか。」伯邑考は言った。「七香車は、むかし軒轅黄帝が蚩尤を北海で討伐された時に遺した車だ。この車に人が乗ると、牽引する必要がなく、東に行こうとすれば東に行き、西に行こうとすれば西に行く、まさに天下の至宝。また醒酒氈は、もし酒で酔っぱらっても、この上に横になればすぐに酔いが覚めるというもの。さらに白面猿猴は、畜生であるにも関わらず、三千の短い曲と、八百の長い曲をそらんじていて、宴席で歌い、人の掌の上で舞うことができる。まるで鶯のように美しく歌い、柳のようにたおやかに踊る。」[35]

注意されるのは、『封神演義』で「醒酒氈」とともに献上されているのが「白面猿猴」だということである。上に見た『元史』で、ジャワから白鸚鵡とともに「白猴」が献上されていることとの関連が想定されるだけでなく、白面猿猴が「まるで鶯のように美しく歌」うという描写からは、これが『鸚鵡記』の白鸚鵡に近い役割を担っていることも推測される。ただ、『鸚鵡記』と『封神演義』の間に直接の継承関係があるかどうかは、上記資料からだけでは解らない。

なお、『鸚鵡記』とよく似た物語を持つテキストに『雌雄盞宝巻』がある[36]。外国から献上された宝物をめぐって蘇妃が梅妃に陥れられ、それを丞相の潘葛が救うというストーリーは同じだが、登場する帝は周の景王ではなく漢の文帝で、また宝物も酒を注ぐと音楽が鳴る「雌雄盞」になっている。版本は民国期の抄本や

---

[35] 比干答曰：「公子納貢，乃是何寶。」伯邑考曰：「自始祖亶父所遺，七香車、醒酒氈、白面猿猴，美女十名，代父贖罪。」比干曰：「七香車有何貴乎。」邑考答曰：「七香車，乃軒轅皇帝破蚩尤于北海，遺下此車，若人坐上面，不用推引，欲東則東，欲西則西，乃世傳之寶也。醒酒氈，倘人醉酩酊，臥此氈上，不消時刻即醒。白面猿猴，雖是畜類，善知三千小曲、八百大曲，能謳筵前之歌，善為掌上之舞，真如嚦嚦鶯篁，翩翩弱柳。」

[36] 『民間宝巻』第二十冊，黄山書社，2005 年，268 頁-299 頁。なお『雌雄盞宝巻』の版本については以下を参照。澤田瑞穂『増補宝巻の研究』，国書刊行会，1975 年，199 頁および車錫倫『中国宝巻総目』，北京燕山出版社，2000 年，24 頁、216 頁。なお京劇に『日月雌雄杯』という演目があるが、宝巻の版本に同題のものがあり、また内容も宝巻とよく似ているため、京劇はこちらに由来すると考えるのが妥当であろう。『京劇劇目辞典』，中国戯劇出版社，1989 年，50 頁。

石印本しか現存していないが、歌い物芸能の一種である宝巻は、他の芸能に比べて比較的古い内容を留めることが多く、このテキストも『鸚鵡記』成立以前の要素を残しているものと考えられる。

以上を総合すると、あくまで仮説ではあるが、歴代の王朝で行われた東南アジアからの白鸚鵡の献上、特に元・泰定年間の事例などを参考に、白鸚鵡・醒酒氈のモチーフが形成され、これが『雌雄盞宝巻』の蘇妃の物語に流入して『鸚鵡記』が成立し、また同じモチーフが『封神演義』でも採用されている、ということになろう。

3. 明伝奇『鸚鵡記』諸本との比較

さて、明伝奇『鸚鵡記』には、「30. 詔迎蘇后」と「31. 蘇后赴京」の間に「新増潘葛下棋」の場面が挟み込まれている。前章で述べた概要から当該個所を抜き出すと以下のようになる。

「30. 詔迎蘇后」：潘葛が景王に、すべては梅妃の計略であったこと、蘇妃と太子が生きていることを告げる。

「新増潘葛下棋」：潘葛が景王と象棋を打ちながら、すべては梅妃の計略であったこと、蘇妃と太子が生きていることを告げる。

「31. 蘇后赴京、32. 太子登基」：梅妃一派は死罪となり、蘇妃と太子が朝廷に迎え入れられる。

これを見ると、第 30 齣と「新増潘葛下棋」は内容的に一部重複しているが、恐らく前者をもとに新しく作られたのが後者で、富春堂本は新旧両方のテキストを収録しているのである。富春堂本以前の版本には「新増潘葛下棋」は無かったはずで、実際古い内容を留めると覚しき『雌雄盞宝巻』にはこれに相当する内容が無い。一方、台湾皮影戯『白鶯歌』には以下のように「新増潘葛下棋」に相当

する部分が存在する。

「22. 圍棋進子」：朝廷に上がった潘葛は景王と象棋を打ちながら、すべては梅妃の計略であったこと、蘇妃と太子が生きていることを告げる。

明伝奇『鸚鵡記』と台湾皮影戲『白鶯歌』はテキスト面でも共通点が多く、明らかに後者は前者の「子孫」であることが解る。例えば『鸚鵡記』の「新增潘葛下棋」は以下のようになっている。

【駐馬聽】（周）散悶陶情，暫在閑中（疊）棋一評。只見陣頭擺列，兵卒紛紛，車馬縱橫。常言道舉手不容情。又若差一著難扶。著手分明，着眼分明，神機妙算方全勝。
【前腔】（生）再決輸贏，好似楚漢爭鋒無二形。須信道棋逢敵手，用盡機關，各逞奇謀。當頭一砲破重營。入更兼車馬臨邊境。一個將軍，再個將軍。君王棋勢將危困。

台湾皮影戲『白鶯歌』「22. 圍棋進子」は以下のようになっている。

（帝唱【住馬差】）散悶陶情，暫在閑中棋一盤。又只見陣圖擺列，兵卒紛紛，車馬縱橫。卿家常言道舉手不容情。差一著難扶。自意分明，神機妙算方得勝。
（白）將君。（相白）起士。（帝白）卿家，年老了，棋亦不齊事了。（相白）臣告恭。（帝白）準臣告恭。（相退科白）萬歲，說我年老，棋亦不齊事了，怎知臣有讓君之著麼。
（科唱）俺這裡料叟精神向前去，與我主再結輸贏。（科白）啟萬歲，容臣再下一盤。（帝白）準卿再下一盤。（大科相唱）再結輸贏。（白）啟萬歲，這棋盤中可比兩朝古人。
（唱）好比做兩國爭鋒無二形。須古道棋逢敵手，著用心各展，奇能微臣有。（科白）啟萬歲，臣有一著不敢獻上。（帝白）有何妙著，則管下來。（相唱）臣有一包破中營。更有車馬臨邊境。臣車下來一個將軍。（帝白）排相。（相唱）再下來一個將軍。（帝白）再起士。（相白）親君到。（唱）這盤棋勢還是微臣勝，我主棋勢遭圍困。

両者を比較すると、科白は多少異なるが曲詞はほぼ共通している。また、台湾皮影戯が「新増潘葛下棋」の内容を有しているということは、『鸚鵡記』の「30. 詔迎蘇后」が「新増潘葛下棋」に置き換わった後のテキストを、台湾皮影戯が受け継いでいることを意味している。なお、『鸚鵡記』の【駐馬聴】が台湾皮影戯では【住馬差】となっているが、これは駐・住は同音、また台湾語で聴は thia ⁿ、差は chha と近似音になるため、書写の際に生じた相違である[37]。

ただ、明伝奇『鸚鵡記』と台湾皮影戯『白鶯歌』が完全に対応するわけではない。両者を比較すると次ページのようになる。

なお、「上四本」と明伝奇の比較検討を行った陳憶蘇は以下のように述べている[38]。

> 文戯の劇本の「上四本」はいずれも明伝奇と関係がある。『蘇雲』以外の三本は内容も文字もすべて伝奇とよく似ているが、伝奇ほど冗長で華美ではない。伝奇は芸術性を重視する文学形式であり、場面や描写などが非常に細かく設計されている。例えば『琵琶記』などは四十二齣もあるが、（台湾の）影絵人形劇（の『蔡伯喈』）は「伯辞官辞婚」・「趙氏剪髪」・「画容」・「趕路」・「相認」など幾つかの主立った場面だけで全体の筋を表す。また『蘇英皇后鸚鵡伝』（明伝奇『鸚鵡記』）は最初の三齣で潘葛・梅妃・蘇妃が登場する描写に紙幅を割いているが、影絵人形劇のやり方はすぐに本題に入るというもので、また伝奇にはあった潘葛と妻が庭園に遊ぶ場面も無い。ここから、影絵人形劇における簡略化の現象を見てとることができる。また文字の上での共通点は多いが、民間の演劇上演であるために、影絵人形劇の表現は台詞がより口語的で、また方言も用いている[39]。

---

[37] ただし、明代の弋陽腔と台湾皮影戯で曲牌表記が同一ないし近似的だからと言って、同じ曲となるわけではなく、基本的に両者は別種と考えるべきである。したがって、『白鶯歌』抄本の「住馬差」を「駐馬聴」と書き改めることは躊躇される。なお李婉淳はこの曲牌に「駐馬醒」の表記を採用している。李婉淳, 『高雄市皮影戯唱腔音楽』, 高雄市政府文化局, 2013年, 64頁。

[38] 陳憶蘇, 『復興閣皮影戯劇本研究』, 40頁。

[39] 文戲劇本中的「上四本」皆與明傳奇有關，除《蘇雲》外，其他三本在內容及文辭上都和傳奇很類似，但卻沒有傳奇的冗長與藻麗。傳奇以一種文學形式被經營，於情節、景物等描寫比較

明伝奇『鸚鵡記』	台湾皮影戯『白鶯歌』
1. 家門大意	×
2. 潘家遊園	1. 潘葛登壇
3. 二妃飲宴	×
4. 西蕃進宝	2. 西番義貢
5. 任赴湘城	×
6. 設朝受貢	3. 朝賀阮宝
7. 元宵冊封	4. 帯旨封宮
8. 幸梅妃宮	5. 兄妹相議
9. 請二国舅	
10. 梅倫定計	
11. 梅妃壊宝	6. 阮宝起禍
12. 金埓結奏	7. 二妃扭奏
	8. 斬是放非
	9. 鬧朝冒奏
	10. 梅輪辱相
13. 夫人代死	11. 回家議代
	12. 潘全謀計
	13. 潘府代換
	14. 上挍擾
	15. 奠祭読文
14. 梅妃問卜	16. 梅妃卜卦
15. 驚死夫人	17. 聞報設計

明伝奇『鸚鵡記』	台湾皮影戯『白鶯歌』
16. 記議出葬	18. 掃尋被打
	19. 潘梅扭奏
17. 途遇天神	×
18. 蘇妃奔相	
19. 梅伴帰隠	
20. 白馬廟生太子	
21. 湘城会侄	
22. 宮人勧酒	
23. 祝翁送子	
24. 太子攻書	
25. 蘇妃逢侄	
26. 後院遊耍	
27. 張清留子	
28. 太子見母	
29. 看天相	×
×	20. 慶賀寿旦
	21. 潘葛思妻
30. 詔迎蘇后	×
新増潘葛下棋	22. 囲棋進子
31. 蘇后赴京	23. 接旨回朝
	24. 見駕除奸
32. 太子登基	25. 登基団円
	26. 新帝登基

　明伝奇『鸚鵡記』と台湾皮影戯『白鶯歌』を比較すると、確かに陳憶蘇が言うように、後者は前者に比べ大幅に場面が削除されている。陳憶蘇は「最初の三齣」のことしか触れていないが、上の表を見ると、「17. 途遇天神」から「28. 太子見母」までの蘇妃が湘洲へ逃れる部分が、台湾皮影戯『白鶯歌』ではごっそり無くなっていることが解る。ただ一方で、台湾皮影戯『白鶯歌』の「20. 慶賀寿

鉅細靡遺，如：《琵琶記》長達四十二齣，而影戲則集中於伯皆辭官辭婚、趙氏剪髮、畫容、趕路、相認等幾個主要情節以表現全部故事。又如：《蘇英皇后鸚鵡傳》前三折，潘葛、梅妃蘇妃登場都費了一些筆墨，而影戲的作法則是開門見山，並無傳奇中潘葛與妻兒園中遊賞一段。可見影戲較之傳奇簡化之現象。此外在文辭上雖多相似，但作為民間戲曲的演出，影戲的表現是更為口語的對白與方言的運用。

Ⅲ　台湾皮影戯上四本の『白鶯歌』と『蘇雲』について（山下）

旦」・「21. 潘葛思妻」は、対応する場面が明伝奇『鸚鵡記』に無く、陳憶蘇の言う「影絵人形劇における簡略化の現象」とはいわば正反対の状況になっている。

『白鶯歌』における場面の増加は、陳憶蘇のように単純に富春堂本と台湾皮影戯を比較するだけでは解らない。

台湾皮影戯四大本の『蔡伯喈』を分析した林鋒雄は、これが高明の『琵琶記』の通行本よりも、明末の散齣集である『新刊徽板合像滚調楽府宮腔摘錦奇音』や『新選南北楽府時調青崑』に収録された『琵琶記』青陽腔散齣テキストに近いことを指摘し、そこから台湾皮影戯『蔡伯喈』のテキストは弋陽腔から発展した青陽腔に由来すると主張した[40]。青陽腔は安徽省青陽県を発祥

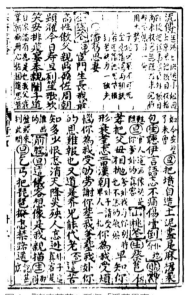

図 4 『楽府菁華』所収「潘葛思妻」

地とする劇種で、特徴としては余姚腔の要素を吸収していること、弋陽腔の帮腔を改良して「分段帮腔」にしたこと、行当も弋陽腔の 9 種に対して 10 種となっていること、弋陽腔の滚白と滚唱を結合させた「滚調」を有することなどが挙げられる[41]。さて、いま林鋒雄に倣い、明末の散齣集に収録される『鸚鵡記』の散齣を挙げると、以下のようになる。

　　（一）明・胡文煥輯『群音類選』所収『鸚鵡記』「故傷宝物」・「潘妻代死」・
　　　　「潘葛下棋」。万暦間刊本。それぞれ富春堂本の「11. 梅妃壊宝」・「13. 夫人
　　　　代死」・「新増潘葛下棋」に相当し、曲詞もほぼ共通する[42]。
　　（二）明・黄儒卿輯『新選南北楽府時調青崑』（『時調青崑』）巻四下層所収『鸚

---
[40] 林鋒雄,「論台湾皮戯『蔡伯皆』」を参照。
[41] 蘇子裕,『弋陽腔発展史』, 245 頁、265 頁、271 頁、433 頁。
[42] 中華書局影印本, 1980 年。

59

鵡』「蘇英結奏」。明末四知館刊本。富春堂本には無い、蘇英が梅妃の悪行を帝に奏上する場面を描く[43]。

(三) 明・劉君錫輯『新鋟梨園摘錦楽府菁華』(『楽府菁華』) 巻一上層所収『鸚歌記』「潘葛思妻」。万暦二十八年王氏三槐堂刊本。やはり富春堂本には無い、潘葛が死んだ妻を想う場面を描く[44]。

(四) 明・劉君錫輯『新鋟梨園摘錦楽府菁華』(『楽府菁華』) 巻六下層所収『鸚歌記』「潘葛筵中思妻」。万暦二十八年王氏三槐堂刊本。曲詞は (三) とほぼ同じ[45]。

(五) 明・無名氏輯『新鐫南北時尚青崑合選楽府歌舞台』(『楽府歌舞台』) 風集所収「潘葛思妻」。鄭氏刊本。曲詞は (三) とほぼ同じ[46]。

(六) 明・阮祥宇編『梨園会選古今伝奇滾調新詞楽府万象新』(『楽府万象新』) 巻二所収『鸚哥記』「有為慶寿」。明万暦間劉齢甫刊本。曲詞は (三) とほぼ同じ[47]。

(七) 明・殷啓聖輯『新鋟天下時尚南北新調』(『堯天楽』) 巻二下層所収『鸚鵡』「寿日思妻」。民国石印本。曲詞は (三) とほぼ同じ[48]。

前章で、富春堂本は『鸚鵡記』の第三十齣の内容が「潘葛下棋」へと移行する過渡期のテキストである旨述べたが、上記の散齣集に収録されている『鸚鵡記』散齣をみると、変化は富春堂本の段階で終わったわけではなく、その後もさらに(二) に収録されている「蘇英結奏」や、(三) から (七) に収録されている「潘葛思妻」といった、新たな齣が作られていったことが解る。なお (二) から (七) までは、いずれも青陽腔のテキストとされる散齣集であり、ここに見られる「潘葛思妻」の内容が、台湾皮影戯『白鶯歌』の「20. 慶賀壽旦」および「21. 潘葛思妻」に対応していることを考えると、『白鶯歌』についても林鋒雄の言う「青陽

---

[43] 王秋桂輯,『善本戯曲叢刊』第一輯, 学生書局, 1984 年, 244 頁 -248 頁。
[44] 王秋桂輯,『善本戯曲叢刊』第一輯, 51 頁 -62 頁。
[45] 王秋桂輯,『善本戯曲叢刊』第一輯, 286 頁 -294 頁。
[46] 王秋桂輯,『善本戯曲叢刊』第四輯, 学生書局, 1987 年, 51 頁 -58 頁。
[47] 李福清、李平編,『海外孤本晩明戯劇選集三種』, 上海古籍出版社, 1993 年, 102 頁 -110 頁。
[48] 王秋桂輯,『善本戯曲叢刊』第一輯, 131 頁 -141 頁。

腔説」が説得力を持つことになる。

　それでは、散齣集所収の「潘葛思妻」と台湾皮影戯『白鶯歌』のテキストを比較するとどうであろうか。まず、(三) から (七) のうち、磨滅が少なく文字がはっきりしている (五) の『楽府歌舞台』を例に示すと以下のようになる。

【四朝元】(丑) 華誕筵會，風柔簾幕時。曾記得蟠桃之日，父母之年一喜，又添一懼。爹爹，孩兒不願你別的。願你千秋百歲，又福如東海川流不息，壽比南山高聳北極，與松柏常青翠。喏且請展愁眉，消遣情懷。一團和氣，往事總休提，今日須沉醉。(合) 只落得千思萬憶不由人，悲悲切切空彈珠淚。又
【前腔】(生) 今朝壽日，原何不見妻。曾記得年年此日，與夫人羙盞傳盃，相勸恩情美。夫人今日不見你，真好淒慘也。今日在那里。又又記得早起入朝時，問寒加衣問飢進食，百般周備。夫人，自你棄世之後我飢餒誰秋問，冷煖只自知。使我聽之無聲，視之無形，只落得冷清清長嘆息。喏那日急急走回歸，我悶坐在庭幃。夫人呵。是你再三再四問因伊，我道是娘娘受屈。妻。你便肯將身替。我終日思想那一夜不見你呵。夢魂中常見你，醒時間常想你。

　台湾皮影戯『白鶯歌』でこれに対応するのは「21. 潘葛思妻」の以下の部分である。

(相唱) 待漏隋朝，整朝剛國事免似。可恨豺狼當道路，記記早年妻相代死。(鳥相叫白) 呀，乍夜燈火結蕊，今朝喜鵲喳喳，老夫若有喜事，爾可連叫三聲。(鳥叫科)(相白) 呀，這鳥識人言。(科唱) 昨夜燈火結花，今朝喜鵲聲噪，可比做是乜了，堪似夫人早來來到。(鳥科白) 呀，這鳥在我面前聲聲啼叫，莫非李氏夫人代死不願，今日老夫壽旦，前來討酒食。(科) 唔鳥，若是李氏夫人，你可飛下。(飛下科白) 呀。(緊白唱) 此鳥奇異，你等莫非李氏妻，為何飛下來。使我心驚疑。持起淚如絲前日相代。是你原死。今日為何來到只。若要供你再諧老，除非南柯重相見。(鳥飛起叫)(生出扶白) 爺爺萬福，為何將擒此獸，子兒備酒以便，請爹爹入内亨飲。(相白) 我子，入内全飲。(入科，鳥全出生唱) 酒滿霞場，祝讚爹爹壽萬年，惟願身康健，永保無危災，福祿齊田，嚴親壽旦，子備壽筵，福壽綿綿，惟願爹爹壽萬

61

千。（白科）爹爹且酒。（相白）夫人且酒。（生白）爹爹，我娘親亡過以久，那會與爹爹全飲。（相唱）夫婦之情，擡頭不見夫人面，舉盃然何不得見，使我傷心珠淚滴。夫人妻爾今在那裡。唔友位我得兒自從娘親亡過，爾爹思之無形，食它不知其味。

　「潘葛の誕生日の宴に息子がやって来て祝いの言葉を述べるが、潘葛は蘇妃の身代わりとなって死んだ妻のことを思い出す」という全体の流れは共通し、『蔡伯喈』同様、『白鶯歌』も確かに青陽腔散齣集所収の散齣を受け継いでいることは解る。しかし『白鶯歌』で描かれる、潘葛のもとに妻の魂が乗り移った鳥がやってくる場面は散齣集には無く、また曲詞については、下線を引いた「視之無形」（『楽府歌舞台』）と「思之無形」（『白鶯歌』）の部分にかろうじて共通点が認められる程度で、ほとんど重なってはいない。

4.『白鶯歌』と弋陽腔系地方戯

　弋陽腔からは前述の青陽腔以外にも、楽平腔・徽州腔・四平腔・義烏腔・京腔などが派生し、また地方戯勃興後は梆子腔・皮黄腔・崑腔とともに地方戯四大声腔の一つとなって、江西高腔（饒河高腔・都昌湖口高腔・東河高腔・盱河高腔・吉安高腔・撫河高腔・瑞河高腔）、湖南高腔（長沙高腔・衡陽高腔・祁陽高腔・常徳高腔・辰河高腔）、青戯（湖北清戯・四川高腔・山西清戯・河南清戯）、安徽高腔（南陵目連戯・岳西高腔・夫子戯）、浙江高腔（新昌高腔・金華婺劇高腔［西安・西呉・侯陽］・松陽高腔）、福建高腔（四平戯・大腔戯）、広東高腔（広腔・正字戯・潮調）など様々に分化した[49]。これだけ多様な種類が生まれたのは、弋陽腔はある地域に伝播すると現地の方言音を採用して、地方変種を形成する傾向があるためである[50]。それは演目についても言え、弋陽腔の伝播経路に従って各地に伝わった後、様々な異本を生じており、それは『鸚鵡記』も例外ではない。上記の弋陽腔系諸腔の中で、『鸚鵡記』に由来すると

---

[49] 弋陽腔系諸腔の分類については諸説あるが、ここでは前出の蘇子裕『弋陽腔発展史』の枠組に従った。なお弋陽腔系諸腔は崑曲と比べた場合に音調が高くなるため、清代以降は一般に「高腔」と呼ばれるようになり、現在の各地の地方戯でもこの名称を採用するものが多い。
[50] 蘇子裕，『弋陽腔発展史』，144 頁 -146 頁。

Ⅲ　台湾皮影戯上四本の『白鶯歌』と『蘇雲』について（山下）

思われるテキストが確認できたものを挙げると、以下のようになる[51]。

　　饒河高腔『潘葛思妻』[52]／都昌湖口高腔『白鸚哥』[53]／長沙高腔『鸚鵡記』[54]／衡陽高腔『一品忠』[55]／辰河高腔『一品忠』[56]／湖北清戲『鸚哥記』[57]／四川高腔『白鸚鵡』[58]／岳西高腔『鸚鵡記』[59]／金華婺劇高腔［西安］『白鸚哥』[60]／金華婺劇高腔［西吳］『白鸚哥』[61]／金華婺劇高腔［侯陽］『白鸚哥』[62]／松陽高腔『白鸚哥』[63]／四平戲『白鶯歌』[64]／正字戲『鸚歌記』[65]

この中から例として、長沙高腔の『鸚鵡記』の「思妻」を挙げると、以下のようになる[66]。

　　潘葛：（上唱）【紅衲襖】侍金門，常待漏，秉丹心把國政修。十三年前負重擔，何曾離卻我肩頭。老夫為著蘇后的事，今日憂來明日愁。憂憂愁愁，不覺白了我的項上頭。恨只恨梅倫兄妹心狠毒，苦只苦李氏夫人把命丟。我已不願待漏隨朝也，願解冠緌整歸舟，願解冠緌整歸舟。兒吓。燈燭輝煌，酒漿羅列，想是為著為父壽日。

---

[51] 白海英，「戯文的近代伝承和民間経典的敘事策略―以『鸚鵡記』為例」，47 頁 -53 頁。個別の演目についてはそれぞれの注を参照。
[52] 流沙，「従南戯到弋陽腔」，『明代南戯声腔源流考弁』，財団法人施合鄭民俗文化基金会，1999 年，4 頁 -5 頁。
[53] 流沙、北萱、聿人，「従江西都昌、湖口高腔看明代的青陽腔」，『戯曲研究』1957 年第 4 期，14 頁。
[54] 范正明編注，『湘劇高腔十大記』，岳麓書社，2005 年，653 頁。
[55] 譚君実，「衡陽湘劇」，『中国戯曲劇種大辞典』，上海辞書出版社，1995 年，1219 頁。
[56] 李懷蓀主編，『辰河戯志』，湖南省戯曲研究所，1989 年，26 頁 -27 頁。
[57] 呉鋒，「湖北青戯介紹」，『弋陽腔資料彙編第三集』，江西省贛劇院研究室，1960 年，85 頁 -86 頁。
[58] 徐宏図，『南戯遺存考論』，光明日報出版社，2009 年，310 頁 -312 頁。
[59] 班友書、王兆乾、鄭之松，「岳西高腔」，『中国戯曲劇種大辞典』，599 頁。
[60] 蘇子裕，『弋陽腔発展史』，561 頁。
[61] 蘇子裕，『弋陽腔発展史』，563 頁。
[62] 徐宏図，『南戯遺存考論』，307 頁 -309 頁。
[63] 華俊，「松陽高腔」，『芸術研究資料』第三輯，浙江省芸術研究所，1982 年，265 頁。
[64] 劉湘如，「庶民戯新探」，『福建庶民戯討論集』，福建省戯曲研究所，1982 年，10 頁 -11 頁。
[65] 鄭守治，『正字戯潮劇劇本唱腔研究』，中国戯曲出版社，2010 年，18 頁。
[66] 范正明編注，『湘劇高腔十大記』，653 頁 -654 頁。

潘有為：適才宴過諸親百客，特備家宴，與父上壽。家院，展開拜氈。

（家院舖氈，潘有為拜。）

潘有為：嚴親添福添壽。

潘葛：我兒官上加官。（唱）【四朝元】今當壽日，今當壽日。夫人請酒。

潘有為：母親早已亡故。

潘葛：（接唱）舉杯緣何不見妻。老夫壽誕年年有，不見同床共枕妻。唉，妻呀妻。渺茫茫今在哪裡。有為兒呀。曾記兒娘在世時，為父下朝而歸，她必問父身上寒不寒。腹中飢不飢。飢則進食，寒則加衣，自從兒娘去後，飢餓有誰問，冷暖只自知。只落得老淚縱橫自慘淒。

潘有為：嚴親還要寬懷。

潘葛：唉。（唱）這千思萬憶，千思萬憶。悲切切妻在哪裡。

前章で検討した台湾皮影戯『白鶯歌』の「21. 潘葛思妻」を再び引用すると、下線部分に共通点が見られる。

（相唱）待漏隨朝，整朝剛國事免似。可恨豺狼當道路，記記早年妻相代死。（鳥相叫白）呀，乍夜燈火結蕊，今朝喜鵲喳喳，老夫若有喜事，爾可連叫三聲。（鳥叫科）（相白）呀，這鳥識人言。（科ộng）昨夜燈火結花，今朝喜鵲聲噪，可比做是乜了，堪似夫人早來來到。（鳥科白）呀，這鳥在我面前聲聲啼叫，莫非李氏夫人代死不願，今日老夫壽旦，前來討酒食。（科）唔鳥，若是李氏夫人，你可飛下。（飛下科白）呀。（緊合唱）此鳥奇異，你等莫非李氏妻，為何飛下來。使我心驚疑。持起淚如絲前日相代。是你原死。今日為何來到只。若要供你再諧老，除非南柯重相見。（鳥飛起叫）（生出扶白）爺爺萬福，為何將擒此獸，子兒備酒以便，請爹爹入內亨飲。（相白）我子，入內全飲。（入科，鳥全出生唱）酒滿霞場，祝讚爹爹壽萬年，惟願身康健，永保無危災，福祿齊田，嚴親壽旦，子備壽筵，福壽綿綿，惟願爹爹壽萬千。（白科）爹爹且酒。（相白）夫人且酒。（生白）爹爹，我娘親亡過以久，那會與爹爹全飲。（相唱）夫婦之情，擡頭不見夫人面，舉盃然何不得見，使我傷心珠淚滴。夫人妻爾今在那裡。唔友位我得兒自從娘親亡過，爾爹思之無形，食乜不知其味。

Ⅲ　台湾皮影戯上四本の『白鶯歌』と『蘇雲』について（山下）

　長沙高腔『鸚鵡記』は、明代の散齣集よりは台湾皮影戯『白鶯歌』との近似性が増している。また富春堂本『鸚鵡記』にあった蘇妃が湘洲へ逃れる部分も、台湾皮影戯同様に削除されており、陳憶蘇の言う明伝奇と比べた場合での「簡略化」現象は、台湾皮影戯特有の問題では無く、弋陽腔系地方戯に共通する性質であることが推測される。

　ただ長沙高腔『鸚鵡記』には、潘葛のもとに妻の魂が乗り移った鳥がやってくる場面はやはり見られない。ところがこの点で、台湾皮影戯『白鶯歌』に非常に近いテキストが存在する。それは、以下に引用する正字戯の『鸚歌記』である[67]。

潘葛：(唱)侍金門，待漏誰朝，振朝剛國。(白)昨晚燈花結蕊，今朝喜鵲門前噪。(鳥鳴聲)我兒有鳥叫，待為父看來，鳥呀鳥，你在我門前高叫，若有喜事連叫三聲。(鳥鳴三聲)好也。(唱)昨晚燈花報，今朝喜鵲延前噪，老夫不顧，別地而來，但願國政添心順，早產麒麟萬萬春。(坐白)為國心憂兩鬢斑，身受紅纙一命亡，何時得報冤仇日，萬載鐵柱永留名。老夫潘葛，自從當年夫人代替娘娘身死，老夫十三年無理國事，未知蘇娘娘如何。我子請為父出來有何事情？

潘有慧：父親今天壽誕，請父出來，兒子來拜壽。

潘葛：年年皆有，日後不用如此。

潘有慧：訣然的，許贊擺酒來。敬酒就奉霞腸，但願爹爹年萬千，可比做王母蟠桃獻，爹爹壽綿綿。很只很奸臣太無端，無故的害死我娘，但願爹爹壽綿長。

潘葛：今日壽誕，(唱)舉杯焉何不見妻，夫人，妻，你今再那裡。曾記得年年此日，我與夫人雙歡雙飲，自從夫人亡過，老夫食不知其味。

　正字戯は広東省東部に分布し「正字」、すなわち「中州話」(官話の一種)を中心とし、これに潮州語を混ぜて上演を行う、弋陽腔諸腔の一種である。このテキストは潘葛のもとに妻の魂が乗り移った鳥がやってくる場面が描かれているだけでなく、曲詞や台詞も台湾皮影戯『白鶯歌』と非常によく似ている。違いがあるとすれば、正字戯『鸚歌記』はある程度官話的であるのに対し、台湾皮影戯『白

---

[67] 鄭守治所蔵油印本，全24頁。

65

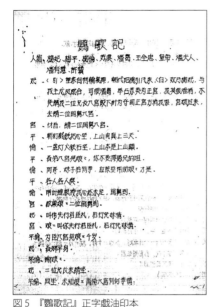

図5 『鸚哥記』正字戯油印本

『鸚哥』は疑問詞の「乜」(mih)の使用といった方言的要素が認められることである（「可比做是乜了」「食乜不知其味」など）。

また先に引用した台湾皮影戯『白鶯歌』「22. 囲棋進子」に対応する正字戯『鸚哥記』のテキストは以下の通りである。

　帝：（唱）散悶龍心，正在棋中奕一場。常言道，

　潘葛：棋中起一盤。（唱）只見陣頭擺列。兵卒紛紛。車馬縱横。常言道舉手不容情。若差一只難扶整。神機妙算方全勝。

　帝：起砲，過象。（科）將軍。（科）卿呀，滿到你年老，連棋都不足老了。

　潘：（科）萬歲，那知為臣有讓君之意，待我抖起精神與我主下棋呵。（唱）俺抖起精神，向前去與我主下一個輸贏。（白）萬歲，一盤棋三十二只，車、馬、砲、將士象、兵卒來來往往、好比甚的而來。（唱）好一似楚漢爭鋒，無二行。棋逢敵手，用盡機關，各逞共能，臣有臣有，君王。（唱）臣有當頭一砲破中營，更有車馬臨邊近一個將軍，我□[68]了新君到。（唱）君王供勢將危困，這盤還是為臣勝。

　富春堂本と比較した際には、台湾皮影戯がその流れを汲むものであることが解る程度であったが、正字戯のテキストは細かい台詞に至るまで非常によく似ている。

　潮調および潮劇の『琵琶記』諸本を検討した鄭守治は、林鋒雄の言う「台湾皮影戯『蔡伯喈』青陽腔説」は、正確には「正字戯を通して青陽腔の系統のテキ

---

[68] 原欠。

ストが台湾皮影戯に流入したもの」だろう、とした[69]。上記の検討を踏まえると、この関係は台湾『白鶯歌』についても当てはまることになる。

5. 台湾皮影戯『蘇雲』と明伝奇『白羅衫』

次に、台湾皮影戯『蘇雲』について検討してみたい。『白鶯歌』同様、この演目も現在ではすでに上演は行われていないが、管見の限りでは以下数種の台本が残されている。

（一）復興閣皮影劇団所蔵抄本

劇団の張命首氏が 1982 年に書写したもの。筆者は未見だが、かつて復興閣皮影劇団所蔵の皮影戯台本を調査した陳憶蘇氏が、その内容を以下のように纏めている[70]。

> （科挙に合格した）蘇雲が、妻の鄭氏とともに蘭渓県に赴く途中、強盗の徐能に襲われる。蘇雲は川に突き落とされるが、運良く陶公に命を助けられる。鄭氏は徐能に捕まってしまうが、徐能の弟の徐用によって密かに逃がされ、尼寺に逃げ込んで蘇雲の子を産む。しかし尼寺に赤子がいてはまずいというので、蘇雲が赴任の際に母親から贈られた羅衣で包み、柳の木の下に棄てる。ところが（追ってきた）徐能が赤子を拾い（徐継祖と名付けて）育てる。19 年後、徐継祖は科挙試験を受けに行く途中、張氏（蘇雲の母）に偶然出会い、（息子夫婦が行方不明になったという）不幸な境遇を聞き、また（自分が包まれていたのと同じ）羅衣を入手する。科挙合格後、（役人として赴任した先で）鄭氏が訴えを起こす。徐継祖は自分自身の出生と符合することに気づき、調べを進めた結果、真相が明らかとなって、一家はめでたく再会を果たす[71]。

---
[69] 鄭守治，『正字戯潮劇劇本唱腔研究』，176 頁。
[70] 陳憶蘇，『復興閣皮影戯劇本研究』，126 頁。
[71] 蘇雲偕妻鄭氏在赴任途中遇強盗徐能，蘇雲被綑落江中，幸被陶公所救。鄭氏被捕擄，後為徐月所放，在庵中産兒，尼姑庵中無法收留，鄭氏便以臨別時母親所贈之羅衣裹兒，棄之柳蔭下。此兒被徐能所拾並撫養成人，十九年後徐継祖赴考時曾遇張氏（蘇雲之母），明其不幸境遇且

（二）皮影戯館所蔵合興皮影劇団抄本

　解散した合興皮影劇団の張福丁氏の旧蔵本で、現在は皮影戯館に所蔵されている。書写年代は不明。以下の齣から構成される。

　　蘇雲登台／分羅衣／徐能坐營／討魚遇救／放走鄭氏／朱大娘投井／投庵產兒／蘇霓尋兄／玄女指引／冒雪登途／尉卷江南／鄭氏告狀／草房午夢／詰問乳父／陳情／進府／擒仇會親／思歸大會

（三）永興楽皮影劇団所蔵抄本

　劇団の旧蔵本を元に、張新国氏が 2014 年に書写したもの。以下の齣から構成される。

　　蘇雲越任／分羅衣／徐能坐營／蘇雲赴任／遇救／徐用放走／放走鄭氏／投井／投庵產兒／蘇霓尋兄／遇救／玄女指引／繼祖勤路／汲水會孫／鄭氏別尼／尉卷江南／鄭氏告狀／草房午夢／詰問乳父／蘇雲陳情／江都府門／擒仇會親／思歸

（四）クリストファー・シッペール（Kristofer Schipper）所蔵抄本

　オランダの研究者、シッペール氏がかつて台湾で収集し、現在は福州大学に置かれている、皮影戯台本コレクションの一部。「施博爾収蔵台湾皮影戯劇本」[72]の ASML．Ⅰ-1-092、093、094。未見。

　筆者が目睹することができたのは（二）の合興本と（三）の永興楽本で、以下、両者を元に『蘇雲』のテキストについて検討してゆきたいと思う。

　『蘇雲』の物語の元になっているのは、明・馮夢龍『警世通言』巻十一の「蘇

獲贈當年所留下的另一件羅衣，高中後逢鄭氏告狀，徐繼祖乃對自己的身世起疑，進而追查，終於真相大白，闔家團圓。
[72] 施博爾，『民俗曲芸』第 3 期，1981 年，30 頁 -87 頁。

知県羅衫再合」で[73]、これが『太平広記』巻百二十一「崔尉子」（出典は『原化記』）の崔氏の物語からの換骨奪胎であることはすでに指摘がある[74]。この小説は『白羅衫』の題で明代に戯曲に改編されていて、『曲海総目提要』巻十六に以下のように記されている[75]。

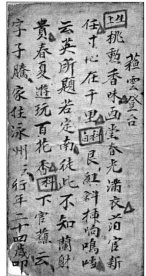

図6 『蘇雲』皮影戯館所蔵合興皮影劇団抄本

明代の人の作で、

作者名は分からない。蘇雲の物語を演ずる。小説「蘇知県羅衫再合」に基づき、登場人物の名前や内容などはいずれも同じである。（劇中では、蘇夫人は子どもを産んだ後、王尚書の家に引き取られてその家の娘の乳母となり、その後徐継祖が王尚書の家の庭園を訪れた際に告訴状を出しているが、これは小説とは異なる。また『太平広記』の「崔尉子」の物語と内容が酷似している。）明の永楽年間のこと、涿州の蘇雲は進士に及第し、蘭谿県尹に任じられ、妻ととともに赴任した。途中、船が黄天蕩まで来たところで、船引きの徐能に襲われた。徐能は蘇雲を縛って水中に投げ込み、妻を奪って家に戻り（場所は儀真県の五壩）、老婢の朱婆に面倒を見させた。しかし徐能の弟で義士の徐用が、徐能が賊たちと酒を飲んで

---

[73]『古本小説集成』（上海古籍出版社，1990年）影印兼善堂刊本。
[74] 譚正璧（編），『三言両拍資料』上，上海古籍出版社，1980年，272頁-280頁。
[75] 人民文学出版社，1959年，783頁-786頁。なお当該箇所は『伝奇彙考』に見えないので、康熙年間に成立した『楽府考略』に基づくものと思われる。

図7 『蘇雲』永興楽皮影劇団所蔵本

いる隙に、裏門から鄭氏を逃がした。朱媼も一緒に行きたいというので同行させたが、夜の間に五、六十里も進んだため、朱媼は疲れて歩けなくなり、井戸に身を投げて死んだ。空が明るくなってきたので、鄭氏が近くにあった庵の門を叩くと、尼が出てきて迎え入れたが、鄭氏はちょうど産気づき、厠で子どもを産み落とした。しかし鄭氏は追いかけてきた賊に場所を知られるのを恐れ、羅衫でその子を包み、中に金釵を入れた上で大柳村の路上に捨て、当塗県の慈湖老庵で出家した。鄭氏を見失った徐能は捨てられた赤子を拾い、徐継祖と名付け、自分の子として育てた。その後徐継祖は成長し、十五歳で郷試に合格した。次の会試を受けに行く途中、涿州で老婦人と出会った。老婦人は徐継祖を見て涙を流したので、不思議に思ってわけを聞くと、老婦人は次のように言った。「私は張氏と申します。子どもが二人いて、長男は蘇雲と言い、蘭谿県尹に任じられましたが、川で賊に殺されました。そこで次男の蘇雨に調べに行かせましたが、同じく蘭谿県で亡くなりました。（蘇雲が旅立ってから三年経つのに便りが無かったため、母親は弟の蘇雨を蘭谿まで調べに行かせた。蘇雨は後任の高知県の取り計らいで城隍廟に寓居したが、程なくして病気で死んだ。）今、あなたの顔が長男とあまりにもそっくりだったので、思わず涙がこぼれたのです。」徐継祖は嘆息し、その夜はこの老婦人の家に泊まった。翌日、徐継祖が出発しようとしたところ、老婦人は徐継祖に羅衫を贈って言った。「私のところには以前、白い羅衫が男用と女用の二着あり、模様も同じでした。女用は長男の嫁に与えましたが、男用は折り畳んでいる時に明かりが急に落ちてき

て、襟に穴が開いてしまったため、不吉だと思って長男には与えませんでした。あなたは長男とそっくりなので、あなたに贈りたく思います。会試に合格したら、申し訳ありませんが、蘭谿で事の次第を調べて、私に教えてください。」そう言い終わると老婦人が泣き崩れたので、徐継祖もたいそう悲しんだ。徐継祖は会試に合格して進士になり、中書舎人に任命された。二年後、監察御史となり、勅命を奉じ南京まで監査に赴いた。ついでに故郷に帰省しようと思ったところ、途中で蘇夫人の鄭氏に出会い、訴状を受け取った。訴状を読んでみると、訴えられているのは徐能だった。徐継祖は涿州の老婦人の言葉を思い出し、これはもしかしたら自分のことではないかと疑った。確かに子どもの時、学友がいつも自分のことを継子だと言っていたからである。老僕の姚大なら事の次第を知っているだろうと思い（姚大の妻は徐継祖の乳母だった）、呼び出して詰問すると、姚大は洗いざらい告白し、姚大の妻のところから自分が包まれていた羅衫も入手した。一方、川に突き落とされた蘇雲は、安徽出身の陶某に助けられたが、その後離ればなれになってしまった。数年後、三家村で教師になり、しばらくそこにいたが、辞めて村を離れた後、常州の烈帝廟で神籤を引いたところ、「金陵の豸府で肉親と再会する」という籤語を得た。（烈帝は、姓は陳、名は杲仁である。隋末に沈法興部将となったが、乱を起こした罪で切腹させられ、腸を水に晒して死んだ。唐以降は神として祀られ、その廟は「西廟」、あるいは「陳司徒廟」と呼ばれ、その神籤は験があるとされた。）そこで蘇雲は南京に赴き、操江林都御史に訴状を出したが、林都御史はこれを徐継祖に渡した。徐能は自分が監察御史の父親になったと得意げになり、むかし蘇雲夫妻を襲った賊たちと一緒に役所に行き、徐継祖と酒を飲もうとしたところ、徐継祖によって全員捉えられた（趙三、翁鼻涕、楊辣嘴、范剥皮、沈胡子らである。）蘇雲の証言により、かれらはみな罪を認め、死罪となったが、徐用だけは釈放された。徐継祖は蘇雲を父親として拝し、蘇雲は初め信じなかったが、徐継祖が証拠として羅衫を出すと、ようやく自分の子と認めた。そこで庵まで鄭氏を迎えに行き、上奏して自らの名前を蘇泰と改め、伯父の蘇雨を弔い、祖母を引き取った。また、以前徐能が使っていた船は、王尚書の船が盗まれたものだったが、すでに賊は裁きにあったということで、王尚書はお

咎め無しとなった。王尚書は感激し、娘を徐継祖に娶せた[76]。

『曲海総目提要』の記述と完全に同内容の戯曲は現存していない。現在見ることができる伝奇作品は以下の通りである。

(一)『古本戯曲叢刊三集』所収鄭振鐸旧蔵抄本『羅衫記伝奇』全三十一齣、存二十八齣（鄭本）[77]

小説「蘇知県羅衫再合」の内容や『曲海総目提要』の記述と比べると、まず目に付くのは蘇雲が陶公ではなく、山賊の劉権に助けられている点である。例えば、第十八齣には以下のようにある（巻上四十四葉）。

---

[76] 係明時人所作，未知誰手，演蘇雲事。本之小說，曰：〈蘇知縣羅衫再合〉，姓名事蹟皆符。（劇中以蘇夫人產子之後，收生媼引入王尚書家，為其女之乳母，其後徐繼祖遊尚書園，蘇夫人突出告狀，此節稍異。徐用為僧，亦係添出，餘並相同。又《太平廣記》中崔尉子事，絕相似。）涿州蘇雲，明永樂間登進士，除授蘭谿尹，挈妻赴官。舟至黃天蕩，船戶徐能行劫，縛雲投水中，掠其妻鄭氏還家，（在儀眞五場。）使老婢朱媼守之。徐能弟徐用者，義士也，乘能與衆賊飲，令鄭氏從後門出。朱媼願與同去。夜走五六十里，朱媼不能前，投井而死。時天色微明，路旁有茅庵，鄭氏叩門求暫息，尼出延入，而鄭適分娩，遂於廚屋中產一子。恐賊踪跡得之，以所衣羅衫裹其兒，衫內插金釵一股，棄於道，地名大柳村。鄭氏乃削髮於當塗縣慈湖老庵中，徐能追鄉不及，得其子，撫為己子。及長，名曰徐繼祖，年十五，即發鄉榜。會試經涿州，人馬俱疲，入一室，見老婦，求飲。老婦見繼祖，不覺淚下。怪問之，對曰：「老身張氏，有二子，長子蘇雲，職受蘭谿尹，喪於江盜之手。使次子兩往探，又沒於蘭谿。（蘇雲去三年。家中無信。母使其弟兩往探。後任高尹。送寓城隍廟。未幾病亡。高為殯殮。停柩于廟中。）今見君面貌與長子無二，不能不感傷也。」繼祖亦為歎息，是夕宿老婦家，明日將行，老婦取羅衫一件相贈，曰：「老身有兩白羅衫，男女各一，花樣皆同。女衫與兒婦矣，男衫摺疊時燈煤忽墜，領燒一孔，嫌其不吉，未與兒服。今見君如見吾長子，故以此相送。春闈得第，煩君使人於蘭谿探一實信，寄與老婦。」言訖痛哭，繼祖亦不勝感傷。會試登進士，授中書舍人。居二年，擢監察御史。奉差往南京刷卷，就便省親歸娶。道至當塗，適前蘇夫人鄭氏來訴冤，繼祖取狀觀之。所告者，即徐能也。繼祖因思涿州老婦之言，心疑其事。且少時同學常笑己非親生子，此惟老僕姚大知之。（姚大妻，繼祖乳母。）因呼詰問，僕不敢隱，具以實告，遂幷得所裹羅衫於大簀。先是蘇尹被沉，為徽客陶某所救，流離數載，教學三家村。久之別去，過常州，求籤於烈帝廟，有骨肉團圓金陵多父之語。（按烈帝陳，名杲仁，隋末為沈法興部將。法興作亂，杲仁自剖其腹，以水滌腸而死。唐以後崇祀加封，廟曰西廟，又曰陳司徒廟。籤最靈驗。）即往南京，投狀于操江林都御史臺下，林與繼祖言及之，會徐能自以御史之父，揚揚自得。與賊前同謀害尹者俱抵對中。繼祖與聚飲。令人盡擒之。（有趙三、翁鼻涕、楊辣嘴、范剝皮、沈髻子等。）以蘇尹證，諸賊皆俛首伏罪，遂並誅之。獨釋徐用，乃拜跪呼蘇尹為父。初不敢承，出羅衫為據，始知果為己子。於是以羅衫往迎鄭氏於庵，因上疏復姓名曰蘇泰。葬其叔蘇雨，且迎祖母就養。初徐能所操舟，乃王尚書舟也，後盜己誅，不株累王氏，尚書感之，因以愛女妻繼祖。

[77] 文学古籍出版社，1957 年。

Ⅲ　台湾皮影戯上四本の『白鶯歌』と『蘇雲』について（山下）

　私は蘇雲である。劉権によってここで拘禁されている。母親や兄弟が家でつつがなく暮らしているのかどうか解らず、また身ごもった妻は賊に攫われたままで、無事かどうかも解らない。心配でたまらず、毎日ため息をつくばかり。劉権はあれこれと私を厚遇しているが、何とか故郷に帰ろうとしても、あちこちに見張りが立っているので、逃げようにも逃げられない[78]。

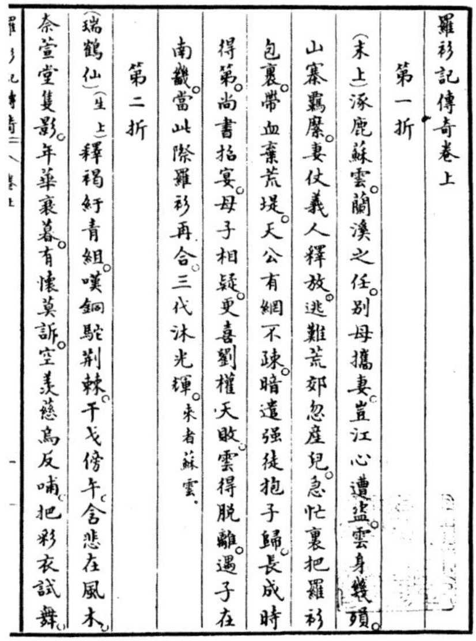

　実は劉権は蘇雲を襲った徐能の兄貴分で、徐能は徐継祖の科挙合格を知らせに劉権のもとに行くと、蘇雲がいることが分かって驚く（第二十二齣、巻下十四葉。）。

図8　『古本戯曲叢刊三集』所収鄭振鐸旧蔵抄本『羅衫記伝奇』

　私はあの日、川で蘇雲を殺したはずなのに、座上にいるのは明らかにあいつだ。ああ、亡霊が出てきたとでも言うのか[79]。

そこで徐能は軍師の張勝を使って蘇雲を殺そうとするが、たまたま蘇雲と寝場所を交換していた劉権を誤って殺してしまう（巻下十六葉から十七葉）。

　［浄］蘇先生、（先ほどの話は）信じなくても構わないが、寝床を私とあなたと

---
[78] 我蘇雲，被劉権羈留在此，不知母親兄弟在家安否如何。妻子懷孕，被盗擄去，不知生死。教我曉夜縈牽，愁腸割肚，總付之長嘆而已。今劉権雖百般厚待我，到底不設一謀，幾次要討回故郷，爭奈他分付各處把守，不能得脱。
[79] 我江中當日，曾害一蘇雲。座上分明是那人，咦，莫非眼底見冤魂。

で交換しないか。［生］別に構いません、私が大王様の部屋に行って寝れば良いのですね。…（略）…［丑登場］今生のことは前世の報い、必ずかれの命を取りましょう。［殺す仕草］蘇雲が死んで嬉しい限り、私はこっそり山を下りるとしよう[80]。

劉権が死んだことを知った山賊の手下たちは、蘇雲に寨主の地位を継ぐよう懇願するが、蘇雲は皆に山から下りるよう言い、自分は南京に赴き、その後は小説と同じく徐継祖と出会う、という流れになる（巻下十八葉）。

［衆］蘇の旦那様、山には一日たりとも主を欠かせません。大王様が死んだ今、私どもは蘇の旦那様に寨主となっていただきたく思います。［生］何を言う、私はずっとやつの囚われの身で、逃げようにも逃げられなかっただけだ。今、幸いにも大王には天誅が下ったのだから、我々は故郷に帰れば良いだけだ[81]。

（二）『綴白裘』所収『白羅衫』散齣

『綴白裘』には『白羅衫』と題する折子戯が5つ収録されているが、以下のようにいずれも上の鄭本と字句・内容が共通している。ここから、『羅衫記伝奇』はまた、『白羅衫』とも題されたことが解る。

「賀喜」：鄭本第二十齣
「井會」：鄭本第二十一齣
「請酒」：鄭本第二十五齣
「遊園」：鄭本第二十六齣
「看状」：鄭本第二十八齣

---

[80]〔淨〕蘇先生，你不信也罷，我與你換了睡如何。〔生〕這個何妨。待我到大王房中去睡就是了。…（略）…〔丑上〕今生事，前世孽，管教伊一命絕。〔殺介〕且喜蘇雲已死，我悄悄下山去罷。
[81]〔衆〕蘇爺，山中不可一日無主。大王既死，小的每願立蘇爺為寨主。〔生〕說那里話來，我一向被他羈囚，恨無雙翅。今幸天敗，你我還鄉有日了。

(三) 中国芸術研究院所蔵清内府抄本
　　『白羅衫』全三十一齣

(四) 中国芸術研究院所蔵懷寧曹氏旧蔵
　　抄本『白羅衫』全三十一齣

　いずれも未見だが、(一) 同様に全三十一齣であること、また (一) と字句が共通する (二) が『白羅衫』と題していることから、(一) の鄭本と同系統のテキストであることが予想される。

(五) 傅惜華旧蔵嘉慶二十三年維揚蔣韻蘭抄本『白羅衫伝奇』全九齣

　鄭本と字句は共通するが、分量がかなり圧縮されており、短時間での上演のために改編されたテキストだと思われる。鄭本との対応関係は以下の通り。

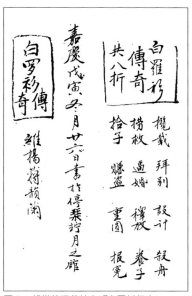

図9　傅惜華旧蔵抄本『白羅衫伝奇』

　　　第一齣「攬載」：鄭本第五齣
　　　第二齣「拜別」：鄭本第三齣
　　　第三齣「設計」：鄭本第六齣
　　　第四齣「劫舟」：鄭本第七齣
　　　第五齣「撈救」：鄭本第八齣
　　　第六齣「逼婚」：鄭本第九齣
　　　第七齣「養子」：鄭本第十齣
　　　第八齣「賺盜」：鄭本第十一齣
　　　第九齣「重圓」：鄭本欠落部分

　なお、封面には「白羅衫伝奇共八折」とあり、その下には次の十二の齣題が記

されている。

　　攬載　拜別　設計　殺舟　撈救　逼婚　釋放　養子　拾子　賺盜　重圓　報冤

　「殺舟」は実際には第四齣「劫舟」となり、また「釈放」の題から推測される内容は第六齣「逼婚」に、「拾子」の題から推測される内容は第七齣「養子」に、「報冤」の題から推測される内容は第九齣「重円」に含まれている。この抄本は欠葉があるようには見えず、またストーリーも完結しているので、封面で「共八折」としたり、実際には存在しない齣の題があったりするのは、恐らく元のテキストを短縮する作業の痕跡を反映しているものと思われる。

　以上からすると、（一）～（五）はすべて「蘇雲が劉権に捕らわれる」という場面を持つ、同系統のテキストだと考えられる。また、崑曲[82]や京劇[83]などにも『白羅衫』と題する演目があるが、いずれもこの場面を有し、唱詞も一致するものが多いため、その影響下にあるテキストと分かる。しかし台湾皮影戯『蘇雲』にはこの場面が無く、唱詞も共通点がないので、これとは全く異なる系統のものと推測される。

　前述の通り、『白鶯歌』には明末の散齣集に収録される弋陽腔テキストに対応するテキストがあった。それは以下のように、上四本の『蔡伯喈』と『孟日紅割股』も同様である。

　　『蔡伯喈』：明・高明『琵琶記』（『新選南北楽府時調青崑』、『新鍥梨園摘錦楽府菁華』、『新鍥精選古今楽府滾調新詞玉樹英』、『梨園会選古今伝奇滾調新詞楽府万象新』、『精刻彙編新声雅襍楽府大明天下春』、『鼎鍥徽池雅調南北官腔楽曲点板曲響大明春』、『鼎刻時興滾調歌令玉谷新簧』、『新刊徽板合像滾調楽府官腔摘錦奇音』、『新刻京板青陽時調詞林一枝』、『鼎雕崑池新調楽府八能奏錦』、『新鍥天下時尚南北徽池雅調』、『新鍥天下時尚南北

---

[82] 張弘［改編］,「白羅衫」,『蘭苑集萃　五十年中国崑劇演出劇本選』第三巻（王文章［主編］文化美術出版社，2000 年），451 頁 -481 頁。
[83] 曾白融［主編］,『京劇劇目辞典』（中国戯劇出版社，1989 年），932 頁 -933 頁。

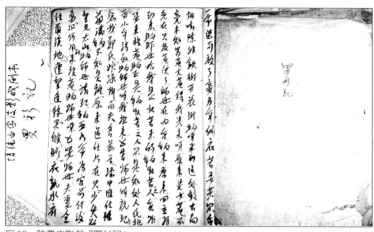
図10　陸豊皮影戯『羅衫記』

新調尭天楽』）[84]

『孟日紅割股』：明・無名氏『葵花記』（『新選南北楽府時調青崑』、『新鐫楽府清音歌林拾翠』、『鼎鍥徽池雅調南北官腔楽府点板曲響大明春』、『聴秋軒精選万錦嬌麗』）

　しかし『白羅衫』だけは明末の散齣集に収録されておらず、また広東の正字戯にも同内容の演目は含まれていない[85]。そのため『蘇雲』は「上四本」の他の三作と性質が異なる演目であることが想像される。

6. 陸豊皮影戯『羅衫記』との比較

　台湾皮影戯『蘇雲』については、鄭守治が陸豊皮影戯『羅衫記』との類似点を指摘している。氏は『蘇雲』中の唱詞を一つ挙げ、これを『羅衫記』中の唱詞と

---
[84] 土屋育子,「『琵琶記』テキストの明代における變遷――弋陽腔系テキストを中心に――」（『研究論文―教育系・文系の九州地区国立大学間連携論文集―』第3巻第1号, 2009年）, 1頁-20頁。
[85] 林淳鈞、陳歴明,『潮劇劇目匯考』全三冊, 広東人民出版社, 1999年。

比較した上で、以下のように述べる[86]。

　　以上の字句や意味は基本的に同じで、順番などが多少異なるだけである。
　　『羅衫記』は陸豊皮影戯の常演演目で、1960年代以降、海豊白字戯劇団が
　　改編を行い、現在に至るまで上演している。『羅衫記』はまた潮劇の伝統演
　　目でもあり、1960年代以降今に至るまでやはり改編・上演が行われている。
　　漳州皮影戯にも伝統演目『白羅衣』（すなわち『羅衫記』）がある[87]。

　ここで言及されている陸豊皮影戯については、すでに千田大介の論考がある[88]。広東省陸豊市一帯に分布する影絵人形劇で、前述の官話に潮州語を混ぜて上演する正字戯や、後発の潮州語のみで上演する白字戯という、現地で行われている2種類の人戯と音楽や演目などで共通点を有し、台湾皮影戯とも親縁関係にある劇種である。

　陸豊皮影戯『羅衫記』については、陸豊皮影劇団の蔡娘仔（1924～2006）の手に成る抄本が現存する[89]。書写年代は不明で、題簽には「伝統白字皮影戯劇本羅衫記」とある。本テキストを台湾皮影戯『蘇雲』と比べると、確かに氏の指摘の通り、多くの点で字句が共通している。例えば陸豊皮影戯『羅衫記』では、徐能の元から逃げる途中、自殺した朱媼を鄭氏が嘆く場面は以下の通りである。

　　云魂散風波敲，要驚得我云消魂散上九省，爾今歸上三生路，淚之成血，要救
　　我今招（朝）。唔，罷了，朱大娘，念我鄭氏命苦，是我命中自盡，作乜火及
　　于爾了朱大娘。只正是：城門火未盡，池來魚遭煙。
　　（魂が消し飛ぶほどの波風が立った、ああ、驚きのあまり私の魂は天まで飛ばされ、今や
　　あの世に旅立ちそうで、涙は血となって流れる、今日私を助けるために、ああ、朱大娘よ、

---

[86] 鄭守治，「台湾皮影戯"潮調"劇目、唱腔淵源初探」，182頁。
[87] 以上各句的用語、意思基本相同，只是順序有小差異而已。《羅衫記》是陸豐皮影的常演戯碼，1960年代至今為海豐白字戯劇團改編、演出。《羅衫記》為潮劇傳統劇目，1960年代至今仍有改編、演出。漳州皮影也有傳統劇目《白羅衣》（即《羅衫記》）。
[88] 千田大介，「陸豊皮影戯初探」，『中国都市芸能研究』第十四輯，2016年，33頁-60頁。
[89] 鄭守治氏より複写をご提供いただいた。ここに記して感謝申し上げる。

III 台湾皮影戯上四本の『白鶯歌』と『蘇雲』について（山下）

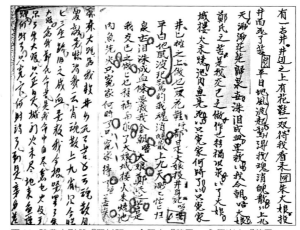

私鄭氏はつらい運命にあり、私の方が自ら命を絶つ運命だったのに、私のせいで朱大娘に火の粉が降りかかってしまった。城門の火いまだ尽きざるに、池では魚が煙に遭う、と言うように。）

図11 陸豊皮影戯『羅衫記』・合興本『蘇雲』・永興楽本『蘇雲』

合興本『蘇雲』で
ここに対応するのは「朱大娘投井」の以下の部分である（第十六葉）。一見して字句に共通点が多いことが分かる。また比較することにより、陸豊皮影戯『羅衫記』の「云魂」は、恐らく「魂魄」の誤写であることも分かる。

> 平日地風波起，驚的我魂消魄散上九天，渺渺茫茫歸泉也，淚珠成血條，要救我金朝。唔，大娘，鄭氏之苦，是我交己之做，作乜移禍與爾了大娘。城樓火未燒，池內魚先殃。
> （平穏な日々に波風が立った、驚きのあまり私の魂は天まで飛ばされ、ぼんやりとあの世に旅立ちそうで、涙は血となって流れる。今日私を助けるために、ああ、大娘よ、私鄭氏の辛い運命は、私が自分で受けるものなのに、災いを大娘に移してしまった。城楼の火いまだ焼けざるに、池の内の魚先に殃いす、と言うように。）

永興楽本『蘇雲』でここに対応するのは「投井」の以下の部分である（第十三葉）。字句は合興本とほとんど変わらない。

> 平日地風波起，驚得我魂消魄散上九天。渺渺茫茫歸泉也，淚珠成血。要救我

79

> 今朝，唔，大娘，鄭氏之苦，是我交己之做，作乜移禍與爾了大娘。城樓火未燒，池内魚先死。
> （平穏な日々に波風が立った、驚きのあまり私の魂は天まで飛ばされ、ぼんやりとあの世に旅立ちそうで、涙は血となって流れる。今日私を助けるために、ああ、大娘よ、私鄭氏は苦しく思う、私のせいで大娘に災いを移してしまったから。城楼の火いまだ焼けざるに、池の内の魚先に死す、と言うように。）

　この部分だけを見ると、確かに鄭守治氏の言う通り、台湾皮影戯『蘇雲』と陸豊皮影戯『羅衫記』は「字句や意味は基本的に同じ」ということになる。しかし他の部分を検討すると、両者の間には実は大きな差異が存在していることが分かる。
　第一に挙げられるのは、鄭氏が産んだ子どもの無事を祈る場面である。まず、陸豊皮影戯『羅衫記』では以下のようになっている（第五葉）。

> 老天，念我鄭氏，產下一兒，眾年師來扶養，迫我將兒來。倘若皇天上保庇，保庇好來收留，未知何日報仇冤。
> （天よ、私鄭氏は子どもを産みましたが、私のことは引き取るので、赤子は追い出すよう言われました。もし天がお守りくださるのなら、どうかこの子を引き取ってください。この恨みはいつ晴らすことができるでしょうか。）

　鄭氏はここでは天（皇天）に祈っているが、合興本『蘇雲』の「投庵産児」でここに対応する場面では九天玄女に祈っており、また台詞も長くなっている（第十九葉）。

> 〔白〕鄭氏產下一子，誰知寺中不容，迫我抱出，如之奈何，到只乃是九天玄女廟，不免入内，祈禱九天玄神罷。〔科〕拜告神祈，可憐母子無所依，一家遭磨難，今朝產嬰兒，望爾暗中相保庇。月缺花殘，始雨狂風，勢得無奈折命分，未知何日得相見。
> （［言う］鄭氏は子どもを生みましたが、寺には置いておけないので、赤子を抱いて出て行かされました。いったいどうしたものでしょう。ここは九天玄女廟、中に入って九天玄神

にお祈りするとしよう。[しぐさ] 神様、哀れな母子は寄る辺が無く、一家は災難に遭いました。今日産んだ赤子のことを、どうか陰ながらお守りください。家族は散り散りとなり、嵐の中に身を置くことになって、どうすることもできません。いつ再会することができるでしょうか。)

永興楽本『蘇雲』でここに対応するのは「投庵産児」の以下の場面で、「未知何日報冤仇」の句は合興本よりもさらに陸豊皮影戯『羅衫記』に近い（第十六葉）。

〔白〕鄭氏產下子，雖知寺中不容，迫我抱出，到只乃是九天玄女廟，不免入內，禱祝九天玄神。（旦）拜告神祈，可憐母子無所依，一家遭磨難，今朝產嬰兒，望爾暗中相保庇，月缺花殘，始雨狂風，勢得無奈折東西，未知何日報冤仇。

([言う] 鄭氏は子どもを生みましたが、寺には置いておけないとはいえ、赤子を抱いて出て行かされました。ここは九天玄女廟、中に入って九天玄神にお祈りするとしよう。神様、哀れな母子は寄る辺が無く、一家は災難に遭いました。[旦] 今日産んだ赤子のことを、どうか陰ながらお守りください。家族は散り散りとなり、嵐の中に身を置くことになって、どうすることもできません。この恨みはいつ晴らすことができるでしょうか。)

台湾皮影戯『蘇雲』には他にも様々な場面で九天玄女が登場する。陸豊皮影戯『羅衫記』では、小説「蘇知県羅衫再合」同様、蘇雲は単に陶公に救われるだけだが、台湾皮影戯『蘇雲』では蘇雲が「十九年名が埋もれる厄」があると告げられ、その間は九天玄女の加護で「隔海之地」（海に隔てられた場所）に住む陶公に匿われる、という設定になっている。例えば、合興本『蘇雲』の「草房午夢」では以下のように描写されている（第四十七葉）。

〔生白〕呀。我方纔小睡之間，又是九天玄女，托我一夢，說我一十九年之厄，今日已滿，本要歸家，又是隔海之地，又說賜我魚船一隻，方能過海。我想離此江邊不遠，不免近前看來。〔科〕呀，果有魚船一隻，在許江邊，此乃是神仙指引無差，不免就此起身。〔科〕到是我差了，陶公父子，救我數載，做乜

一旦不辭而去。呵是了，待伊回來，去亦未遲。〔科〕實是難待，呵是了，今乃清明佳節，陶公父子祭掃回來。不免贈詩一首，粉壁之上，待伊回來，方知我的恩怨。

（〔生言う〕私が先ほど居眠りしていると、またも九天玄女が夢枕に立ち、十九年の厄は今日で終わりになったと言った。家に戻るべきだが、ここは海に隔てられた場所だ。しかし九天玄女はさらに、私に漁船を与えるので、それで海を渡ることができるとも言った。ここは河辺に近いので、行って見てみることとしよう。〔しぐさ〕あっ、確かにそこの河辺に漁船がある。これは神の導きに間違いない。さっそくここから出発することにしよう。〔しぐさ〕私が間違っていた、陶公父子は私を何年も助けてくれたのに、どうして何も言わずに立ち去ることができるだろうか。そうだ、かれが戻って来てから出発しても遅くはない。〔しぐさ〕待っているのはつらい。そうか、今日は清明節だから、陶公父子は墓参りに行ったのだな。それならかれに贈る詩を壁に書き付けておこう。かれが帰ってきたら、私の感謝の気持ちが分かるだろう。）

永興楽本『蘇雲』「草房午夢」もほぼ同文である（第三十六葉）。

〔雲醒白〕我小睡之時，聽見九天玄女，托我一夢，夢我一十九年埋名之厄，今日已滿了，本要歸家，又隔海之地，又說賜我魚船一隻，方能過海。離此海邊不遠，不免近前看來。果然魚船一隻，乃是神仙指點無差，不免就此起身。〔科〕到是差了，陶公父子，救我數載，一旦不辭而別而去。呵是了，待我待伊回來，去也未遲。〔科〕呀，實是難待，呵是了，今乃是清明佳節，陶公父子祭掃來回。不免向前題詩一首，粉壁之上，待伊回來，方知我得恩。

（〔蘇雲が目覚めて言う〕私が先ほど居眠りしていると、またも九天玄女が夢枕に立ち、十九年の名を隠す厄は今日で終わりになったと言った。それならば家に戻るべきだが、ここは絶海の地だ。しかし九天玄女はさらに、私に漁船を一隻与えるので、それで海を渡ることができるとも言った。ここは海辺に近いので、行って見てみることとしよう。確かにそこの河辺に漁船が一隻ある。これは神の導きに間違いない。さっそくここから出発することにしよう。〔しぐさ〕私が間違っていた、陶公父子は私を何年も助けてくれたのに、どうして何も言わずに立ち去ることができるだろうか。そうだ、かれが戻って来てから出発し

ても遅くはない。[しぐさ] ああ、待っているのはつらい。そうか、今日は清明節だから、陶公父子は墓参りに行ったのだな。それなら詩を壁に書き付けておこう。かれが帰ってきたら、私の感謝の気持ちが分かるだろう。)

　陸豊皮影戯『羅衫記』には、蘇雲が「隔海之地」に逃げる部分は無い。しかし台湾皮影戯『蘇雲』はこれがかなりの分量を占め、そもそも題名からして徐継祖ではなく蘇雲の方に力点が移っている。
　台湾皮影戯は「潮調」、すなわち「潮州の音楽」を用いるので、広東省潮州に由来することは間違いない。それなら例えば、中国側でもともと皮影戯の蘇雲の物語に幾つかのバリエーションがあり、その中で九天玄女が登場し蘇雲の場面が多いバージョンがたまたま台湾に伝わり、そうでないバージョンが現在陸豊で行われているだけ、と仮定することもできなくはない。しかしそう考えるには、台湾皮影戯『蘇雲』はあまりにも作為的すぎる側面がある。
　『蘇雲』合興本の最後で、徐能一味が裁かれた後、徐継祖が陶公に褒賞を与えようとする場面に、陸豊皮影戯『羅衫記』には無い以下のような表現がある（第七十三葉）。

　　〔科〕另收書一封，去到日本港口，且陶公父子，到只同享榮華。
　　([しぐさ] さらにもう一通手紙をしたためて日本の港に送り、陶公父子をこちらに呼び、ともに栄華を分かち合ってもらおう。)

永興楽本にも以下のようなほぼ同様の表現がある（第五十二葉）。

　　(雲白) 收書一封，令人帶去日本港口，請陶公父子到來，同受榮華。
　　([蘇雲が言う] さらにもう一通手紙をしたためて、人をやって日本の港まで持って行かせ、陶公父子を呼び、ともに栄華を分かち合ってもらおう。)

　「日本の港」と言っているのは、明らかに日本の台湾支配を反映しているので、ここは明らかに皮影戯が台湾に伝わってから付加された表現であろう。ここから

台湾皮影戯『蘇雲』は、中国側で行われていたままのテキストではないことが分かる。そうすると、九天玄女の登場や、蘇雲の「孤島」での一段など、陸豊皮影戯『羅衫記』に見えない他の部分も、同様に台湾で成立したものではないだろうか。

　かつての潮州府の港である汕頭市に、「白花尖廟」という大きな九天玄女廟がある。これは潮州移民の柳錫旺氏が香港に作った「百花尖廟」の分祀で、やはり潮州移民の陳錫謙が1992年に新しく建てたものである[90]。潮州本土では韓愈や宋大峰、あるいは三山国王などの信仰が一般的で、九天玄女の廟はあまり見あたらないが[91]、この例は香港の潮州移民の間で九天玄女が信仰されたことを示している。おそらく移民たちは、故郷を離れるにあたって九天玄女に無事を祈り、移民先でも信仰を保持したのだろう。

　台湾に九天玄女廟は多くなく、仇徳哉による1980年前後の統計では全体で13しかない[92]。注目すべきは、皮影戯劇団が集中する高雄市北部海岸地域の近く、高雄市茄萣区に九星壇という九天玄女廟があることである。廟内の「九星壇沿革誌」には以下のように記されている[93]。

> 本九星壇は前清初期の創建である。呉姓の住民の先祖が中国大陸から台湾に迎え、最初は港仔埔の呉姓の家の中で祀っていた。以前、港仔埔の住民はみな漁業に従事していたが、九天玄女娘娘神はとりわけ霊験があらたかで、漁民を庇護し、災いから救い、事業を振興させ、男の子が生まれ、一年中災難が無く、一年間慶事ばかりとなった。現在に至るまですでに二百年の歴史が

---

[90] 保定道教網・白花尖大廟，http://www.bddaojiao.com/ArticleContent.asp?cid=3128&lmid=116（2019年1月28日確認）。
[91] 例えば清・康熙年間の『澄海県志』巻九「寺観」・巻十「古蹟」を見ても、現在の汕頭地区に九天玄女廟は見当たらない。
[92] 仇徳哉，『台湾廟神伝』（著者自印，1979年）355頁-357頁、および仇徳哉，『台湾之寺廟与神明』（台湾省文献委員会，1983年）132頁-133頁。
[93] 高雄市茄萣区和協里港埔二街1号，中央研究院人社中心地理資訊科学研究専題中心，文化資源地理資訊系統，http://crgis.rchss.sinica.edu.tw/temples/KaohsiungCity/chieding/121514-JXT（2019年1月28日確認）。

ある[94]。

　筆者は別稿で、皮影戯の上演が集中しているのが高雄市南部の漁港であること、それらは劇団が集中する高雄市北部の漁港とも繋がっていること、さらにこれら地域の皮影戯は「消えた潮州移民」の文化だった可能性があることを指摘した[95]。これを踏まえると、上の「九星壇沿革誌」で九天玄女を高雄市北部の漁民を守る神としていることは示唆的である。恐らく、現在の高雄市北部にかつて潮州移民がやって来て皮影戯文化をもたらし、漁業に従事しながら香港のグループ同様に九天玄女信仰を保持していたものと思われる。そうすると、「日本の港」に手紙を送るという表現から考えても、陶公父子が住んでいる「隔海之地」は台湾を指し、蘇雲の境遇は台湾の潮州移民の状況に重ねたものと解釈できるのではないだろうか。

7. おわりに

　現代の地方戯には、最も重要な演目を十八種挙げて「江湖十八本」と称するものが多い。この表現自体は、清・蔣士銓『昇平瑞』伝奇第二齣「斎議」[96]、清・黄振『石榴記』伝奇「序言」[97]、清・李斗『揚州画舫録』巻五[98] など、乾隆年間の資料から登場するが、当時の具体的な演目名は解らない。現代の資料を見ると、崑腔系や梆子腔系の演劇でも行われているが、収録される演目は多少の出入りはあるものの、特に弋陽腔系の演劇で好んで用いられる。その中の1つである松陽高腔の江湖十八本では、以下のように台湾皮影戯「上四本」のうち『蔡伯喈』・『白

---

[94] 本九星壇創建于前清初期，緣由吳姓祖先從大陸迎奉來台，安祀於港仔埔吳姓家宅。古時港仔埔住民，均以靠海捕魚為生，九天玄女娘娘神尤顯赫、廣庇漁民、解厄度劫、事業振興、家口添丁、四時無災、八節有慶，迄今已歷二百年矣。
[95] 山下一夫，「台湾南部における影絵人形劇の上演について──中元節を中心に」,『中国都市芸能研究』第十六輯，2018 年，30 頁 -57 頁。
[96] 『蔣士銓戯曲集』，中華書局，1993 年，763 頁。
[97] 蔡毅編，『中国古典戯曲序跋彙編』，斉魯社，1989 年，1929 頁。
[98] 中華書局，1960 年，123 頁 -125 頁。

鶯歌』・『割股』の 3 種と同内容の演目を含んでいる[99]。

　　松陽高腔：『琵琶記』・『芦花記』・『合珠記』・『白鸚哥』・『韓十義』・『黄金
　　　印』・『葵花記』・『双貞節』・『三元坊』・『白蛇記』・『繍花針』・『判烏盆』・
　　　『白兎記』・『鯉魚記』・『賀太平』・『九竜套』・『三状元』・『売水記』

　ただ、以下の弋陽系諸腔の江湖十八本では、『白鶯歌』・『割股』と同系統の演目のみである。

　　川劇四川高腔：『槐蔭記』・『三孝記』・『幽閨記』・『白鸚鵡』・『彩楼記』・『聚
　　　古城』・『葵花井』・『玉簪記』・『白羅帕』・『中三元』・『百花亭』・『鸞釵記』・
　　　『鉄冠図』・『木荊釵』・『全三節』・『漢貞烈』・『五貴聯芳』・『藍関走雪』
　　金華婺劇高腔〔西安〕：『槐蔭記』・『芦花記』・『合珍珠』・『白鸚哥』・『十義
　　　記』・『古城会』・『葵花記』・『双貞節』・『三元坊』・『白蛇記』・『鯉魚記』・
　　　『満堂福』・『九渓洞』・『鎮平湖』・『白猴記』・『銅橋渡』・『大香山』・『酔幽
　　　州』
　　金華婺劇高腔〔侯陽〕：『槐蔭樹』・『芦花雪』・『合珠記』・『白鸚哥』・『全拾
　　　義』・『古城会』・『葵花記』・『双貞節』・『三元坊』・『七星針』・『双鹿台』・
　　　『白兎記』・『鯉魚記』・『双比釵』・『紅梅閣』・『金瓶和』・『白蛇伝』・『売水
　　　記』

　恐らく分化以前の古い段階の弋陽腔で「江湖十八本」という概念があり、そこには『琵琶記』・『鸚鵡記』・『葵花記』が入っていたものと思われるが、上記の 3 つで『琵琶記』が脱落したのは、川劇や婺劇が高腔以外に崑山腔も有しており、『琵琶記』は後者で上演が行われるようになったためだと思われる[100]。

---

[99] 以下、江湖十八本については以下を参照した。流沙、「従南戯到弋陽腔」、4 頁 -5 頁、白海英、「高腔与江湖十八本」、『芸術百家』2006 年第 1 期、20 頁 -24 頁。
[100] 白海英、「民間戯曲的重要伝承――"江湖十八本"考釈」、『戯曲芸術』28 巻 3 期、2007 年、39 頁 -45 頁。

また、弋陽腔系諸腔の中には「十八本」以外の数え方を持つものもあり、例えば正字戯では重要な演目を「卅六真本」と称している[101]。これは恐らく、常演演目の増加によって十八では収まらなくなったことが原因だろう。逆に辰河高腔などは数が少なく、重要な演目は以下の「四大本看家戯」である[102]。

　　『黄金印』・『大紅袍』・『一品忠』・『琵琶記』

　これは、辰河高腔で上演される目連戯に、『古城会』など「江湖十八本」に含まれる演目の一部が吸収され「四十八本目連戯」となり[103]、残りの演目も多くが新しくできた「三山・四亭・四閣・五袍」という表現で語られるようになったため、両者に入らなかった重要な文戯を表す枠組として成立したものと思われる。いわば「江湖十八本」が辰河高腔特有のロジックで変化した結果であるが、この中に『琵琶記』と、『鸚鵡記』に由来する『一品忠』（傍線部）が含まれることは、台湾皮影戯の四大本を考えるにあたって非常に示唆的である。台湾皮影戯も、本来ならば弋陽腔系諸腔の「江湖十八本」を持っていても不思議ではなかったが、南部で限定的に行われている小規模な人形劇ということもあり、そうした枠組を形成・維持することが難しかったのだろう。ただし、台湾皮影戯形成初期に中国から伝来した江湖十八本由来の演目を重視すること自体は行われ、最終的にそれが「上四本」になっていく際に、弋陽腔の系統には無い『蘇雲』が混入したのではないだろうか。
　広東省東部における正字戯と白字戯の関係は、旧時の北京における崑曲と京劇に似ており、正字戯はすでに単独では存続が難しくなっていて、白字戯に寄りかかっている。そのため陸豊市・海豊県では両者を別劇種としているが、潮州市では両者を合わせて「潮劇」と呼んでいる。陸豊皮影戯は白字戯に属するが、人戯の白字戯と同じく正字戯も行うため、個々の演目がどちらに属するのかが見えづ

---
[101] 田仲一成，『中国地方戯曲研究』，汲古書院，2006 年，742 頁。
[102] 蘇子裕，『弋陽腔発展史』，510 頁 -511 頁。
[103] こうした弋陽腔系諸腔における目連戯の「肥大化」の問題については、山下一夫，「宮廷大戯『封神天榜』をめぐって」，『中国古典小説研究』第 8 号，2003 年，98 頁 -114 頁を参照。

らくなっている。しかし 1960 年代に『羅衫記』が人戯の白字戯に移植されたことから考えると、この演目は白字戯の系統で、それはこれを基礎として発展した台湾皮影戯『蘇雲』も同様である。

　白字戯は土着の新興演劇であったために、演目は弋陽腔諸腔の一種である正字戯とは異なるソースを持ち、また演目の内容も可変性が大きかった。陸豊皮影戯『羅衫記』と台湾皮影戯『蘇雲』の間に、物語の発展の状況を見て取ることができるのは、そのためである。『蘇雲』は、台湾に渡った芸人たちが元の物語を現地の状況に合わせて発展させた演目だったのだろう。

　一方、台湾皮影戯の上四本のうち、他の三種はいずれも正字戯に属する演目である。この点から考えると、台湾皮影戯も陸豊皮影戯同様、正字戯と白字戯を兼ねた劇種であり、両者の一体化が起こった段階の皮影戯が中国から伝わって、現地で独自の発展を遂げたもの、と言うことができる。

　なお陸豊皮影戯の白字戯の演目は、人戯の白字戯と完全には一致していない。鄭守治氏の言う、1960 年代に陸豊皮影戯の『羅衫記』が陸豊市・海豊県の白字戯や潮州市の潮劇に移植されたという話は、逆に言えば人戯の白字戯にはもともと『羅衫記』が無かったことを表している。同一の声腔を行うはずの人戯と人形劇の間で演目が異なるという現象は、陝西省の秦腔（人戯）と碗碗腔（皮影戯）など、他地域にも例があるが、広東省東部でこれが発生した理由については、なお検討の余地が存在する。

　また、もちろん台湾皮影戯の演目がすべて正字戯と白字戯に由来するわけではない。創作を重視した東華皮影劇団が戦後生み出した大量の新作演目は別として、復興閣皮影劇団や永興楽皮影劇団のような比較的伝統を守る劇団も、中国では民国以降に流行した済公の演目などを持っているが、これなどは明らかに新しい層に属するものといえよう[104]。こうした演目は恐らく台湾布袋戯などと同

---

[104] 済公の演目の多くは清末の郭小亭『評演済公伝』に基づいて製作されたものである。済公伝の演劇化の問題については以下を参照。山下一夫、「郭小亭本『済公伝』の成立について――評書、鼓詞および戯曲との関係」、『中国古典小説研究』第 5 号，1999 年，47 頁 -57 頁。山下一夫、「『済公伝』の戯曲化と済公信仰――連台本戯『済公活仏』をめぐって」、『藝文研究』第 82 号，2002 年，142 頁 -158 頁。山下一夫、「済公活仏形象在上海的転変与発展」、『中国文化研究（首爾中国文化研究学会）』第 15 輯，2009 年，89 頁 -106 頁。

様、日本統治時代に中国から輸入した石印本などをもとに新たに作られたものと思われる。
　台湾皮影戯の演目をめぐる以上2点の問題については、また稿を改めて検討したいと思う。

Ⅳ

台湾における相声についての一考察

氷上　正

魏竜豪（左）と呉兆南（右）

はじめに

　中国の代表的な話芸である相声（日本の漫才に相当する）は、北京で誕生して100年以上たっているといわれる。北京で生まれて以来、北京や天津など中国北方の都市で広く演じられた相声は、激動の時代がなければ恐らく遙か南方の台湾に伝わることはなかったであろう。

　激動の時代とは、日中戦争の日本の敗戦後起こったいわゆる国共内戦、そして国民党の敗北であった。その結果、およそ200万人ともいわれる国民党に関係する軍人、政治家、官僚などの難民が北京から遙か南方の島台湾に移住した。

　本来北京語で語られる北方の話芸である相声は、こうした時代の動きの中で台湾に伝わることとなった。ただ、当初台湾で相声を演じたのは、プロの芸人ではなく国民党軍の演芸隊に属する演劇を専門とする芸人や北京に住んでいた相声愛好家たちであったといわれる。

　1949年に台湾に相声が伝わっておよそ70年、この70年の間に台湾における相声の状況も大きく変わってきた。本稿では台湾における相声の変遷をたどりながら、台湾において相声がこれからどうなるかを考察する。

一

　台湾に相声が初めて伝わったといわれる1949年から70年を経た現在まで、台湾において相声がどのように変転したのか、いくつかの時期に大きく区切ることができる。すなわち、相声の定着期、衰退期、復興期、そして現状の四つの時期に分けることができ、ここではその時期ごとの状況を見てゆくことにする。

　先にも述べたように、本来北京を中心とした北方の話芸であった相声は、激動の時代に国民党軍の演芸隊（国民党装甲兵団康楽大隊）もしくは軍に従ってきた相声の愛好家によって伝えられたのであった。「1949年から50年にかけて国軍（国民党軍）の大部隊が台湾にやってきたが、『相声』の公演がこのときから始まったことは間違いない。というのは当時師団級以上の部隊には、将兵慰問の演芸隊が作

られており、多くても二、三人で演じる相声のような伝統的な大衆芸能は部隊内で引っ張りだこだった。」との証言もある[1]。その後の台湾における相声普及に多大な貢献をした人々もこの中に入っていた。その中でも特に後の相声に影響を与えた人物としては、陳逸安、魏竜豪、呉兆南を挙げることができるであろう。

　陳逸安は1908年北京生まれ、幼少の頃から相声が好きで、何度も北京の啓明茶社に行って相声を聞いたという。陳逸安について汪景壽・藤田香『相声芸術論』では次のように記されている。「台湾の相声が大陸から入ってきたが、その種をまいたのが北京から来た相声芸人の陳逸安である。陳逸安は1949年に台湾に到り、1950年から1960年の十年間、呉兆南や魏竜豪らと力を合わせ、苦心して、台湾に相声が根付くのに貢献した。彼は第一回薪伝奨を獲得し、1988年に病で亡くなった[2]。」ただ、陳逸安は相声の芸人ではなかったようである。彼の今一つの功績は1960年代の相声の詳細な上演記録『陳逸安演出日誌』、『逸安手稿』であり、これによって台湾初期の相声の具体的な上演内容を知ることができる[3]。また、台湾の現在の相声を支えている王振全や葉怡均を弟子にしたことも一つの貢献といえるであろう。

　陳逸安と同時期に活躍したのが、魏竜豪と呉兆南である。魏竜豪は1927年、北京生まれ。本名は魏甦、北京師範大学付属中学を卒業後、行方不明になった弟を探すため弟の名前「竜豪」を芸名にしたという。

　1949年に国民党軍に従って台湾に到り、装甲兵国劇隊では戯劇官となり当初は京劇を演じていた。やがて装甲兵国劇隊から陸光国劇隊に移り、話劇を演じながら、相声も演じ続けていた。魏竜豪は相声愛好者や同じ劇団の団員と相声のコンビを組んでいたが、1951年に蛍橋にあった「楽園書場」で呉兆南と初めてコンビを組み、このコンビは1950年代から1960年代にかけて「紅楼書場」「蓮園書場」など多くの書場で相声を演じ、人気相声芸人となっていく[4]。魏竜豪は

---

[1] 戸張春夫「台湾の特色ある相声を探し求めて（前編）」（『交流』No.880、2014年）18-19頁参照。
[2] 汪景壽、藤田香『相声芸術論』（北京大学出版社、1992年）268-269頁参照。
[3] 樊光耀「魏竜豪、呉兆南相声研究」（中国文化大学芸術研究所戯劇組2001年碩士論文）に付録として「陳逸安演出日誌」、「陳逸安手稿所録相声段目」が掲載されている。
[4] 張華芝『相声芸術與台湾四大家初探』（国立芸術学院伝統芸術研究所1999年碩士論文）73-74頁参照。

相声が衰退期に入ると演劇での経験を生かして映画俳優として活躍する一方で、1986 年には「竜説唱芸術実験群」という劇団を設立し、また呉兆南と協力して多くの相声の録音記録を残し[5]、1999 年に 71 歳で死去する。

　魏竜豪の相方となる呉兆南は 1924 年、北京生まれ。呉は十三歳の時に侯海林を師匠として京劇を学び、またしばしば北京の天橋に行って相声を聞いて、幾つかの演目は覚えていたという。北京の中国大学経済学部を卒業後、1949 年に台湾に到り、馬継良が設立した蛍橋の「楽園書場」に招かれ、北京にいた頃の記憶をたどって相声を演じ、そこで魏竜豪とコンビを組むことになる。呉兆南は相声が衰退期に入ると 1973 年にアメリカに移住し、1998 年には華僑相声名人として"アジアの傑出した芸人金賞"を獲得する[6]。また 1999 年以後、江南、侯冠群など多くの相声芸人を弟子にし、2001 年には「呉兆南相声劇芸社」を設立したが、2018 年ロサンゼルスにおいて 94 歳で死去する。

　1950 年代から 1960 年にかけて「楽園書場」のような書場（日本の寄席に相当）が台北に多く生まれたのは、当時大陸から台湾に移住した人々が楽しめるような娯楽がなかったからであろう[7]。こうした書場では相声を含めた北方の曲芸（語り物）が連日演じられていたようである。ただ、1960 年代になると、「紅楼書場」や「大華書場」などの大型の書場は劇場となり、演劇専門あるいは音楽やダンスなど総合的なエンタテインメントが上演され、小規模な書場はほとんど消えていったようである[8]。

　書場の代わりに相声の普及に影響を与えたのが、台湾政府の推し進める中国語普及政策であった。1950 年代、台湾政府は国語（中国語）推進委員会を設置して、「各レベルの学校の教育は全て中国語で行う。台湾語の使用は禁止する。教員採用に当たっても中国語の能力を考慮すべし」という行政命令を発した[9]。この政

---

[5]　魏竜豪、呉兆南の二人の作品集（CD）として、『相声集錦』第一〜八集（1971 年）、『相声選粋』第一〜八集（1992 年）、『相声補軼』第一〜八集（1998 年）、『相声拾穂』第一〜十二集（2001 年。いずれも同心円股份有限公司）がある。
[6]　前掲張華芝『相声芸術与台湾四大家初探』75-76 頁参照。
[7]　前掲張華芝『相声芸術与台湾四大家初探』65-68 頁参照。
[8]　前掲樊光耀『魏竜豪、呉兆南相声研究』25 頁参照。
[9]　前掲戸張春夫「台湾の特色ある相声を探し求めて（前編）」18-19 頁参照。

策の手段として利用されたのがラジオ放送であった。「当時最も宣伝効果を発揮したのは、1958 年から中国放送会社で放送された白茜如が司会する『九三クラブ』であった。この番組は魏竜豪、呉兆南、陳逸安、丁仲などを招いて毎日お昼に放送され、多くの人々の相声に対する印象はこの放送から得たものであった」と葉怡均は記している[10]。

この頃、警察放送局でも相声の放送があり、"魏竜豪、呉兆南の二人がご挨拶申し上げます、これから皆さまに相声を楽しんで頂きます…[11]" という番組始まりの挨拶が台湾のいたるところで聞けたという。

しかし、1960 年代に入ると映画やテレビという新たなメディアの影響で相声は衰退の一途をたどることになる。そうした状況の中で、生活のために陳逸安は郵便事業に携わるようになり、魏竜豪は中国電影公司に入って俳優に転身し、数多くの映画に出演して幾つかの映画賞も獲得した。呉兆南は 1973 年にアメリカに移り住み商売を始めるが、アメリカでも相声は演じていた。それから 25 年後の 1998 年に呉兆南は魏竜豪をアメリカに招いて相声を演じたが、それが二人で演じる最後の舞台となった。

二

1970 年代になると、台湾において相声の姿は表舞台から消え、このまま消滅してしまうかと思われた。しかし、1980 年代になって相声は息を吹き返すことになる。相声復活に大きな影響を与えたのが、1985 年演劇集団「表演工作坊」の上演した『那一夜、我們説相声』であった。この『那一夜、我們説相声』は相声を主要な演出スタイルとした舞台劇であったが、上演後センセーションを巻き起こし、異常なほどの熱気をもって支持された。一時期、この劇によって社会的な相声ブームが起こったほどであった。

---

[10] 當時最具宣傳效果的莫過於 1958 年起中廣白茜如所主持的九三俱樂部，邀請了魏竜豪 呉兆南、陳逸安、丁仲等於每日中午演播 - 很多人對相聲的印象是從哪兒得來的。(葉怡均『笑亦有道：論相声之芸術表現』、仏光人文社会学院芸術学研究所 2004 年碩士論文、12 頁)
[11]「魏龍豪、呉兆南、上台鞠躬，現在輪到我們哥兒倆，伺候您一段相聲…」

この舞台を演出したのは頼声川である。頼声川は 1954 年生まれ、カルフォルニア大学バークレー校で演劇を学び、1983 年に台湾に戻り、国立芸術学院に赴任する。1984 年以後、集団即興創作という形式でいくつかの舞台を手掛け、1984 年に李国修と李立群とともに「表演工作坊」を結成する。アメリカから帰国した頼声川は、相声について以下のような述懐をしている。「私たちが子供の頃、最も早く聴いた相声は『軍中康楽隊』の演じたもので、……その中でも上手だったのは、後に有名になる呉兆南や魏竜豪で、彼らの相声は録音されてレコードとなり、ラジオ放送ではしょっちゅう聞くことができ、広まっていた。私は子供の頃に彼らの相声を聴くことで、相声に対し初めて興味を抱いた。」[12] 子供の頃から相声を聴いて育った頼声川は、台湾で相声がほとんど聞けなくなり、このままだと消えて無くなってしまうだろうと憂い、同じような思いを抱いていた李国修と李立群とともに、相声追悼の思いを込めて『那一夜、我們説相声』を企画したという。そして、1985 年 3 月に国立芸術館で初演を迎える。演出は頼声川、出演は李国修と李立群の二人のみであった。劇は 5 つの幕とプロローグとエピローグからなり、1980 年代台北のレストランでのナイトショーから始まり、1980 年代の台湾から日中戦争時の重慶、民国初年から 1900 年の北京へと時と場所を変えながら、中国の近代史と相声の歩みとを相声ならではの笑いを交えながら描いたものであった [13]。

　そして、『那一夜、我們説相声』の好評を受け、相声を演出上のスタイルとする『這一夜 , 誰來説相聲』（1989 年）、『台灣怪譚』（1991 年）、『又一夜 , 他們説相聲』（1997 年）、『千禧夜 , 我們説相声』（2000 年）、『這一夜 , Women 説相声』（2005 年）という一連の「相声劇」が上演されることになる。

　これらの「相声劇」の演出スタイルを引きついだのが、馮翊綱が宋少卿ととも

---

[12] 我們小時候 , 最早聽的相聲是軍中康樂隊說的 , 他們是 1949 年從大陸來到台灣 , 類似於部隊的文工團 , 其中有人相聲說得很好 , 比如後來很有名的吳兆南 魏龍豪 , 當時他們的相聲錄了黑膠唱片 , 在廣播裏能經常聽到 , 流傳很廣 , 我從小聽他們的相聲 , 對相聲才有了最初的興趣。（虞鷹責任編輯「台湾相声的郷愁　広播裏伝出的純正 " 京片子 "」、『華夏経緯網』2012 年 2 月 19 日、http://big5.huaxia.com/xw/dlrktw/2012/02/2753654.html、最終確認：2019 年 1 月 10 日）
[13] 飯塚容「頼声川の " 相声劇 " について――究極の " 語る " 演劇――」（『現代中国文化の光芒』中央大学出版部、2010 年）286 頁参照。

に 1988 年に設立した劇団『相声瓦舎』である。馮翊綱は 1964 年高雄市生まれ、14 歳の時に相声のレコードを聴いて相声に夢中になり、相声のセリフを覚えて演じてみせることもあったという[14]。20 歳で台北芸術大学戯劇系に入学し、頼声川の指導のもと 1985 年から「表演工作坊」の仕事に関わり、1993 年には李立群と『那一夜、我們説相声』再演の舞台に立った。馮翊綱はインタビューに答えて次のように言っている。「頼声川老師の舞台劇は、相声に対してより高い芸術性をもたらし、劇場は相声の題材と演技によって、より広い空間に広がり、更には相声を社会問題について議論する一つの手段にさせた。相声は台湾で消失しようとしていたが、頼声川老師の舞台劇によって、相声芸術は再び注目されることになり、多くの若者が相声という業種に就くようになった[15]。」また頼声川の「相声は中国語を用いる伝統演劇での唯一の純粋な喜劇形式である[16]」との言葉が、馮翊綱に大きな影響力を与えたといっている。

　こうして「表演工作坊」や「相声瓦舎」などの演劇集団によって相声は再び社会的な注目を浴びることになる。ただ、「相声劇」はあくまで相声を演出スタイルとして取り入れた演劇であった。

三

　「表演工作坊」の活動と並行するように、政府の文化政策の一環として、相声を含む説唱芸能グループ「漢霖民俗説唱芸術団」が王振全によって 1985 年に設立された。団長の王振全は相声を含む伝統的説唱芸の愛好者とともに毎週土曜日に台北新公園で伝統的説唱芸を上演し、やがて公共テレビで「今晩あなたの為に

---

[14] 康海玲責任編輯「相声劇的常則与例外 - 与馮翊綱先生一席談」(『中国芸術時空』2 期 2017 年) 63 頁参照。
[15] 赖声川老师的舞台剧，让相声有了更高的艺术性，剧场为相声的题材和表演都带来更广泛的空间，甚至让相声成为一个合法评论社会议题的工具。相声本来已经快消失了，但是经由这几部舞台剧，相声艺术重新开始受到关注，许多年轻人加入表演相声的行业。(同上 66-67 頁)
[16] 相聲，是中文傳統劇場裡，唯一的喜劇。(朱安如「相声瓦舎　誠心誠意打造好幽默」、『表演芸術雑誌』210 期、2010 年、95 頁)

相声を届けます[17]」という番組も始めることになった[18]。

　王振全は1953年台中生まれ。王は台中の「眷村」で成長し、七歳の時にラジオで呉兆南と魏竜豪の相声を聴いて相声に魅せられてしまう。やがて文化大学戯劇系国劇組に合格し、相声だけでなく演劇の演技に磨きをかけるが、卒業後は演劇方面には進まず韓国レストランを経営する。1985年、台湾演芸の父と呼ばれた許博允に頼まれ小劇場で相声を演じることになり、それを契機に「漢霖民俗説唱芸術団」を設立した。王振全が「我々世代の相声芸人は誠に大胆で、教えてくれる師匠も持たずに相声を演じ始めた[19]」といっているように、彼は独学でプロの相声芸人となったのであった。1988年にはシンガポール話劇団の要請を受け、中国の有名な相声芸人姜昆や唐志忠などと同じ舞台に立った。その後も王振全は団員たちと大陸で上演し、また大陸の芸人を台湾に招待して芸人同士の交流に努めている[20]。また、1994年からは子供たちに説唱芸を教え始め、劇団の「説唱娃娃（子供）団」は有名となり、説唱芸の後継者育成にも力を入れている[21]。

　王振全を受け継ぐような形で相声普及のために様々な活動をしている一人が葉怡均である。葉怡均は1966年生まれ、仏光大学芸術学院で修士号を取っている。1985年、彼女は在学時に説唱芸と出会い、「漢霖民俗説唱芸術団」に参加し、王振全と組んで相声を演じたこともあった。また陳逸安にも師事する。さらに1988年に劉増鍇と林文彬が設立した「台北曲芸団」に2005年から加入し、文教部を創設し、新世代の相声芸人の養成に力を尽くしてもいる。葉怡均は現在の台湾の相声について以下のように述べている。「台湾の相声は大陸のものを参考にしていたが、すでに世代が変わり、伝統的相声と食い違った状態になっている。現在、台湾の多くの場で見る相声はすでに変化しており、日本の漫才やトークショー、演劇の要素を吸収したものである。現在の若者は伝統的スタイルの相声を聴いたことがなく、現在メディアなどで多く演じられている、こうしたタイプ

---

[17] "今晚為您說相聲"
[18] 鄧立峰「"台湾新時代相声之父"王振全：当年無心插柳，如今柳已成蔭」（『中国芸術報』2017年12月18日第8版）2頁参照。
[19] 我们这一辈相声演员真是大胆，在没有老师教的情况下就开始了相声表演。（同上2頁）
[20] 同上2頁参照。
[21] 同上2頁参照。

のものが"相声"だと思っている[22]。」

このような状況の中で、少しでも本来の相声を理解し普及させたいと、葉怡均は自身で相声や評書（日本の講談に相当）を演じるだけでなく、大陸の相声の芸人と積極的に交流し、さらに相声に関する論文や書籍も数多く執筆、編集している。こうした書籍の中には、相声と学校の国語教育と結び付けたものもあり、教師や子供たちへ相声の実践的活動を奨励している[23]。

最後に

相声が1949年に台湾に伝わってから70年間の変遷をたどってみたが、台湾における相声の位置付けは、その出所から考えて当然大陸との関係を意識せざるを得ない。陳逸安、呉兆南、魏竜豪などが台湾で広めた相声は、書場やラジオを通じて大陸から逃れた人々に広く届けられた。北京や天津などから逃れてきた国民党軍に関係する人々が住んでいた地区「眷村」では、大人たちは郷愁を抱いてラジオから流れてくる相声を聴いたことであろう。やがて台湾から相声がまさに消えさろうとした時に、大人たちの聴く相声を「眷村」で子供時代に聴いて育った馮翊綱が「相声瓦舎」を、王振全が「漢霖民俗説唱芸術団」を設立して、相声を再び注目、復活させたのは、まさに台湾の時の歩みの反映ともいえるであろう[24]。

葉怡均が述べているように、現在の台湾における相声は、北京や天津で演じられている伝統的スタイルとはかけ離れたものとなっているのかも知れない。恐らく相声の伝統的スタイルを継承するためであろう、王振全や葉怡均は積極的に大陸の芸人との交流を図っている。その一方で、馮翊綱は「相声劇」という言い方を自分は認められないといい、自分が作った演劇のスタイルこそ「相声」と呼ぶ

---

[22] 台湾的相声是参考大陆的，但是随着老一代的逝去，下一代的传承难免会发生脱节的情况。台湾主流市场上看到的相声已经异化，吸取了漫才、脱口秀和戏剧的成分，台湾的年轻人没听过传统的相声，以为市场上最大量、媒体上最多见的那一类就是相声。（鮑震培「台湾女相声演員叶怡均談相声」、『曲芸』2018年5期、35頁）
[23] 葉怡均、台北市万興国小ART創意教学団隊著『語文変声SHOW』（幼獅文化事業股份有限公司、2007年）作者序参照。
[24] 前掲虞鷹責任編輯「台湾相声的郷愁　広播裏伝出的純正"京片子"」参照。

ものだと述べている [25]。

　伝統的スタイルにこだわるのも一つの考えであるが、相声自体その始まりの姿をたどれば現在のようなスタイルではなかったようである [26]。台湾独自の台湾スタイルの相声があってもいいのではないかと私には思える。ただ、そこには、相声にとっての重要な要素、ユーモアと笑い、笑いに含まれる庶民的人情の機微と社会風刺、鍛えられた話術と精妙な間の取り方が不可欠ではあろう。これらの総合的要素をないがしろにして、お笑いだけを求めるとか社会的効用をことさら強調してしまったならば、台湾において相声は再び人びとから忘れ去られてしまうことになるであろう。

---

[25] 前掲康海玲責任編輯「相声劇的常則与例外 - 与馮翊綱先生一席談」65 頁参照。
[26] 相声の開祖ともいわれる "窮不怕" は地面の上に白砂で字を書きながら、滑稽な話をした大道芸人だったとの記録がある。侯宝林、薛宝琨、汪景寿、李万鵬著『相聲溯源（増訂本）』（中華書局　2011 年）285-286 頁参照。

V

1950・60年代台湾における社会教育館と地方演劇との関わり

―高雄県立社会教育館の活動を例に―

戸部　健

高雄県立社会教育館の流れを汲む高雄市岡山文化中心

はじめに

　社会教育館とは、1953年に台湾に登場した総合的社会教育機関である。総合的社会教育館たるゆえんは、公民教育・語文教育・生計教育・健康教育・科学教育・芸術教育のような多様な教育・宣伝活動を同館が一手に行っていたことによる。1980年代初頭までに4つの省立社会教育館、7つの市・県立社会教育館が台湾本島および島嶼部に設置され、現在でもその一部が社会教育館のままで、また一部が国立生活美学館や文化中心（文化センター）などの名で活動をしている（後者の所管官庁は教育系統から文化系統に変更されている）。

　社会教育館の誕生は上述のように1953年のことだが、その淵源は1910年代に中国大陸に登場した通俗教育館、およびその後を受けて20年代後半に生まれた民衆教育館に求めることができる。教育・宣伝内容自体は時代によって大きく異なったが、その方法や手段についてはそれぞれ類似するところが多い。そのため、戦後台湾の社会教育館の動向も、それ以前の中国大陸での総合的社会教育機関の発展の流れのなかで捉える必要があるだろう。中国大陸では、50年代以降、民衆教育館の活動の一部を引き継いだ（人民）文化館という機関が発展したが、それとの比較の上でも重要である[1]。そうした視点を織り交ぜながら戦後台湾の社会教育館について検討したものに李建興・宋明順『我国社会教育館的現況及改進途径』（台北、行政院文化建設委員会、1983年）があるが、同書で主に扱っているものは70年代以降の社会教育館についてである。それ以前の社会教育館の動き、およびそれに影響を与えた40年代後半以降の総合的社会教育機関の動きについて

---

[1] 1940年代以前の中国大陸における総合的社会教育機関（通俗教育館・民衆教育館など）について、代表的な研究に以下などがある。周慧梅『近代民衆教育館研究』北京師範大学出版社、2012年（台湾版：『民衆教育館與中国社会変遷』秀威資訊科技、2013年）。朱煜『民衆教育館與基層社会現代改造（1928〜1937）―以江蘇為中心―』社会科学文献出版社、2012年。劉暁雲『近代北京社会教育発展研究（1895〜1949）』知識産権出版社、2013年。戸部健『近代天津の「社会教育」―教育と宣伝のあいだ―』汲古書院、2015年。また、50年代以降に発展した（人民）文化館を扱った研究については、戸部前掲書のほかに以下などがある。横山宏「中華人民共和国における人民文化館―その沿革を中心とした若干の考察―」『早稲田大学大学院文学研究科紀要』35輯（哲学、史学編）、1989年。

は、これまでほとんど研究されてこなかった。

そのような観点から、筆者は40年代後半以降の台湾における総合的社会教育機関の変遷について以前考察した。それによって、1946年から48年までの民衆教育館、および50年以降の流動教育施教団の活動の一部が53年以降の社会教育館に流れ込んでいることを確認した。他方、同時期の同館による教育・宣伝活動についても検討したが、史料上の問題から表面的なものに止まった[2]。そこで筆者は、当時の社会教育館のなかでも比較的多くの史料が残されている高雄県立社会教育館をさらに掘り下げることにし、高雄市政府（高雄県は2010年に高雄市と合併した）において檔案史料（公文書）の調査を行った。その結果、同市政府が県立社会教育館に関する大量の檔案史料を所蔵していることが明らかになった。量や時間の都合上、それらをすべて見ることはできず、同館と地方演劇（特に掌中戯〔＝布袋戯〕・皮影戯など）との関わりを示す史料に絞って閲覧・複写した。地方演劇の管理は同館が行った多様な活動のほんの一部だが、檔案史料に基づいてそれを検討することで社会教育館の活動の具体的なありようの一端が見えてくるはずである。また、当時は戒厳令下で強力な言論統制が敷かれていたとされるが、同時期における社会教育館の教育・宣伝活動の実効性はどうだったのだろうか。それについて考えるための素材も本稿によって提供することができると考える。

1．本稿で利用する檔案史料について

本論に入る前に、本稿で利用する檔案史料について簡単に説明しておく。それらは、上で述べたように筆者が高雄市政府において閲覧・複写したものである。2017年3月と2018年3月の2回にわたって調査を行い、1回目は所蔵状況や利用環境などの確認を目的とした予備的な調査、2回目はある程度焦点を絞った本格的な調査であった。

高雄市政府が現時点でどのような檔案史料を所蔵・公開しているかは、国家発

---

[2] 戸部健「1940年代後半から60年代台湾における総合的社会教育機関の変遷――民衆教育館・流動教育施教団・社会教育館――」『中国都市芸能研究』第17輯、2019年。

展委員会檔案管理局のウェブサイト「機関檔案目録査詢網」[3] で調べることができる。キーワード（本稿の場合は「皮影」・「皮戯」・「掌中」・「布袋戯」など）を入力して検索するとキーワードを含む檔案の一覧が表示されるが、それでは数が多すぎるので、画面左方に表示される市・県政府（「高雄市政府」など）のタブをクリックして絞り込む。市・県によっては政府内の複数の局が史料を持っている場合があるので、該当するタブをクリックしてさらに絞り込む（「高雄市新聞局」など）。一覧に表示された各檔案の案巻（簿冊）名をクリックすると、その詳細が表示される。ただし、各案巻に綴じられている文書の件名[4] は表示されないため、檔案の具体的な内容は現地に行くまで分らない。システムとしては所蔵機関に提出する利用申請書（檔案応用申請書）をそのページ上で作成することができるようだが、機関によってはそれができないところもある。高雄市政府がまさにそうであったが、その場合は所蔵機関のサイト[5] などから利用申請書のフォーマットを入手し（見つからない場合は連絡して送ってもらう）、記入した上で、各機関に郵送する（「高雄市政府秘書処文書課檔案股」など）。その結果申請が認められれば、訪問する日時を担当者とメールなどで相談し、当日を迎える、というかたちになる。

　筆者の場合、高雄市政府内のいくつかの局（新聞局・教育局・水利局）にまたがって調査を行ったため、まずは市政府秘書処に連絡した。すると、同処文書課檔案股の柯春共股長が大変親切に対応して下さり、そのおかげですべての局でスムーズに調査をすることができた。柯春共股長をはじめ、新聞局・教育局・水利局で応対して下さったすべての方々にこの場を借りてお礼申し上げたい。もっとも、高雄市政府にとっても、外国人が市の檔案を見に来るということが珍しかったよ

---

[3]　https://near.archives.gov.tw/
[4]　実際、一件の文書にはその案件に関わる複数の文書が綴じられている（なかには違う案件の文書が混在しているものもある）。典拠を示す際、本来であればそうした一枚一枚の文書名を出す必要があるが、あまりに煩雑になってしまう。他方、各文書にはページ数のようなものが鉛筆書きされている。そこで典拠を示す際は、以下のように表記することにする。高雄市政府新聞局所蔵檔案資料（以下、「高新檔」と略す）、整理番号「檔案の件名」本件に含まれるすべての檔案の作成年、〇頁。
[5]　高雄市政府の場合は、以下のサイトで入手することができる。「高雄市政府行政国際処」ウェブサイトの「檔案応用服務申請」（https://secret.kcg.gov.tw/category-tw-693）。なお、筆者は利用しなかったが、現在高雄市政府ではウェブ上で利用申請ができるようである。

うで、1回目の調査の際には新聞局において筆者に対する取材が実施された。2回目の調査の際も、やはり新聞局で写真撮影や、副局長との面談などが行われた。

筆者が入手した文書は全部で41件。作成年代は1948～69年で、高雄県政府教育科（社教股）が台湾省政府教育庁・各郷公所・高雄県立社会教育館・高雄県警察局などとやりとりしたものである。それらのほとんどは現在新聞局に所蔵されている。

2. 地方戯劇大会（地方戯劇比賽）の運営

高雄県立社会教育館が成立したのは1957年6月のことである。その経緯については旧稿を参照していただきたい。同館の活動内容は多岐にわたり、大きくは以下などのように分類することができる。（1）図書・運動機材などの貸出。（2）各種大会（言論・運動・芸術）や展示会・夜会の開催。（3）民衆補習班の運営。（4）映画やラジオを利用した教育・宣伝。（5）雑誌の刊行。（6）反共宣伝などの実施。（7）その他[6]。

そのうち本章で検討したいのが（2）、とりわけ地方戯劇大会の運営についてである[7]。地方戯劇大会は台湾省地方戯劇協進会の主催で1952年に始まった。時代によって大きく変化するがおおよそ歌仔戯・台湾話劇・掌中戯（皮影戯や外台歌仔戯などを含む）の部門に分かれて台湾全土で一次予選（初賽）が行われ、それに勝ち抜いた劇団が北区・中区・南区ごとの二次予選（復賽）で戦い、そこで成績優秀だった劇団が決勝（決賽）に進んだ。高雄県では1957年から県立社会教育館がその一次予選（と言っても後述するようにそのなかにも予選・決勝があったが）に関与していた。史料から判断する限り、高雄県立社会教育館では掌中戯部門のみに関わっていたようである。1950年代以降高雄県の社会教育に深く関わり、57年から78年まで高雄県立社会教育館の館長に就いていた邱士錦が編纂した『高雄県教育志

---

[6] 戸部前掲論文、69～71頁。
[7] 地方戯劇大会に関する包括的な研究には以下がある。王雲玉「箝制與競技―地方戯劇比賽変遷的歴史解読」国立台湾芸術大学文化資源学院伝統芸術研究所碩士論文、2008年。ただし、各地方での動向についてはそれほど詳しいとはいえない。

社会教育篇』には、同県の地方戯劇大会に関する比較的まとまった記述がある。以下にその概要を示す。

- 県立社会教育館は地方劇大会に 1957 年から関わった。演目は「民族精神や社会教育の意義に富むものでなければならない」と規定されていた。「本省地方戯劇を改良し、戯劇の効能を充分に発揮することで、民衆に影響を与え、社会を改造し、民衆のために正当な娯楽の機会を増やすことを望」んでいたからである。
- 同大会は、55 年以来鳳山区・岡山区・旗山区で実施されていた反共話劇大会（反共話劇比賽）とセットで挙行された。反共話劇大会に出場したのは、県下の各小・中学生で組織された反共話劇団であった。
- 両大会には一般民衆が観客として招待された。また、57 年以降、決勝はいずれも県立社会教育館で開催された。
- 56 年以前は反共話劇大会を年一回、57 年以降は地方戯劇大会と反共話劇大会をそれぞれ年一回ずつ挙行していたが、60 年のみそれに加えて八・七水害（59 年 8 月に台湾中南部を中心に発生した大規模な水害）の被災者のためのチャリティー公演を行った。それにより、38,205 元の義援金を得た。
- 大会は、一次予選（郷単位）で優勝した劇団が二次予選（区単位）に進み、二次予選で優勝した劇団が決勝に進む、というかたちで行われた。ただし、年によっては一次予選が開催されないこともあった。また、各予選で優勝した劇団以外にも上位の大会に進んだ劇団があった[8]。
- 57 年から 60 年までの地方戯劇大会の実施期間・実施場所・決勝に参加したと思われる団体数（掌中戯・皮影戯）についての表が掲載されている（表 1）。

『高雄県教育志社会教育篇』から分かることは以上だが、筆者がこのたび入手した檔案資料には、1958・59・63・64 年度の地方戯劇大会に関する資料が含まれていた。それらには、断片的ではあるものの各回の実施要領（比賽辦法）・参加

---

[8] 邱士錦編纂『高雄県教育志社会教育篇』高雄県立社会教育館、1961 年、36 〜 38 頁。

団体一覧表・実施報告などが綴じられていた。それらから新たに判明したことを以下に述べる。

まず、58・59・64年度の決勝に進出した劇団の名称、および最終結果が明らかになったので、表2にまとめた。参考までに、63年度の各区予選での上位劇団もそれに載せておいた。掌中戯に関しては岡山区の乾華閣や旗山区の舊花興が、皮影戯に関しては岡山区の

年度	日時	参加団体数 掌中戯	参加団体数 皮影戯
1957	6月5日〜7月10日	19	7
1958	2月1日〜2月14日	8	3
1959	5月20日〜6月6日	10	2
1960	2月9日〜3月4日	4	1

表1　高雄県地方戯劇大会概況（1957〜60年度）

（出典）邱士錦編纂『高雄県教育志社会教育篇』高雄県立社会教育館、1961年、37頁。別の史料では1958年度の開催日時が「元月2日〜元月14日」となっている（高新檔、047-D445.1.3-1-10-019「地方戯劇掌中戯皮戯決賽工作計画及検討表」1959年、5頁）。

飛鵬や旗山区の安楽（後の合興）の活躍が比較的目立つ。ただ、それらの地位が安定していたわけでは決してなく、年によって順位は大きく入れ替わっていた。

次に、63年度の大会に限られるが、一次予選（この年は区単位の予選から）に参加した劇団および代表者の名称と獲得した点数、そして鳳山区のみだがその際に上演された劇目についても判明した（表3）。当年度は掌中戯の劇団が25団、皮影戯の劇団が5団、歌劇団が1団参加していた。これが当時高雄県内で活動していた掌中戯・皮影戯団体のすべてかというと、現時点ではよく分からない。ただ、次で述べる劇団の認可との関係から、多くの劇団がこの年度の一次予選に参加していたと考えられる。また、劇目については、タイトルから察するに道徳的行為や忠孝を称揚するもの（「行善得子」「忠孝節義」など）や、匪賊を打倒するもの（「五虎征匪記」など、暗に共産党の打倒を意味しているか？）が多いようである。63年度の実施要領には次のように書かれている。

> 大会の劇本は参加する劇団自身が作成する。その内容は反共抗俄〔ソ連〕宣伝に適合しなければならない。また、革新、動員、戦闘、および五守（守時・守法・守分・守信・守密）の推進に関する総統の訓示に従い、社会教育の意義に

		1958年度		1959年度		1963年度※		1964年度
掌中戲	1	進興社（鳳山區小港郷）	1	乾華閣（岡山區阿蓮郷）	鳳山1	国興閣第二団（林園郷）	1	乾興閣（鳳山區大寮郷）
	2	国興閣（鳳山區林園郷）	2	亜洲閣（鳳山區小港郷）	鳳山2	金龍園第二団（大樹郷）	2	乾華閣（岡山區阿蓮郷）
	3	金龍園（鳳山區大樹郷）	3	技興社（岡山區永安郷）	岡山1	乾華閣（阿蓮郷）	3	新楽閣（鳳山區鳳山鎮）
	4	舊花興（鳳山區旗山鎮）	4	文化園（岡山區路竹郷）	岡山2	金洲閣（彌陀郷）		
	5	如真園（岡山區岡山鎮）	5	飛鳳社（鳳山區彌陀郷）	旗山1	舊花興（旗山鎮）		
	5	小鳳園（鳳山區？）	5	新時代（鳳山區林園郷）	旗山2	賽華興（内門郷）		
	5	新賜福（岡山區茄萣郷）	5	中楽社（鳳山區林園郷）				
		三洲園（岡山區阿蓮郷）		進興社（鳳山區小港郷）				
				新鳳閣（鳳山區大寮郷）				
	上演無	三光閣（岡山區路竹郷）	上演無	三菱閣（鳳山區大寮郷）			上演無	不明
	上演無	賽華興（鳳山區内門郷）	上演無	舊花興（旗山區旗山鎮）			上演無	不明
			上演無	三光閣（岡山區路竹郷）			上演無	不明
皮影戲	1	安楽（鳳山區大社郷）	1	金蓮興（岡山區彌陀郷）	鳳山1	合興（＝安楽、大社郷）	1	飛鵬（岡山區彌陀郷）
	2	飛鵬（岡山區彌陀郷）	2	太平興（岡山區路竹郷）	岡山1	飛鵬（彌陀郷）		
		金蓮興（岡山區彌陀郷）						

表2　高雄県地方戯劇大会決勝に進出した劇団とその順位（1958・59・63・64年度）

※1963年度に関しては各区予選での1位と2位（皮影戲は1位のみ）を示している。
（典拠）高新檔、047-D445.1.3-1-10-019「地方戲劇掌中戲皮戲決賽工作計画及検討表」1959年、5頁。高新檔、049-D445.1.3-1-12-012「函送掌中戲皮戲比賽工作計画検討表」1960年、5頁。高新檔、052-D445.1.3-1-21-007「函送51年度戲劇比賽本県籍外台歌仔戲・掌中戲・皮影戲比賽成績表」1963年、3頁。高新檔、053-D445.1.3-1-22-12「慶祝53年度戲劇節挙辦掌中戲及全県比賽報告表」1964年、5頁。

V 1950・60年代台湾における社会教育館と地方演劇との関わり（戸部）

鳳山区						
劇種	順位	得点	劇団名	団長名	住所	演目
掌中戲	1	91	国興閣掌中劇団第二団	呉鳳池	林園郷頂厝村	行善得子
	2	88	金龍園掌中劇団第二団	張金六	大樹郷水寮村	忠孝節義
	3	87	金楽閣掌中劇団	呉清徳	山港郷鳳源村鳳源路	大漢奇女子
	4	85	壽峰社掌中劇団	蔡松光	林園郷東林村	忠孝両全
	5	83	金龍園掌中劇団	張金良	大樹郷水寮村	明朝孝子
	6	82	新楽閣掌中劇団	鄭村田	鳳山鎮南里五甲路	行善得子
	7	80	亜洲閣掌中劇団	李明唐	小港郷孔宅村中山路	大明奇女子
	8	79.5	林園新時代掌中劇団	張明套	林園郷渓州村	五虎征匪徒
	9	79	進興社掌中劇団	梁大橋	小港郷坪頂村後暦路	三雄打匪記
	10	76	林園中楽社掌中劇団	黄牆	林園郷中藝村	忠孝節義
	11	75	川楽閣掌中劇団	曾茂川	林園郷王公村	斬経堂
	12	73	乾興閣掌中劇団	蔡三乾	大寮郷上寮村上寮路	三虎斬匪賊
	13	72	芳洲閣掌中劇団	張瑞益	大寮郷永芳村	行善得子
	14	71	新鳳閣掌中劇団	簡坤福	大寮郷琉球村	鳳儀亭
	15	70	鳳楽閣掌中劇団	張簡鳳凰	大寮郷昭明村昭明路	孝子復仇記
		内台戲	国興閣掌中劇団	張清国	林園郷渓州村渓州路	
歌劇	1	83	寶峰興歌劇団	余莱	鳳山鎮西里協和路	忠孝両全
皮影戲	1	82	合興皮戲劇団	張天寶	大社郷三奶村北横巷	清朝孝子
		不参加	東華皮戲団	張徳成	大社郷三民路	

岡山区						
劇種	順位	得点	劇団名	団長名	住所	
掌中戲	1	89.2	乾華閣掌中劇団	呉文乾	阿蓮郷中路村	
	2	86	金洲閣掌中劇団	陳金龍	彌陀郷鹽埕村鹽埕路	
	3	81.7	文化園掌中劇団	洪文選	路竹郷文南村延平路	
	4	78.5	如真園掌中劇団	呉忠發	岡山鎮後協路	
	5	74.5	技興社掌中劇団	邱竹枝	永安郷烏華村	
	6	73	吉興閣掌中劇団	陳清吉	阿蓮郷阿蓮村蓮甲路	
	7	68.5	新賜福掌中劇団	顔萬値	茄萣郷萬福村白沙	
		不参加	高秋園掌中劇団	洪木川	路竹郷文南村	

109

	1	90	飛鵬皮戲劇団	陳戌	阿蓮郷港後村港後路
皮影戯	2	84.5	復興閣皮戲劇団	許福能	彌陀郷過港村過港路
	3	80	合華興皮戲劇団	黄合祥	彌陀郷光和村
	4	76	金蓮興皮戲劇団	蔡金宗	彌陀郷光和村光和路

旗山区					
劇種	順位	得点	劇団名	団長名	住所
掌中戯	1	85	舊花興掌中劇団	劉萬登	旗山鎮圓富里富興街
	2	84	賽華興掌中劇団	呉昭雲	内門郷永富村安興巷
	3	78.5	長興軒掌中劇団	郭陶	内門郷内東村和平巷

表3　1963年度高雄県地方戯劇大会参加劇団一覧および予選順位

（典拠）高新檔、052-D445.1.3-1-21-007「函送51年度戲劇比賽本県籍外台歌仔戯・掌中戯・皮影戯比賽成績表」1963年、3、5頁。高雄県文献委員会編『高雄県志稿藝文志全一冊』1960年、17〜21頁（『高雄県志稿』八、中国方志叢書、台湾地区、第80号、成文出版社、1983年、1783〜1787頁）。一部、檔案資料と『高雄県志稿』との間で記載に齟齬があるが、原則檔案資料のものを採用した。

富むことを原則とする（大会の評点はみなこれを規準とする）[9]。

『高雄県教育志社会教育篇』が書くところの演目の規定（「民族精神や社会教育の意義に富むものでなければならない」）よりもさらに具体的になっていることが分かる。いずれにせよ大会で演じられた劇目はそうした規定に準拠したものだったと言えよう。また、「大会の評点はみなこれを規準とする」という記載から、技巧だけでは大会において高い点を得ることが難しかったことが推察される[10]。

地方戯劇大会の具体的な運営体制についても様々なことが分かった。以下は、59年度の決勝大会の例である。開催期間は5月20日から6月15日までと定められていた。県立社会教育館内のステージにおいて毎晩7時半から11時までのあいだ各劇団が順繰りに公演した[11]。審査員は県党部、警察局、戯劇公会から派

---

[9] 高新檔、052-D445.1.3-1-21-003「函送内台戲劇賽掌中戯比賽成績表件」1963年、9頁。
[10] 具体的な配点は、脚色と監督（編導）が40％、演技が20％、舞台芸術が20％、団体精神が20％、となっていた（前掲「函送内台戲劇賽掌中戯比賽成績表件」9頁）。
[11] 1958年度の大会においては、開演の前に「共匪が実施する『人民公社』の暴政についての報告と、前線支援の宣伝」が社会教育館によってなされていた（高新檔、047-D445.1.3-1-10-019「地方戲劇掌中戯皮戯決賽工作計画及検討表」1959年、5頁）。

遣され、加えて警察や憲兵も会場の秩序維持のために出動していた。そして、こうした人々の世話、および大会運営全体を社会教育館が担っていた。運営にかかる予算として600元が計上されていた[12]。

このように、檔案資料を利用することで、高雄県立社会教育館が地方戯劇大会をどのように運営していたのか、そしてそれを通して宣伝活動をいかに行ったのかが相当程度明らかになった。地方戯劇比賽を運営するなかで、社会教育館がそれなりの強制力を持って各劇団に対峙していたことがそれらから見てとれる。劇団や劇場の許認可に社会教育館が関わっていたこと、そして警察などと協力してその実施に当たっていたことがその背後にあった。次章では、劇団の認可と社会教育館との関係について、引き続き関連の檔案資料をもとに検討する。

3. 劇団の認可との関わり

『高雄県教育志社会教育篇』によると、県政府および県下の郷鎮・学校の戯劇検査員によって劇場・劇団の登録、演目の審査などの業務がなされていたという。ただ、檔案資料を見ると、こうした業務にも県立社会教育館が関わっていたことが分かる。

例えば、1962年12月に登録を申請した芳洲閣掌中劇団（鳳山区大寮郷）は次のような過程で認可されている。まず、62年12月19日に同劇団の登録に関わる文書が、劇団成立登録申請書（劇団成立登記表）・財産目録・劇団員一覧・戸籍謄本（ただし、筆者が閲覧した文書には劇団員一覧・戸籍謄本が添付されていなかった）とともに大寮郷公所から高雄県政府教育科に送付された。12月29日に高雄県政府教育科（社教股？）はそれに返答し、民国「51年」（52年、つまり1963年の誤りか？）1月上旬に県立社会教育館のステージ（復興台）において模擬公演をすること、それについて事前に社会教育館と相談すること、団長の脱帽写真4枚と劇団員証（演職員証）を提出すること、を大寮郷公所に要請した。

そして、63年2月26日に大寮郷公所から再び高雄県政府教育科に文書が出さ

---
[12] 高新檔、049-D445.1.3-1-12-012「函送掌中戯片戯比賽工作計画検討表」1960年、6頁。

れ、それには劇団成立登録申請書と団員全員の劇団員証計7枚、写真4枚に加えて社会教育館での模擬公演に関する通知が添付されていた。社会教育館の通知の内容は不明だが、筆者が閲覧した檔案資料には、その時の様子を社会教育館が教育科社教股に報告した文書が入っていた。それによると、2月23日の19時半に、社会教育館のステージではなく、大寮郷公所の門前で芳洲閣掌中劇団が模擬公演を行い、合せて義務労働の宣伝も行ったことが分かる。社会教育館は主任を派遣し内容を確認させたが、問題は認められなかったという。

　以上を受けて、高雄県政府は63年3月11日に台湾省政府教育庁に文書を送付し、当該劇団の登録を申請した[13]。その結果を示す文書を入手することはできなかったが、上述した1963年度地方戯劇大会に芳洲閣掌中劇団も参加していることから、申請は認められたものと考えられる。

　このように、芳洲閣掌中劇団の登録に向けた審査において社会教育館は深く関わっていた。もちろんこの一例だけで全体を語ることはできない。ただ、文書を見たところ、今回の事例を特例として捉える向きはなかった。従って、同様の事例が他にも多く存在したことが予想される。

　なお、本稿の議論からは若干逸れるが、こうした檔案資料が持つ劇団史研究上の可能性についても一言触れておきたい。すでに述べたように、芳洲閣掌中劇団の登録に関する文書群には劇団成立登録申請書・財産目録が含まれている。劇団成立登録申請書には劇団名称・成立日時・住所・団長名（性別・年齢・籍貫を含む）・劇団の経歴・内部組織・主要芸人の姓名・経費の状況・設備の状況・過去の活動・活動計画・行政による審査意見、などが書かれている。また、財産目録には、同劇団がどのような用具を持っていたのかが書かれている。こうした記載から劇団の具体的な状況を知ることができる。前述の「機関檔案目録査詢網」での検索結果から判断するに、同様の文書が大量に残されていると考えられる。同時代に地方で活躍していた小劇団のありようを明らかにする上で、こうした檔案資料は大きな力を発揮してくれるのではなかろうか。

　再び本論に戻ろう。以上のように、社会教育館は劇団の認可に関わることで彼

---

[13] 以上、芳洲閣掌中劇団の登録に関してはすべて以下による。高新檔、050-D445.1.1-1-28-020「令発合興皮影劇団登記証、希送辦挙報」1962〜63年、4〜13頁。

らの活動を管理しようとしていた。実は地方戯劇大会も各劇団の演劇活動に対する定期的な審査の一環であったと言える。1963年度の実施要項には、次のように書かれている

> 本県に所属し、〔台湾省政府〕教育庁に登録されている…（中略）…掌中戯および皮影戯の各劇団は一律に参加しなければならない。本政府は教育庁の規定に従い、大会に参加した劇団の登録証と劇団員証に、本県〔民国〕52年度地方戯劇大会に参加した、と書き加える。…（中略）…本年12月1日より、大会に参加していない劇団を発見した場合、直ちにその登録証を取り上げる[14]。

また、省政府教育庁の認可を受けていない劇団に関しては、大会自体での公演が審査対象となった。問題がある場合はその場で正すか停演させ、ひどい場合は省に報告する、としている。

劇団としての認可を取り消されることは彼らにとって痛手だっただろう。例えば、台南を拠点とする玉泉閣第二掌中劇団は、64年10月下旬に岡山区路竹郷の劇場に来て上演をしたが、別件で劇場に乱入した警察により違法上演を咎められ、登録証を没収された。違法とされた理由は、認可されていた劇目と違うものを彼らが演じたこと、上演中に電光を使用したこと、日本の歌曲を流したこと、であった。これに対し、当劇団の団長は冤罪を主張し、登録証を取り返すべく台湾省政府に上訴するに至っている[15]。無認可で公演を続ける(それができたかどうかは不明だが)リスクを考えれば、そうした挙に出るのも理解できる。このように、警察などとの連携の下、社会教育館による劇団の管理はそれなりの実質性を持っていたのである。

---

[14] 前掲「函送内台戯劇賽掌中戯比賽成績表件」9頁。
[15] 高新檔、054-D445.1.3-1-27-003「玉泉閣第二掌中劇団違法演出不服吊銷劇団登記証之処分提起訴願乙案」1965年、1〜27頁。

4. 社会教育館による劇団管理の限界

　ただし、当然のことながら限界もあった。違法上演の摘発がたびたび行われていたことがその左証である。例えば、1964年末に金龍園掌中劇団は地元の鳳山区大樹郷の民家で無許可公演を行い、さらに電光を爆発させて人を傷つけた。彼らは5日間の営業停止処分を受けた[16]。また、66年7月には前述の玉泉閣第二掌中劇団（どうやら登録証を取り戻したようである）が岡山区路竹郷の劇場で6歳の少女に歌を歌わせるという違法公演を行った（処分内容は不明）[17]。そして、67年2月には新復興掌中劇団（雲林県の劇団）が旗山区六亀郷の民家の門前で違法に上演・売薬活動を行い、3日間の営業停止処分を受けた[18]。これらは氷山の一角ではないかと思われる。

　筆者が入手した檔案資料には、他県・市における違反行為を伝えたものもある。多くが許可されていない内容を演じたことで処罰されたものだが、それ以外で特徴的なものを以下に列挙する。最初のもの（歌劇団）を除き、すべて掌中劇団に関するものである。

- 「忠孝両善」などの演目で上演許可を得ておきながら、実際には地元で崇拝されている張玉姑に関する劇を上演し、民衆を惑わせた（59年6月、彰化県）→ 3日間の営業停止 [19]
- 違法上演し、10日間の公演停止処分を受けていた劇団が、処分期間中にも関わらず他の劇団の登録証を借用して公演許可を得ようとした（64年7

---

[16] 高新檔、053-D445.1.3-1-26-012「金龍閣掌中劇団未経辦理査験登記違法上演等乙案」1965年、1〜3頁。
[17] 高新檔、055-D445.1.3-1-31-001「玉泉閣掌中劇第二団違法演出乙案」1966年、1〜3頁。
[18] 高新檔、055-D445.1.3-1-31-018「為新復興掌中劇団未経許可擅自演出乙案」1967年、1〜5頁。
　　高新檔、056-D445.1.3-1-32-006「為新復興掌中劇団違法演出応予停業乙案」1967年、1〜3頁。
[19] 高新檔、048-D445.1.3-1-11-011「令為春光園歌劇団違法上演「張玉姑」劇本応即吊銷劇団登記証一案希査扣具報」（目録上の件名が不明のため、1頁目の文書名で代用した）1959年、1〜2頁。

月、台北市）→両劇団の登録証を没収[20]
- 劇団を二つに分け、上演を許可された場所でその一方が公演をする反面、それと同じ時間に別の場所でもう一方が無許可公演を行った（65年6月、苗栗県）→2日間の営業停止[21]
- 許可されたものと異なる内容を演じ、かつ外省人を侮辱する台詞を吐いた（66年9月、屏東県）→5日間の営業停止[22]
- 劇場での公演中に「軍艦行進曲」（日本海軍進行曲）を歌った（69年11月、屏東県）→劇団は10日間、劇場は1日の営業停止[23]

高雄県以外の地域でも劇団の管理に苦労していたことが以上から分かる。

他方、地方戯劇大会においても行政側の意図しない状況が発生していた。それは決勝大会で上演しない劇団が散見されたことである。表2からも、例年2～3の劇団が決勝の出場権を得ながら参加していないことが分かる。その結果、1964年度にいたっては、決勝で上演したのは3つの劇団のみであった。64年度の状況の背景について、社会教育館の報告書は次のように分析している。

> 劇団の多くは遠方に居住しており、往来にかかる時間や費用に対してみな不便に感じている。それに加えて、大会の期間〔2月16日～22日〕は戯劇節の前後で、まさに春節の時期にほぼ重なり、劇団の商売の繁忙期である。それゆえ大会の日程を決めても劇団は自分たちの商売の関係から参加することができない[24]。

地方戯劇大会の決勝に参加すること、そしてそこで表彰されることは劇団に

---

[20] 高新檔、053-D445.1.3-1-24-005「亦真奇中劇団未遵照規定処分停業乙案」1964年、1～3頁。高新檔、053-D445.1.3-1-25-017「亦真奇・小錦園両掌中劇団違法上演吊銷登記証一案」1964年、1～3頁。
[21] 高新檔、054-D445.1.3-1-28-007「新世界第三掌中劇団違法分班上演処分停業乙案」1965年、1～3頁。
[22] 高新檔、055-D445.1.3-1-31-013「為大自然掌中劇団違法演出処分一案」1966年、1～4頁。
[23] 高新檔、056-D445.1.3-1-35-020「為新進閣掌中劇団違法演唱査禁歌曲乙案」1969年、1～4頁。
[24] 高新檔、053-D445.1.3-1-22-012「慶祝53年度戯劇節挙辦掌中戯及全県比賽報告表」1964年、5頁。

とっても栄誉だったろう。ただ、そうした栄誉はその後彼らの商売上の繁栄に結びついたのだろうか。「民族精神や社会教育の意義に富む」演目で社会教育館に評価されたと言っても、それが民衆にも受け入れられたわけでは必ずしもないだろう。それゆえに、上で述べたような、「忠孝両善」といった演目で上演許可を得ながらも実際には異なるものを演じる劇団があったのだ、と筆者は考える。確かに、1963年度の地方戯劇大会の実施要項には、「掌中戯および皮影戯の各劇団は一律に参加しなければならない」と書かれてあった。しかし、決勝大会の参加までもが義務だったかどうかについてはそこには明記されていない。それゆえに、状況を逆手に取って、予選で及第点の演技をしさえすれば十分、という考えを持つ劇団も出てきてもおかしくないだろう。大会の開催期間が自分たちの稼ぎ時と重なったのであればなおさらである。

　行政による劇団管理の限界はどの時代でも見られる。ただ、戒厳令下で強力な統制が敷かれていたとされる50〜60年代においてもやはり、社会教育館をはじめとする行政による劇団管理は、劇団側との微妙なせめぎ合いの上で成り立っていたと言えそうである。

おわりに

　以上、1950〜60年代の台湾における社会教育館の活動を、高雄県立社会教育館による劇団管理に焦点を当てて検討した。そのありようについてはこれまでも『高雄県教育志社会教育篇』からある程度知ることができたが、今回高雄市政府が所蔵する檔案資料を利用することで、より深くまで理解することができた。

　台湾省教育庁が1956年に制定した「省立社会教育館的工作実施要点」は、社会教育の目標を「国民生活を充実させ、社会の気風を転換させ、国民気質を改変し、反共のための潜在力を発揮させることで国富民強を達成する」と定めている[25]。その翌年に成立した高雄県立社会教育館も同様の観点から社会教育に取り組んだ。特に地方演劇との関わりにおいては、地方戯劇大会の運営や劇団の認可

---

[25] 李建興・宋明順『我国社会教育館的現況及改進途徑』行政院文化建設委員会、1983年、49〜54頁。

などを通して、県内の劇団を教育・宣伝のツールとして耐えうるものにしようとし、他の行政機関との協力のもとでそれをある程度達成した。ただ、劇団側にしてみれば、それだけでは食べていかれなかったに違いない。そのため、厳しい統制のもとにあってもなお行政の目を盗んだ違法行為が見られたのである。

　このように、劇団管理という点で見ると、高雄県立社会教育館の取り組みには明らかに限界があった。ただ、これは同館が行った他の社会教育事業についても言えるのだろうか。社会教育館の活動は多様であり、一つの分野の状況のみでその成否を判断できない。今後も檔案資料などを利用して同館の活動の実態を多角的に検討していく必要があると考える。また、他地域の社会教育館の動きと比較することも重要であろう。いずれも今後の課題としたい。

VI

北京・冀中・冀東皮影戯変遷史考

── 北京西派錫慶班を端緒として ──

千田　大介

北京西派皮影戯影人「大師哥」

1. はじめに

　透明になめした皮革を切り抜いた人形を、スクリーンの裏から投影して演ずる皮影戯（影絵人形劇）は、旧時、中国の全国各地で行われていた。北京もその例に漏れず、清代には盛んに演じられており、西派（西城派）と東派（東城派）という2つの流派が存在していた。

　このうち、西城を中心に行われていた北京西派皮影戯は、涿州影（涿州皮影戯、涿州大影）とも呼ばれ、形成は清代中期以前に遡る。一尺五寸から二尺（約45〜60cm）前後の馬や騾馬革の影人（影絵人形）を用い、口伝の台本を暗記して上演するといった特徴を持つが、主に旗人の堂会で上演されていたため民国以降急速に衰えた。一方、北京東派皮影戯は、東城の東四・隆福寺一帯を中心に行われていたが、劇団は河北省唐山市一帯から進出してきたもので、演じられていたのは冀東皮影戯（灤州皮影戯、楽亭皮影戯）にほかならない。道光年間頃に北京に進出したとされ、影人は驢馬革で七寸（約21cm）前後と小さく、影巻（台本）を見ながら上演する「翻書影」方式で、主に茶館で上演していた。民国時期に劇団は全て冀東に帰ったため狭義の北京東派は既に滅びているが、冀東皮影戯そのものは現在でも冀東から東北地方にかけて、広い範囲で行われている。

　北京西派と東派は、従来の皮影戯研究では一般に対立的な存在として把握されてきたが、その一方で、役まわりごとに歌唱者が分かれ、〔三趕七〕〔悲調〕などの曲牌・曲調を用い、またレパートリーが重なるなど、多くの共通点が見られるのも事実である。しかし、かかる近縁性がいかなる歴史的経緯で形成されたのかは、必ずしも明らかになっていない。

　この問題を考える端緒として、本稿では清末の北京西派の影戯班（皮影劇団）、錫慶班に注目し、現存する同班の影巻や影人への検討を通じて、清末における北京西派・東派皮影戯の関係の一端を明らかにする。その上で、北京西派・東派（冀東皮影戯）および河北省保定市一帯で行われる冀中皮影戯や冀東の福影などを比較検討し、さらに戯曲史の研究成果を参照することで、北京・冀東・冀中皮影戯の形成過程について考察したい。

2. 北京西派皮影戯錫慶班

2.1. 北京の影戯班

　錫慶班について検討する前に、先行文献に見える北京の影戯班を整理しておこう。西派については、翁偶虹 1985、劉季霖 2004 および千田大介 2001 に見える。
- 王府影戯班
　　果親王府影班　怡王府影班　莊王府影班　粛王府影班　慶王府影班　端王府影班　恭王府影班
- 清代中期～後期

戯班名	時期	所在地	班主
南永盛	嘉慶間	絨線胡同	
北永盛	道光間	新街口一帯	
祥順班	道光間	西単北大街堂子胡同	路徳成
福順班	咸豊間	西四頒賞胡同	路福元

- 清末（光緒以降）

戯班名	所在地	班主
西天合	西単辟才胡同東口外	甄永亨→甄永利
天富班	宣武門外達智橋老柿子店	于得水→傅子雲
永慶班	右安門外火道口	孟雨天
和成班	地安門外辛寺胡同 [1]	鄧和宣→彭縁
永和班	徳勝門外	彭禄
祥慶班	西四北報子胡同	魏殿臣
徳順班	西四北大街毛家湾西口	路耀峰（路宗有）

　これらの影戯班のうち、現在の北京皮影劇団の前身である路家班（祥順班・福順班・徳順班）については、翁偶虹 1985 や劉季霖 2004 を通じてある程度の情報が得

---
[1] 辛寺胡同は東四十二条胡同と東四十三条胡同の間を東西に走っており、地安門外ではない。あるいは、辛安里の誤りか。

戯班名	所在地	班主	顧	斉	関	その他	記事
三楽班	崇文門内	周瘤子	○	○			
鴻慶班	東単牌楼以北路東	丑子	○	○			
毓秀班	煤渣胡同東口外	王瑞		○			
永楽班	灯市口	白四	○	○			
栄順班	銭糧胡同	李真	○	○			
裕順班	東四牌楼六条胡同	張煥章	○	○			
同楽班	東四牌楼六条胡同対過路西	趙連仲、趙海源	○	○	○		
三義班	後門外提督衙門旁	王萬杭	○	○			
徳勝班	後門方磚廠	高徳然	○	○			
玉順和班	東四牌楼弓箭大院	楊進光	○	○			
楽春班（楽春台）	東四牌楼四条対過／弓箭大院（翁）	陳薫、陳旭／白玉璞（翁）		○	○	翁偶虹 1985	
裕慶班	絨線胡同	傅成志		○			民国初年
慶民昇	東四牌楼五条胡同	李峻峰、李脱塵	○	○			民国初年
知盛合		劉寬			○		
魁盛合		楊季広			○		
勝友軒	馬大人胡同南	白玉璞				澤田瑞穂 1954	1941 解散

られるが、しかし古い影人は失われ影巻も存在しないなど、資料は豊富ではない。

一方、北京東派の影戯班については、顧頡剛 1983・斉如山 1935・関俊哲 1959 などに記載がある。それらをまとめたのが上表である。

東派の影戯班では、慶民昇の李脱塵が顧頡剛のインフォーマントとして知られるほか、李家瑞 1933 が中央研究院史語所が毓秀班鈔本を多数収集していることに言及するなど[2]、西派よりも資料は豊富に残っている。

2.2. 錫慶班と愛新覚羅載瀅

以上の北京皮影戯に関する先行研究に錫慶班の名称を見出すことはできない。しかしそれらとは別に、錫慶班が北京西派皮影戯の戯班であったとの証言がある。

---

[2]　p.37 参照。

1940年代、北京東華門の外には骨董店が建ち並んでおり、そのうちの一軒が同級生の叔父の経営で、彼の叔父は文化財の専門家だった。私はしばしば店を訪ねて彼と語りあい、多くの知識を学んだ。また彼から1930年代にドイツのオッフェンバッハ皮革博物館が西城派錫慶班の影絵を購入した経緯や、当時のアメリカ大使のレントン・スチュアートが清の王府の影箱を購入した詳細を知った。[3]

蘭州大学医学部教授で現在はシドニー在住の劉徳山氏へのインタビュー記事である。劉徳山氏は1926年天津の生まれで、1951年に北京大学医学院を卒業しているが、皮影戯の蒐集家としても知られ、26の影戯箱・影戯夾、計1,800点もの影人コレクションを誇り、その一部は『中国美術全集』にも掲載されている。

記事で言及されるオッフェンバッハ皮革博物館は、正確にはドイツ皮革博物館といい、皮革産業の一大中心地であるオッフェンバッハ・アム・マインに1917年に設立された[4]。同博物館は中国皮影戯の影人を多数収蔵しており、その図録としてサイモン1986が刊行されている。そこには、影幕の上部に掲げたものと思われる錫慶班の戯班名の牌子（図1）や、錫慶班の所在地を記した紙（図2。以下名刺と呼ぶ）が掲載されている。ここから錫慶班が「三座橋」の「銀貝勒府」の影戯班であったことが分かる。

サイモン1986によると、これらはドイツ皮革博物館の皮影戯コレクションで最も有名な「満洲族王子」の皮影戯コレクションであるという。同博物館が錫慶班の影戯箱を購入したのは1931年のことであるとされており[5]、劉徳山氏の証言とも付合する。

その満洲族王子＝銀貝勒について、サイモン1986に以下の記載がある。

---

[3] 1940年代，北京东华门外是古董店的集中地，其中一家是我同学姨父的买卖，他的姨父是文物专家。我经常到他店里和他谈论，学到了很多知识，也从他那里得知三十年代德国奥芬巴赫皮影博物馆购走西城派锡庆班皮影的经过，也知道当时的美国大使司徒雷登购走清王府影箱的细节。（張敏2015）
[4] ドイツ皮革博物館Webサイト（https://www.ledermuseum.de/、2019.1.10最終確認）による。
[5] p.12参照。

図1　錫慶班牌子(p.101)　　　図2　錫慶班名刺(p.100)

北京からの報告によると、銀貝勒は載澂と同一の人物である。[6]

『清史稿』巻二十四「徳宗本紀」二、同巻二百二十一「恭親王奕訢伝」、同巻一百六十五「表五」などによると、愛新覚羅載澂は恭親王奕訢の次男で、鍾端郡王奕詥の嗣子となり同治七(1868)年に貝勒位を世襲、光緒十五(1889)年に郡王位を加えられるが、義和団事件後の同二十六(1900)年に、かつて義和団を擁護していたとして爵位を奪われ帰宗する。奕訢の長男載澂の没後、載澂の子の溥偉が恭親王を世襲している。

『光緒順天府志』には、その貝勒府の場所に関する記述が見られる。

澂貝勒府は三転橋の西にある。謹んで考えるに、愉王の諱は允禑、聖祖の十五子で、謚号を悋という。後に鍾郡王府となり、鍾王諱奕詥は宣宗の八子で、謚号を端という。後嗣がなく、恭親王の子の貝勒・載澂を後継ぎとした。[7]

---

[6] Nach Angaben aus Peking ist Yin Beile mit Zai Ying identisch.（p.101）
[7] 澂貝勒府在三轉橋西。謹按：愉王諱允禑，聖祖十五子，諡曰悋。後為鍾郡王府，鍾王諱奕詥，宣宗八子，諡曰端。無嗣，以恭親王子貝勒載澂為後。（p.380「竜頭井」）

VI 北京・冀中・冀東皮影戯変遷史考（千田）

三転橋は三座橋の別名である。また、趙志忠 1998 は以下のように述べる。

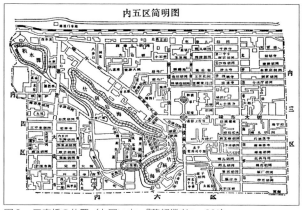

図3　三座橋の位置（丸囲い内。『燕都叢考』p.381）

鄭親王端華は咸豊十一年に死を賜り、爵位を不入八分輔国公に落とされ、その邸宅は鍾郡王奕詥に分け与えられた。同治七年に奕詥が没すると、その屋敷は爵位を回復した鄭親王承志に与えられた。奕詥の後を継いだ載瀅はやむなく元の愉郡王府に入った。……載濤が爵位を継いだ後、この邸宅はまた「濤貝勒府」と呼ばれるようになり、現存している。[8]

『清史稿』巻一百六十五「表五」によると、奕詥の嗣子は奕譞の第七子載濤で、光緒二十八（1902）年に奕詥の嗣子となり貝勒を世襲、同三十四（1908）年に郡王位を加えられている[9]。濤貝勒府は恭王府と柳蔭街をはさんだ西向かいにあり、民国十四（1925）年に輔仁大学に貸し出され、現在はその邸宅が北京市第十三中学の、庭園が北京師範大学化学系のキャンパスになっている[10]。

以上から、ドイツ皮革博物館所蔵の錫慶班名刺に見える銀貝勒はすなわち澄貝勒であり、その貝勒府が現在の濤王府であったことがわかる。錫慶班名刺は載瀅が貝勒であった 1868 年から 1889 年の間に作られたことになる。

---
[8] 郑亲王端华於咸丰十一年被赐死，降爵为不入八分辅国公，其府就分给了锺郡王奕詥。同治七年奕詥薨，其府又还给了复爵郑亲王承志。奕詥之後載瀅只好搬到了原愉郡王府。……载涛袭爵後，此府又称"涛贝勒府"，今仍存。(p.74)
[9] （光緒）二十八年，改嗣奕詥後，襲貝勒。三十四年，加郡王銜。(p.5261)
[10] 趙志忠 1998 p.74。

崇彝『道咸来朝野雑記』以下のように見える。

> かつて、王公の屋敷は、多く、高腔班あるいは崑腔班を抱えていた。慶事があると、屋敷の中で劇を演じさせ、他の屋敷で慶事があるときに、借りることもできた。全ての屋敷が戯班を抱えていたわけでは無い。[11]

影戯班名が付けられており名刺もあることから、錫慶班も王府戯班と同様に外部で上演していたものと思われる。
　載瀅が「帰宗」したのち、錫慶班が維持されたのか解散したのかはわからないが、影戯箱（人形一式）が箱主である彼とともに恭王府に帰したことは確実である。劉季霖2004に以下のように見える。

> 現在、ドイツ・オッフェンバッハ市の皮影博物館は中国北京の恭王府影班の皮影を収蔵している [12]

これは明らかに錫慶班を指している。

3. 錫慶班鈔本をめぐって

3.1.『紅梅閣』錫慶班本と車王府本

　『北平国劇学会図書館書目』（傅惜華1935）は下巻「影書類」に影巻を収録している。そこには、以下の4種の錫慶班鈔本が見える。

　『玉蘭掃北』（光緒十年鈔本）・『山水縁』・『薄命図』・『斌鉄剣』(ママ)

---

[11] 早年王公府第，多自養高腔班或崑腔班，有喜慶事，自在邸中演戯，他府有喜慶事，亦可借用，非各府皆有戯班。(p.93)
[12] 今德國奧芬巴赫市皮影博物館内收藏一份中國北京恭王府影班的皮影……（p.52）

『斌鉄剣』は『鑌鉄剣』の誤りであろう。

北平国劇学会図書館の旧蔵資料は基本的に中国芸術研究院図書館に継承されているが、これら4種は同図書館のカード目録に見えない。いずれも梅蘭芳旧蔵資料であるため、梅蘭芳記念館に移管されていると思われる[13]。

このほか、中国芸術研究院図書館が錫慶班鈔本の『紅梅閣』残本四巻を所蔵している。『北平国劇学会図書館書目』に掲載されておらず、中国芸術研究院図書館に収蔵された経緯は不明であるが、梅蘭芳記念館所蔵資料はアクセスが困難であるため、現在目にすることのできる錫慶班影巻の連台本戯はこれが唯一である。

『紅梅閣』は明の周朝俊の伝奇『紅梅記』に基づいている。『紅梅記』は、南宋の末年、裴禹と盧昭容が紅梅の枝を縁に結ばれることを描くが、むしろ裴禹に恋心を抱きながら賈似道に殺される李慧娘の挿話の方が有名であり、京劇や各地の伝統劇で「鬼冤」・「李慧娘」などが演じられている。

錫慶班本『紅梅閣』で特筆すべきは、その字の美しさである。極めて丹精で細い行書で書かれており、教養の高い人物が抄写したことが窺える。また煤や蠟が落ちたり、虫が挟まったりといった、影巻を見ながら上演した痕跡も見られなかった。俗字が多用され字が汚いものが大多数を占める、北京東派・冀東皮影戯の実演用の影巻とは様相を全く異にしており、芸人が上演時に見るために抄写したものとは思えない。

貝勒府の影戯班とはいえ、芸人の教養水準が高かったとは考えにくいので、芸人以外の人が抄写したと思われる。おそらくは、西太后が京劇を鑑賞する際に台本を見ていたのと同様に、皮影戯を鑑賞する際に字幕代わりに閲覧する目的で貝勒府の者が抄写したのであろう。

『紅梅閣』は『俗文学叢刊』第243冊にも影印が収録されている。「車王府曲本」と印刷された枠線付きの用紙が使われていることから、車王府曲本の1925年第一回購入分の「某種戯詞」十八種に分類される『紅梅閣』を、1928年から1929年にかけて中央研究院が抄写したものであることがわかる[14]。なお、第一回購入分は北京大学に帰したとされるが、確かに戦葆紅等2016に『紅梅閣』八巻

---

[13] 山下一夫 2004、p.72 参照。
[14] 山下一夫 2005、p.25 参照。

図4　『紅梅閣』(『俗文学叢刊』本)

が見える[15]。

　『紅梅閣』の錫慶班鈔本と車王府曲本の字句は、ほぼ一致する。次ページの表は、影巻の冒頭のセリフ、および第二巻で、裴禹が盧府の梅の枝を手折ろうとして塀の内側に落ち、盧昭容と出会った後、自らの出自を唱う歌詞の比較である。

　セリフ・歌詞ともに、ゴチック体で示した異同の大半は、発音・字形が近い漢字に誤ったものであり、字句はほぼ一致する。セリフの冒頭は「六。七。七。七。」という句式であるが、これは讃の一種、〔誇將賦〕であろう。また、錫慶班本は第一巻～第四巻しか残らないが、それぞれの巻が収録する範囲は、車王府本と全く同じである。

　従来、車王府本の「某種戯詞」は、冀東皮影戯のレパートリーとの共通性から、北京東派の影巻であると考えられてきたが[16]、錫慶班本と共通することから北京西派の影巻である可能性が出てきた。一方、冀東皮影戯のレパートリーの一覧として最も充実している温景林 1986 も『紅梅閣』を著録しており、巻数は車王府曲本と同じ 8 巻であるので[17]、冀東系の影巻である可能性も排除できない。

3.2. ハーバード燕京の錫慶班単齣影巻集

　北京皮影戯のレパートリー上の特色は、折子戯が多いことにあるとされる。事実、ドイツ人シノロジストのウィルヘルム・グルーベとエーミール・クレープス

---

[15] p.80 参照。
[16] 山下一夫 2005。張軍 2015 は西派である可能性をそもそもまったく考慮していない。
[17] p.247。

錫	〔出李讓紅面羅帽〕
車	〔出李讓紅面羅帽〕
錫	生來心**強氣**傲。不喜勢力**徒**豪。**義勇**之士愛結交。怎奈命運顛倒。
車	生來心**胸性**傲。不喜勢力**土**豪。**勇義**之士愛結交。怎奈命運顛倒。
錫	俺姓李名讓，字**表**謙五。年方**二十一**歲。在只常州　無錫縣大義村居住。先父早年
車	俺姓李名讓，字　謙五。年交**廿**　一歲。在只常州**府**無錫縣大義村居住。先父早年
錫	去世。**止有寡**母在堂。生我弟兄二人。兄名李儉。不幸上年病故。嫂嫂何氏。**亦**相
車	去世。**只有老**母在堂。生我弟兄二人。兄名李儉。不幸上年病故。嫂嫂何氏。　相
錫	斷而亡。撇下一個侄女。乳名會娘。生來心**靈性**巧。**凡事一見就會。**年方一十六歲，
車	斷而亡。撇下一個侄女。乳名會娘。生來心**性靈**巧。　　　　　　年方一十六歲，
錫	至今尚未受聘。**只**也不在話下。昨　有官媒**張氏**，來到我家。說平章賈思道差遣
車	至今尚未受聘。**這**也不在話下。昨**日**有官媒　　，來到我家。說平章賈思道差遣**他**
錫	義子賈現勤，來至無錫縣，挨門挑選美女，要將會娘入冊。好候差官親來驗看。俺
車	義子賈現勤，來至無錫縣，挨門挑選美女，要將會娘入冊。好候差官親來驗選。俺
錫	一**聽**此言心頭火起，便將**官媒真**罵一頓，立刻撐出門　去，那官媒臨行之時，嘴裡
車	一**聞**此言心頭火起，便將**媒婆怒**罵一頓，立刻撐出門**外**去，那官媒臨行之時，嘴裡
錫	都都囔囔。說**甚麼**等差官到來再講。我**所以**這兩天**未肯**出門，單等差官到來，看他
車	都都囔囔。說　　等差官到來再講。我**因此**這兩天**不曾**出門，單等差官到來，看他
錫	怎樣。
車	怎樣。

錫	〔唱〕姑娘問名合姓	著義留神請細聽	小生也在**不唐**住	姓裴名禹字順清
車			小生也在**錢塘**住	姓裴名禹字順清
錫	先父曾**居**翰林院	**度**宗駕下**巴**臣稱	不孝罪**逆延考批**	椿萱相繼赴幽明
車	先父曾**作**翰林院	**慶**宗駕下**把**臣稱	不孝罪**送喪老娘**	椿萱相繼赴幽明
錫	撇我孤苦人一個	忿志**雲**窗把書**攻**	去年**邀**幸游泮水	**取仲**文童第一名
車	撇我孤苦人一個	忿志**芸**窗把書**功**	去年**僥**倖游泮水	**敢中**文童第一名
錫	虛度光陰十七歲	牛郎未遇織女星	家寒寄居昭慶寺	多**虧**　良友郭穉**恭**
車	虛度光陰十七歲	牛郎未遇織女星	家寒寄居昭慶寺	多**戲了**良友郭穉**公**
錫	他見我學富五車才高八斗	彼此伴讀講禮**窮**	經才**在**他家會文轉	酒厚失規越禮行
車	他見我學富五車才高八斗	彼此伴讀講禮	經才**自**他家會文轉	酒後失規越禮行
錫	不該拆取紅梅樹	多有冒犯望**海**容	**該**巴打**恭**身施禮」〔昭容〕昭容心里暗叮嚀
車	不該拆取紅梅樹	多有冒犯望**含**容	**說**巴打**弓忙失**禮」　　　　昭容心里暗叮嚀
錫	細聽此言卻不假	提他**先**父我知名		
車	細聽此言卻不假	提起**他**父我知名		

によって編まれた『燕影劇』のほか、車王府曲本所収影詞8種、早稲田大学演劇博物館所蔵本など、北京皮影戯の単齣影巻集が幾つか存在しており、千田大介2001・山下一夫2004などは、それらの収録する演目から、西派の影巻である可能性が高いとしている。一方、戸部健2017によって、アメリカのハーバード燕京インスティテュート（イエンチン）に「皮影戯劇本118種」と総称される全24冊の北京皮影戯単齣影巻集が収蔵されていることが報告され、また『俗文学叢刊』第273冊に台湾中央研究院所蔵の単齣影巻集9種が収録されたことで、さらに多くの北京皮影戯の単齣影巻集にアクセスできるようになった。

それらの所収演目をまとめたのが下表である（[　]は原書でタイトルが欠落しており、筆者が補ったもの。誤字・音通などは修正していない）。

燕影劇		白蛇傳（借雨傘、金山寺、斷橋、合鉢、祭塔）、無底洞、混元盒、戯珠、百草山、麻姑跳神、天仙送子、百壽圖、賜福、走鼓毡綿、棋盤會、拋彩逐婿、擎掌、別窰、雙別窰、搬窰、探窰、鴻雁捎書、迴龍閣、報喜、雙鎖山、殺四門、探病、竹林計、闖山、抱盔頭、扒柳樹、七子八婿、打金枝、太平橋、小罵城、大罵城、抱盒、狄青投親、胡迪謗閻、斬豆娥、倒庭門、打口袋、打灶、小姑賢、平安吉慶、坐樓、爭夫、打裏、花亭、借髯髻、掃雪、送米、探監、要嫁粧、雪梅教子、三娘教子、雙官誥、聽琴、逛燈、鬧洞房、當皮相、一疋布、打麵缸、偷蔓菁、偷蘿蔔、教書謀館、放腳、母女頂嘴、老媽開嗙、男開嗙、兩伯、三伯、小龍門、上粧臺
車王府曲本		三疑記、大拜壽、字差、老媽開謗、收青蛇、金銀探監、岳玉英搬母、路老道捉妖
ハーバード燕京「皮影戯劇本118種」		
v.1	錫慶班	收威、洛園、失釵（失釵對釵）、雙鎖山、殺四門、放腳、探窰、天仙送子
v.2	裕慶班	竹林計、五雷轄、闖山、小姑賢、殺四門
v.3	裕慶班	打灶、高老莊、放腳
v.4	錫慶班	罵閻、雙冠、金山寺、獻瑞、慶壽、送子、賜福
v.5	錫慶班	借傘、火焰山、芭蕉扇、棋盤會、闖山、聽琴、倒庭門
v.6	永順和	抱妝盒、走鼓毡綿、寫狀、打灶王、要嫁妝、罵閻
v.7	喜慶班	雄黃陣、偷蘿蔔、偷蔓菁、盜靈芝草、送傘、遊西湖
v.8	喜慶班	送子、夜宿花亭、姐妹爭夫、小姑賢、斬竇娥、碰城
v.9	永順和	拋彩球、打金枝、七子八婿、探病、趕妓、借衣、合鉢（缺）、兩伯、祭塔
v.10	永順和	無底洞、盜靈芝、馬鞍山、謀館
v.11	永順和	顯魂、百草山、爬柳樹、殺四門

v.12	吉順班	當皮箱、殺嫂、送米、打口袋
v.13	吉順班	開謗、官誥、扒柳樹、無底洞
v.14	吉順班	大封官（六月雪後部）、胡延廷搬兵
v.15	吉順班	收周德威、打虎、打瓜精
v.16	吉順班	拋藍、打圍、搬母、審桑氏、祭石人
v.17	吉順班	五雷霞、回違、抱妝盒、壹匹布
v.18	吉順班	報喜、洞房、雪梅教子、三娘教子、小龍門、百草山、跳神
v.19	吉順班	長坂坡
v.20	吉順班	盜靈芝、雄黃陣、寫狀、打灶、掃雪
v.21	吉順班	別窰、稍書、借髮髻
v.22	吉順班	先生推磨、母女頂嘴、小罵城、搞墳、三疑、三怕
v.23	吉順班	借髮髻（坐樓）、拷玉、小上墳、打棗、棋盤會、闖山
v.24		雙鎖山
『俗文学叢刊』第 273 冊		
影詞二目		八仙慶壽、九星獻瑞
影詞三目（同樂班抄本）		借髮髻、走鼓氈綿、夜宿花亭
影詞六目		借妻、雙官誥、錢用心嫁女、鬧洞房、跑柳樹、花亭
影詞五目		彩樓、探病、借衣、坐樓、倒庭門
影詞五目		跳神、教子、打圍、回圍、花亭
影詞六目（道光廿九年慶陞班、光緒十一年抄本）		祭塔、一疋布、鋸缸、探病、紅雁稍書、教子
影詞六目		謀館、盜印、打口袋、搞墳、清沙帳
繪図影詞二十一種（上海校経山房石印本）		重臺山、陳杏元跳澗、雁門關、雁門關分別、春香鬧學、白玉樓畫畫、審韓透古、陳巧雲討封、胡彥廷搬兵、審五兒梁棟、張彥觀畫、哭床、雲山寨、田恩踏雪、梅壁宿店、斬豆娥、審張驢、全家福、失落文憑、岳霄醉酒、律狀子
影詞五目		雙官誥、雙鎖山、當箱、鋸大缸、合缽
演博本		〔八仙過海〕、〔祭塔〕、〔顯魂 / 殺嫂〕、扒柳樹、抱盔頭、雙官誥、無底洞、〔要嫁妝〕、〔放腳〕、〔稍書〕、平安吉慶

　これら単齣影巻のうち、『俗文学叢刊』所収の上海校経山房石印本だけが、北京西派で演じられない『青雲剣』などの折子を含み、少々異質である。上海校経山房は、冀東皮影戯の連台本戯を数多く刊行しているので、これも北京ではなく

図5　「皮影戯劇本118種」v.1

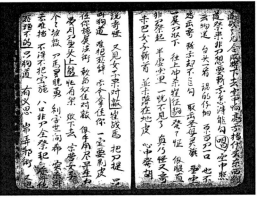

図6　錫慶班鈔本(『殺四門』)

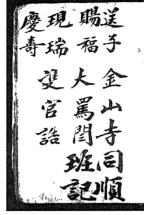

図7　v.4 第15葉表

冀東で用いられていたテキストに基づくのであろう。その他の単齣影巻集については、収録劇目が似かよっており、明らかに近しい関係にある。

ハーバード燕京の単齣影巻集は、大半が影戯班の名称を明記しているが[18]、注目されるのが、錫慶班のテキストが3冊（v.1・4・5）含まれていることである。それらの単齣影巻集はお世辞にも字が上手いとは言えず、かつ俗字や略字が多用されているなど、『紅梅閣』と様相をまったく異にしており、芸人の手になることは明白である。

錫慶班鈔本各巻の書皮には、v.1には「拾参本」、v.5には「頭本」、v.4には「捌本」と書いてあるので、元々、13冊以上に及ぶセットであったことがわかる。一方、v.4の「献瑞」の後の第15葉表は、表紙と同様に収録単齣の題名を並べ、「同順班記」と記しており、そこに書かれた題名は、v.4の表紙と重複している。おそらく、錫慶班の原本の欠落を、同順班鈔本によって補ったのであろう。ともなると、v.4所収の

---

[18] ハーバード燕京所蔵影巻については、戸部健氏よりマイクロフィルムから作成されたPDFをご提供いただいた。記して感謝する。

「金山寺」・「双冠」(ママ)・「罵閻」は錫慶班本ではないことになる。錫慶班から流出した影巻集を他の影戯班（それが同順班なのかもしれない）が使っていた可能性もある。

ハーバード燕京所蔵本に記された影戯班では、v.2・3の裕慶班が斉如山1935に民国時期の比較的新しい東派の影戯班として挙がっており、『俗文学叢刊』本でも影詞三目の同楽班が東派の影戯班であるなど、北京西派・東派の影巻が混在していることになる。

次に、影巻の字句を比較してみよう。紙幅の関係上、『燕影劇』・錫慶班・裕慶班および永順和の四種がある「殺四門」の比較結果のみを掲げる。表は、劉金定が宋太祖に見参する場面のセリフ、および劉金定と于洪が戦う場面の〔三趕七〕の歌詞を、それぞれ比較したものである（引用にあたり、いわゆる正字体に寄せて書き換えたが、音通や誤字については改めていない）。

燕	（胤上城）好太祖天子。站在城頭往下　看。　　但見一位女子。
錫	（印上城）好太祖天子。占在城頭往下一看。　　但見一位女子。
裕	（上印）　　　　　　　　　　　　　呀，果有一員女將，頭代的鳳紫金盔，
永	但見為首女子，
燕	擎刀　　跨　　馬。
錫	擎刀　　跨　　馬。
裕	身穿鎖子銀葉甲，內襯大紅征袍，腰束碧玉胭脂帶，手使青同偃月刀，坐跨桃紅馬，
永	
燕	生的風流俊俏。　　　十七八歳。往下開言。便問那一女子。到此何事。那裡人氏。
錫	生的風流俊俏。　　　十七八歳　望下開言。便問那一女子。道此何事。那裡人氏。
裕	生的風流，年紀不過十七八歳。　　　　　　城下女子，
永	生的風流俊俏，　　　　望下便叫，城下那一女子，
燕	姓甚名誰（金白）　　　好劉金定舉四抬頭一看　　但見城頭站立一人。
錫	姓甚名誰」　　　　　　好劉金定舉目台頭一看。　但見城頭站立一人。
裕	你姓字名誰，到此何是」　　　萬歲容丙」（唱）　只見城頭一人站。
永	姓甚名誰，　到此何事」　　　　　呀，城上黃羅傘下一人，
燕	面如重棗。　　　想是當今萬歲。待奴下馬　　（下下馬上跪白）萬歲。
錫	面如重棗。　　　想是當金萬歲。待奴下馬　　（下　馬上跪白）萬歲萬歲。
裕	兩邊又有仲將遂。頭代沖天冠一頂。面如重棗鳳鸞眉。忙下征駝把話回。
永	面如重棗，五柳長髯，必是　　萬歲，待我下馬才是（下）　　　萬歲萬歲，

133

燕	臣女劉金定見駕。奴配與高君保為妻。特來報號　　（胤白）那女子你說的雖然有理。
錫	臣女劉金定見駕。奴配與高君保為妻。特來報號」　　那女子你說的总然有里。
裕	叩頭盡禮呼萬歲。……（以下略）
永	臣女劉金定，　許配　高君保為妻，前來報號來了」　　你說高君保是你丈夫，
燕	但是無憑無據　難信（金白）　　現有銀鞭為証。　　　繫上城頭一觀
錫	但　無憑無俱　難信」　　　現有銀鞭為征。　　　細上城頭一觀」
裕	
永	無有憑俱朕當難信」　　萬歲不信 現有銀卞為証」在那里」萬歲戲上城頭一看」

燕	（唱）空中照　雲霧迷
錫	（唱）空中照　雲物迷
裕	（唱）空中照　雲霧迷
永	（唱）空中照　雲霧迷
燕	抬頭一看　認的仔細
錫	台頭一看　認的仔細
裕	抬頭一看　認的仔細
永	台頭一看　認的仔細
燕	原是刀一口　也不為出奇
錫	原是刀一口　也不為出奇
裕	原是刀一口　也不為出奇
永	元是刀一口　也不算出奇
燕	斬我卻不能夠　取出聖母神旗
錫	斬我卻不能夠　取出聖母靈旗
裕	斬我卻不能夠　取出聖母神旗
永	斬我卻不能夠　取出聖母神旗
燕	往空一展飛刀落　往上沖殺催征駒（下）
錫	往空一展刀收下　往上沖殺崔征駒」
裕	往空一指刀收下　往上沖殺催征駒（下）
永	望空一恍刀收了　沖殺上去催征駒（下）
燕	（于唱）發了怔　兩眼直
錫	發了怔　兩眼直
裕	（于唱）發了怔　把眼直
永	（于唱）發了怔　兩眼直

燕	飛刀祭起	半虛空裡
錫	飛刀祭起	半虛空裡
裕	飛刀祭起	半天空里
永	飛刀祭起	半虛空里
燕	一幌不見了	真乃怪又奇
錫	一恍不見了	真乃怪又奇
裕	一恍不見了	真乃怪又奇
永	一恍不見了	真乃怪又奇
燕	未把女將斬	並未落在地皮
錫	未把女將斬首	並未落在地皮
裕	未把女子斬首	也未落在地皮
永	未把女將斬首	並未落在地皮
燕	心中發糊說奇怪	又見女子來對敵
錫	心中發胡說奇怪	又見女子來對敵
裕	心中發糊說怪怪	又見女子來對敵
永	心中氣恨說奇怪	又見女子來對敵

　セリフについては、『燕影劇』本と錫慶班本がほぼ一致し、永順和本も似ている。裕慶班本は他のテキストがセリフとしている部分が唱になっているなど若干異なるが、それでも類似の表現が見受けられる。一方、〔三趄七〕については、いずれもほとんど同じであるので、これらは基本的に同一の影巻であると見なして良かろう。

　この他にもいくつかの影巻を比較してみたが、ほぼ全てが、多少の相違こそあるものの、同じ影巻であると見なしうる範囲内に収まった。ここから、北京皮影戯の単齣影巻集は、西派と東派で共有されていたという推測が成り立つ。

　さて、比較に使用した影巻のうち、ドイツ人シノロジストによって編まれた『燕影劇』について、劉季霖氏は北京西派の代表的演目を網羅することから、西派のものであると断定している[19]。『燕影劇』の編纂過程については山下一夫2004に詳しいが、そこではベルトルト・ラウファーの以下の「解説」を引いて

---

[19] 千田2001、p.81。

いる。

> テキストを詳細に研究するために、クレープス氏は北京で影絵芝居の劇団をよんでそれらの演目を上演させた。かれはそれで気が付いたことをこう加えている。「ついでに言うと、かれらは自分で厳密なテキストを持っているという訳ではなく、はやりの日常的な冗談をその中に織り交ぜたりするのだ。喜劇『三怕』をやっているとき、例えば登場人物の女性の一人はこう言った。わたしはワゴン・リー・ホテル（原注：北京にあるヨーロッパ系ホテル）に招かれているので、これから行くところなのですよ、と。」[20]

この実演確認について、山下一夫 2004 は「劇団の名前はおろかその上演場所、さらには劇団員の名前すらも全く触れていない」[21] としているが、サイモン 1986 に以下の記載が見える。

> その上演場所は隆福寺だった。グルーベとクレープスによって一座の台本すべてが翻訳された（バイエルン学術アカデミーによって 1915 年に出版）ことで、他の流派と対照的に、北京の影絵人形劇の演目は、きちんと記録に残っている。[22]

東四・隆福寺一帯は東派影戯班の拠点であったので、東派の上演が参照されたことは確実である。一方、東派皮影戯は翻書影であり、自らの影巻を見ながら上演したはずであるので、『燕影劇』の元になった影巻は上演した影戯班の所有物

---

[20] p.56。なお、ワゴン・リー・ホテルは、オリエント急行の運営会社であるワゴン・リー社のホテルで、中国名は六国飯店。当時の大使館街であった東巷民交街に位置し、中華人民共和国成立後、華風飯店と改称した。現在も当時の建物が使われている。民国時期においては、北京飯店とならぶ欧風ホテルとして名声を博していたという。

[21] p.62 参照。

[22] Ort der Aufführungen war das Kloster "Zum Wohlstand und Glück" - Long Fu Si. Im Gegensatz zu dem Repertoire der anderen Stile ist das des Pekinger Schattentheaters durch die Übersetzung des gesamten Textbestandes einer Gruppe durch Grube und Krebs - herausgegeben von der bayerischen Akademie der Wissenschaften 1915 - gut dokumentiert. (p.99。なお、ドイツ語資料の邦訳は、慶應義塾大学大学院の岩崎佑太氏による。以下、同じ。)

ではなかったことになる。これは、錫慶班影巻と『燕影劇』・裕慶班などの影巻が基本的に同じものであったように、単齣影巻集が西派・東派を超えて広く北京の影戯班の間で共有されていたことを示している。

これら単齣影巻集の折子戯の大半が冀東地域で演じられていないことについては、山下一夫 2004 に指摘があるが [23]、その一方で、清末・民国時期に裕慶班などの東派影戯班で、そうした折子戯が演じられていたことも明らかになった。

これは北京という大都市でのさまざまな上演ニーズを満たし、西派・涿州影が占めていた上演市場に食い込むために、冀東から北京に進出した影戯班もそうした折子戯の上演に対応する必要があり、西派の芸人・影戯班から影巻を入手して上演するようになったのであろう。こうした単齣影巻集を所有し上演できることが、北京東派皮影戯と冀東皮影戯の相違点であったとも言えよう。

3.3. 北京西派・冀東皮影戯の影巻とレパートリー

北京西派皮影戯と冀東皮影戯は異なる劇種ではあったが、用いられる曲調や曲牌の句法はほぼ共通していた。劉季霖 2004 は北京西派皮影戯の曲調・曲牌として以下を掲げる [24]。

- 豎弦：〔正音腔〕・〔三赶七〕・〔大金辺〕・〔小金辺〕・〔小東腔〕・〔五字数〕
- 横弦：〔大悲調〕・〔小悲調〕・〔還陽調〕・〔玉字調〕
- 曲牌：〔鴛鴦扣〕・〔柳枝腔〕・〔銀紐糸〕・〔南鑼北敲〕・〔畳断橋〕・〔鬆髻腔〕・〔湖広調〕・〔山坡羊〕・〔好姐姐〕・〔跑竹馬〕・〔点絳唇〕・〔黄竜滾〕・〔撲灯蛾〕・〔石榴花〕・〔粉蝶児〕

豎弦・横弦は、それぞれ京劇の正調・反調に相当し、長短句のものを含むが、いずれも板腔体であるとする。曲牌はといえば、南北曲由来と思われるものが多数を占める一方で、〔南鑼北敲〕・〔湖広調〕などは単弦牌子曲でも使われてお

---

[23] p.30 参照。
[24] p.58 参照。

り[25]、北京の民歌・小曲から吸収したものだと思われる。

一方、劉栄徳等 1991 によれば、冀東皮影戯には以下のような曲調・曲牌がある。

〔七字句〕・〔十字錦〕・〔三趕七〕・〔大金辺児〕・〔小金辺児〕・〔讃語〕・〔三字経〕・〔平腔〕・〔花腔〕・〔凄涼調〕・〔大悲調〕・〔小悲調〕・〔遊陰調〕・〔還陽調〕・〔五字賦〕・〔大哭么二三〕・〔小哭么二三〕

西派の〔正音腔〕が冀東で〔平腔〕と呼ばれるなど、若干の名称の相違が見られるものの、同じ名称のものの句式は基本的に一致する。両者の差異は、西派が高腔の風格を多く留めるのに対して、東派・冀東皮影戯は梆子腔により接近している点、すなわち歌唱という芸人の技芸レベルのものであり、影巻としての差異はほとんどないといえよう。

北京西派・東派皮影戯のレパートリーについて、劉季霖 2004 は「両派の演目は全く異なる[26]」とする一方で、いくつかの共通する演目があるともしている[27]。両者のレパートリーを比較してみると、『六月雪』・『混元盒』・『樊梨花』・『劉金定』など、さらに錫慶班の本戯、『山水縁』・『薄命図』・『鑚鉄剣』・『紅梅閣』も冀東と共通している[28]。このうち『鎮冤塔』は、岳飛の子・岳霄の北征を描いており、前掲単齣影巻「罵閻」・「争夫」はその一折であるが、劉豊慶 1986 によれば「老四大部」の1つに数えられる清初の影巻であるというので[29]、西派皮影戯と同じ影巻を共有していたのであろう。

関俊哲 1959 は、以下のように述べる。

---

[25] 中国曲芸志全国編集委員会等 1999、pp.299-329 参照。
[26] 両派所演劇目毫不相同的。(p.72)
[27] p.72 参照。
[28] 『六月雪』と『薄命図』は、冀東の万暦の年記を持つ台本の存在が知られるが、芸人が根拠なしに万暦や乾隆の年号を書き入れるケースは多々見られるので、充分な検証を経ずににわかに信じることはできない。
[29] p.5 参照。

図 8　乾隆影戯箱影人 (p.35)　　図 9　果親王府影人『佘塘関』(『中国美術全集』p.189)

北京東・西派両派皮影戯の節回しはかなり異なるとはいえ、影巻のスタイルは概ね一致し、いずれも七字句・五字句と三趕七を歌詞の主要なスタイルとしている。この点から見て、両者の起源と発展には密接な関係があるようだ。[30]

北京西派と東派で共通の単齣影巻集が使われ、また連台本戯にも共通が見出せることは、両者が一貫して密接な関係にあった証左であるといえよう。

4. 錫慶班の影人をめぐって

4.1. ドイツ皮革博物館の2つの影戯箱

ドイツ皮革博物館の北京皮影戯コレクションには、錫慶班影戯箱のほかに、乾隆年間の影戯箱がある（図8）。後者が購入された経緯について、サイモン1986は以下のように述べる。

　1934年、乾隆影戯箱がコレクションに加えられた。それもまた、中国の貴

---

[30] 北京东、西两派皮影戏的唱腔虽然大不相同，但在影词的格式上却大致相同，七字句、五字句和三赶七，都是唱文的主要格式，从这一点来看，二者的起源和发展，可能有密切的关系。(P.9)

族階級の一族に由来するものである。[31]

　また、ケルンやストックホルム民族誌博物館に同様のデザインの影人が収蔵されるという。

　これらの影人のデザインは、劉季霖氏旧蔵（現在は上海博物館蔵）の王府の影人とも似かよっている（図9）。劉季霖氏はこれらを「精工紗彫」と呼び、実演には用いずに後台に展示するためのものであったとする。サイモン1986は、これらを乾隆帝八十歳の万寿慶節での上演のために制作されたものだとする。

　清王朝の正式な年代記『清史』の記述によると、1790年8月に皇帝の80歳を祝う行事が催された。太和殿に御出座され、皇親、大臣、モンゴルの汗、安南国王、朝鮮・ミャンマー・南掌からの貢使、各省の土司、台湾の生番などが慶賀の例を行った。祝典の後、寧寿宮・乾清宮で宴席を賜り、席上、皮影戯が演じられた。宮殿に現存する2つの舞台のうちひとつは、寧寿宮にある。[32]

　筆者が『清史稿』・『清実録』を確認した限りでは、乾隆五十五（1790）年の万寿慶節で皮影戯を上演したとの記述は見あたらなかった。サイモン1986によれば、これはキール大学のゲオルク・ヤーコブ教授の考証によるというが、今後、詳細を確認する必要があろう。

---

[31] 1934 wurde dann der Qianlong-Satz erworben, der ebenfalls aus einer chinesischen Adelsfamilie stammt. (p.12)

[32] Gemäß den Eintragungen der offiziellen Annalen der Qing-Dynastie - qingshi - fanden im August 1790 Geburtstagsfeiern zum 80. Geburtstag des Kaisers statt. Die eigentliche Glückwunschzeremonie, an der neben den Verwandten des Kaisers auch hohe zivile und militärische Beamte, ein mongolischer Khan, der vietnamesische König, Tributgesandte aus Korea, Birma und Nanchang - einem Gebiet an der Grenze zu Yunan - sowie Häuptlinge der Ureinwohner aus verschiedenen Provinzen, z. B. Taiwan, teilnahmen, wurde im kaiserlichen Palast der Höchsten Harmonie vollzogen. Danach wurde für die Gäste - wie es Sitte war - in den beiden heute noch vorhandenen Palästen Friedliches Alter und Reinheit ein Bankett gegeben. Bei dieser Gelegenheit dürften Schattenspiele aufgeführt worden sein. Eine der beiden im Palast vorhandenen Theaterbühnen befand sich im Palast Friedliches Alter.（p.92）

4.2. 錫慶班の影人

サイモン 1986 に掲載される影人写真を見る限り、同博物館が所蔵する典型的な北京西派皮影戯の造形を有する影人は、いずれも乾隆影戯箱のものである。

図 10　錫慶班影人『祭塔』(p.106)

一方、錫慶班コレクションは、生・旦の顔の枠線に色を塗り、眉と目尻が一本の曲線で連続し、サイズは 30cm 未満という、北京東派風の影人になっている（図 10）。また、以下の記述から桐油を塗布していたことがわかる。

> 影絵人形は油紙で梱包され、米粉がふりかけられていたにもかかわらず、おそらく南海の夏の暑さのせいだろう、荷物全体のなかでくっつきあっていたため、慎重に互いを引き剥がさなければならなかった。[33]

冀東系の影人は高温多湿の場所に重ねて置いておくと、表面に塗布された桐油が溶け出してくっついてしまいがちである。これも錫慶班の影人が東派風である証左である。

錫慶班は西城の恭王府の影戯班であり、劉徳山氏の証言から確かに北京西派の劇団であると認識されていたが、影人は東派的なものを用いていたことになる。ここから、当時、北京西派・東派を区別する際に、影人はさほど重要視されていなかったことがわかる。そして、さまざまな資料を検討すると、両者の差異はそこまで大きなものでもないし、影響関係もあったことがわかる。

---

[33] Es war keine leichte Arbeit, denn wiewohl die Stücke mit Reispuder bestreut und durch Ölpapiere geschützt waren, klebten sie dochwohl infolge der Sommerhitze der südlichen Gewässer in ganzen Packen zusammen und mußten sorgfältig voneinander gelöst werden.（p.12）

中華圏の伝統芸能と地域社会

図11 北京東派女将軍（p.19）

図12 順平皮影・玉帝頭楂（『中国皮影戯全集』第16巻 p.161）

図13 河間盧村皮影・元帥頭楂（『中国皮影戯全集』第16巻 p.158）

図14 北京西派影皮影頭楂（『中国美術全集』p.192）

図15 冀東皮影戯頭楂（唐山）（『中国美術全集』p.200）

　例えば、ドイツ皮革博物館が所蔵する図11の影人は、錫慶班に由来するものではなく、サイモン1986のキャプションは東派のものだとしている。顔の造形は確かに東派的であるが、西派にあって東派にない、人馬一体の「馬上楂」であり、高さが53cmと大きいなど、西派の特徴を併せ持っている。

　そもそも北京西派と東派・冀東の影人デザインは、額と鼻を直線で処理する、生・旦の眉と目尻が連続して、基本的に鬢と接続しない、といった特色を共有している。河北省中部、保定一帯では、後述のように北京西派と同系統の皮影戯が行われているが、その頭（図12・13）と西派（図14）・冀東（図15）のものを並べてみると、これらが同じ系統に属することが一目瞭然で了解されよう。

　そして、北京西派皮影戯影人で、衣の皺などの線をくり抜く技法は、清代中期以前は両端が尖った三日月型の「尖刀口」（⌒）だったのが、東派の影響を受けて、両端を切りそろえ、より鮮明に見える「斉刀口」（⌒）に変化したとされるように[34]、西派と東派の間には確かに交流があった。

---

[34] 千田大介2001、p.79参照。

142

翁偶虹 1985 は以下のように述べる。

> 西派影戯と東派影戯は芸術としてはさして違いがなく、流派が異なるだけであるが、似ている中にも違いがある。[35]

錫慶班影人も影巻と同様、西派と東派の「似ている中にも違いがある」状況を具体的に示している。

5. 北京・河北の皮影戯

5.1. 冀中皮影戯

　錫慶班の事例から、北京西派皮影戯と東派・冀東皮影戯は、影巻にある程度の互換性があり、影人も東派風のデザインのものが錫慶班で使われるなど、「似ている中にも違いがある」という状況が具体的に明らかになった。これは、北京西派皮影戯と東派・冀東皮影戯が同根から生じていることを、強く示唆している。

　河北省では、唐山を中心とする冀東地域以外でも、皮影戯が行われている。張家口市蔚県には陝西省大荔から伝わった灯影戯があり[36]、邯鄲市を中心とする冀南地域では河南・山東から伝わった皮影戯が行われているが[37]、ここでは北京西派皮影戯の比較対象として、保定一帯で行われている冀中皮影戯に注目する。

　冀中皮影戯については、龐彦強等 2005、および趙敬蒙 2004 に詳しい。以下、それらに従って概要をまとめる。

　保定市（地区級）では、「老虎調」と「涿州影」の 2 種類の皮影戯が行われており、前者は主に保定南部の順平県・望都県・定州市・蠡県などで、後者は主に保定市北部の高碑店・涞水・定興一帯で行われており、影人のデザインはほぼ同じだが声腔に違いがある。老虎調の音楽について、龐彦強等 2005 はいう。

---

[35] 西派影戏与东派影戏，艺术上并无大异，只是流派不同，而同中有异。（p.192）
[36] 龐彦強等 2005、p.479 参照。
[37] 韓麗 2015、p.9 参照。

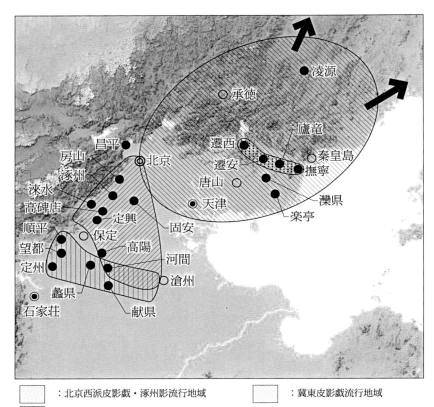

北京・河北皮影戯劇関連地図

　「老虎調」の歌唱は、芸人の「乾唱」(徒歌)で、地声を使い、文場の伴奏を用いず、武場の大羅・大鐃・大鈸・鐺・鼓板などの伴奏だけを用い、弋陽腔と同じ声腔体系に属する。[38]

---

[38] 老虎調"唱腔由演員干唱（徒歌），使用本嗓，不用文場乐器伴奏，只用武場的大罗、大鐃、大鈸、鐺、鼓板等伴奏，于弋阳腔属于一个声腔体系。(p.392)

乾唱あるいは徒歌というのは、文場、すなわち管弦楽器や弦楽器の伴奏を伴わない歌唱のことで、弋陽腔の特色とされる。曲調は板腔体の〔平調〕を主とし、〔繍花灯〕・〔白口歌〕・〔河西調〕・〔大悲調〕・〔小悲調〕などの曲牌も用いられる。

　一方涿州影は、京胡・二胡・四胡・揚琴・小三弦などの文場を用い、板腔体を主として〔浪蕩腔〕・〔還魂調〕・〔琴腔〕・〔悲調〕・〔鎖板〕などの曲調・版式があり、〔三赶七〕などの曲牌も用いられる。

　以上を踏まえて保定以外の冀中皮影戯について検討すると、滄州市河間市献県段村の皮影戯は文場を伴わないことから老虎影であるとわかる[39]。滄州市河間市盧村で行われている皮影戯は文場を伴っており[40]、涿州影に属すると思われる。このほか、廊坊市固安県の皮影戯は道光年間に北京西派が伝来したものである（後述）。

　歌唱の方式であるが、芸人の略伝などから、老虎影・涿州影ともに、行当ごとに別の芸人が歌っていたことがわかる。

　皮影戯の起源について、涿州影には明代に蘭州から伝播したとの伝承がある。滄州市河間市盧村の皮影戯も同様である。老虎影には山東から伝播したとの説がある一方で[41]、献県段村皮影戯には明の永楽二（1404）年に陝西移民がもたらしたという伝承があるなど[42]、一定しない。

　北京西派皮影戯に関する文献・先行研究では、劉季霖2004が保定皮影戯に言及する。

> 「老虎影」は涿州大影の前身である（1980年に保定地区文化館の岳館長一行が「涿州大影が北京に伝わった後の行く末」を訪ねて我が団（筆者注：北京皮影劇団）にやってきた。持参した録音資料と写真から、現在に至るまで保定地区の農村では「老虎調」皮影戯が行われており、その節回しと影人の造形は北京西城派皮影と概ね同じであった）。[43]

---
[39] 龐彦強等2005、p.470 参照。
[40] 李秋河2017 参照。
[41] 趙敬蒙2004、p.9 参照。
[42] 龐彦強等2005、p.470 参照。
[43] "老虎影"即涿州大影的前身（1980年由保定地区文化館岳館長率隊來我團訪問,"探尋涿州大影到北京後之去向",從所帶錄音資料和照片中了解到,至今保定地区在農村中仍流傳着"老

また劉季霖 2004 は、北京西派皮影戯の形成について、以下のように述べる。

> 北京の涿州大影は甘粛蘭州から伝わったもので、華亭・陝西・山西中部・山西南部を経て娘子関を超え、後に保定地区で既に行われていた「老虎調」皮影戯の曲調と融合した。元々の節回しの基礎の上に、陝西の碗碗腔、河北の合合腔などを吸収し、現在の涿州影の曲調を形成した。現在、河北の保定地区群衆芸術館内に「老虎調」の歌唱の録音が収蔵されているが、北京の涿州大影のいくつかの曲調と、テンポが若干遅いだけでとても似ている。明の正徳三（1508）年、北京で「百戯大会演」が催され、涿州大影は北京での上演に参加し、それ以前から北京で行われていた「梆子仏」と合流し、今日演じられる西城派涿州影となった。[44]

以上の説明は、碗碗腔や合合腔の形成がいずれも清代であるので、いささか妥当性を欠くものの、北京西派の源流とされる老虎影と冀中老虎調は同じものであると考えて良かろう。そして、北京西派はそもそも別称が涿州影で、冀中涿州影と同じ劇種なので、当然のことながら、声腔・蘭州起源伝承などは共通している。

ともなると、涿州影は老虎影から発展した、すなわち弋陽腔本来の乾唱から、文場の伴奏付きの声腔へと発展したことになる。次節では、戯曲史上研究の成果を参照しつつ、この事実の意味するところについて、考えてみたい。

5.2. 京腔と乾唱・琴腔

弋陽腔は明代後期に北京へと伝播した後、清代にかけて盛行し、京腔を形成したことが知られる。以下、その形成と変遷過程について、程志 2007 などによっ

虎調"影，其唱腔及影人造型大致與北京西城派皮影相同）。（p.35）
[44] 北京涿州大影係來自甘肅蘭州，經華亭、陝西、晉中，由晉南傳入娘子關，後與保定地區已流傳之"老虎調"影調融合在一起，在原有唱腔的基礎上，又吸收了陝西的碗碗腔、河北的合合腔等，就形成了今之涿州影曲調。今河北保定地區群藝館內收藏有"老虎調"唱腔錄音，它與北京之涿州大影有些腔調極相似，只是板式緩慢些。明正德年間戊辰三年（1508年）北京舉辦"百戲大會演"，涿州大影隨進京參加演出，與早已流傳京城之"梆子佛"合二為一，即今日演唱的西城派涿州影。（p.151）

て概観する。

　北京への弋陽腔の流入は明代に遡る。明の徐渭の『南詞叙録』にいう。

　今、役者どものいう弋陽腔は、江西に発祥したもので、両京・湖南・福建・広東で行われている。[45]

明代中期には北京で行われていたことがわかる。また、明の沈徳符の『万暦野獲編』にいう。

　今上帝（筆者注：万暦帝）になって始めて、玉熙宮にさまざまな劇を設けて、外部の劇を学ばせ、弋陽・海塩・崑山などがみな揃っていた。[46]

「外部の劇」を学ばせていることから、万暦年間の北京では民間で弋陽腔が盛行していたことがわかる。そして清代には「南崑、北弋、東柳、西梆」（斉如山『京劇之変遷』）と言われるように、北京を中心に弋陽腔が大いに流行して土着化が進む。康熙二十三（1684）年に刊行された、王正祥『新訂十二律京腔譜』は、北京において弋陽腔が京腔へと発展したことを示すメルクマールとされる。

　乾隆年間後期になると、魏長生の秦腔上演、四大徽班晋京など、花部諸腔が北京に進出・盛行し、京腔もその影響を受けるようになる。『揚州画舫録』巻五「新城北録下」に以下のように見える。

　京腔ではもともと宜慶・萃慶・集慶など（の劇団）が名声を博していたが、四川の魏長生が秦腔を北京にもたらしてから、その容色と技芸は宜慶・萃慶・集慶を圧倒してしまい、そのため京腔がそれを模倣し、京腔と秦腔の区別が無くなった。[47]

---

[45] 今唱家稱弋陽腔，則出於江西，兩京、湖南、閩、廣用之。（p.114）
[46] 至今上始設諸劇於玉熙宮。以習外戲。如弋陽、海鹽、崑山諸家俱有之。（p.798）
[47] 京腔本以宜慶、萃慶、集慶為上。自四川魏長生以秦腔入京師。色藝蓋于宜慶、萃慶、集慶之上。于是京腔效之。京秦不分。（p.131）

秦腔（西秦腔）の女形である魏長生が、北京で「滾楼」を上演して大いに名声を博したのは乾隆四十四（1779）年なので、京腔への秦腔の混入はそれ以降に進展したことになる。当時の秦腔の特色の1つに、胡腔の伴奏があった。『燕蘭小譜』巻之五にいう。

> 四川の役者が琴腔で売り出した。甘粛の曲調で、西秦腔という。楽器は笙や笛を用いず、胡琴を主、月琴を副とする。楽譜は「アーウー」と話しているかのようで、歌の下手な女形は、それでつたなさを隠している。[48]

胡琴という語は、琵琶などの抜弦楽器にも、胡弓などの拉弦楽器にも用いられるが、琵琶の一種である月琴が副である以上、ここでは胡弓を指して言っていることになる。胡弓の伴奏について特記しているのは、当時の北京で乾唱、あるいは崑曲のような笛・笙の伴奏が一般的だったことを示す。以上を総合すると、それまで乾唱であった京腔の劇団に、乾隆年間後期に秦腔の影響を受けて、胡弓の伴奏を導入するものが現れたことになる。
　また、清の李光庭の『郷言解頤』巻三「優伶」にいう。

> そのころ宜慶・翠慶など（の劇団）があり、崑曲と弋陽腔に乱弾を交えていた。「府」や「官」と呼ばれ（原注：京班は半ば王府に隷属しており、官腔と呼ばれ、また高腔とも呼ばれた。）、その拍子は淫猥とは異なるものだった。いかんせん曲調が高音で歌う者が稀で、60年で知る者が少なくなっていった。[49]

『揚州画舫録』と劇団の名称が共通していることから、京腔と官腔・高腔は同じ声腔を指すことになる。ここから、京腔の劇団は王府に属するものが大半を占め

---

[48] 蜀伶新出琴腔，即甘粛調，名西秦腔。其器不用笙笛，以胡琴為主，月琴副之。工尺咿唔如話，旦色之無歌喉者，毎借以藏拙焉。（p.46）
[49] 時則有若宜慶、翠慶，崑、弋間以亂彈；言府言官，（京班半隷王府，謂之官腔，又曰高腔。）節奏異乎淫曼。無奈曲高和寡，六十年漸少知音。（p.54）

たことがわかる。

　以上の京腔の変遷に照らすと、老虎影の乾唱は魏長生登場以前の古い時期の京腔のあり方を留めており、北京西派（涿州影）で用いられる高腔は、秦腔の影響を受けて胡琴の伴奏を導入し「京腔と秦腔の区別が無くなった」種類の京腔であると推測できる。佟晶心1934は北京皮影戯の声腔について、以下のように述べている。

　　　　北平には今でも琴腔が保存されている。[50]

琴腔の名称は冀中涿州影にも見えるが、前引『燕蘭小譜』によれば西秦腔、すなわち清代中期の秦腔の別名である[51]。
　『道咸以来朝野雑記』に以下のように見える。

　　　　また影戯というものがあり、紙をのり付けした大きな四角い枠を舞台とし、人形は皮を切り抜いたものをさまざまな色に染め、人のように舞わせる。歌唱はいくつかの種類に分かれ、灤州調・涿州調および弋腔がある。昼夜、舞台の中に灯をぶら下げて影を映し、炎を使った幻術の芝居が美しく、そのため影戯と呼ばれる。今はみな衰えてしまった。[52]

　従来の論考では、これを北京皮影戯が東西両派に分かれた証拠として引用しているが（例えば江玉祥1999, p.194）、「弋腔」の2文字を無視しているものが多い。以上に論じてきたところをふまえれば、趙敬蒙2004のように「弋腔」は老虎影を指すと解釈すべきであり、道光年間に至っても北京ではなお乾唱形式の皮影戯

---

[50] 北平尚存有琴腔。（13頁）
[51] 琴腔の文字通りの意味は、弦楽器の伴奏を伴った声腔であり、皮黄腔などを指して用いられた例もある。北京西派皮影戯の曲辞は、皮黄腔や19世紀末以降に北京で再流行した梆子腔とは異なり、比較的古い板腔体のスタイルとされる上下句形式である。この点からも、西秦腔の別称としての琴腔が残った蓋然性が高いと考えられる。
[52] 又有影戯一種，以紙糊大方窗為戯台，劇人以皮片剪成，染以各色，以人舉之舞。所唱分數種，有灤州調、涿州調及弋腔，晝夜台内懸燈映影，以火彩幻術諸戯為美，故謂之影戯。今皆零落矣。（p.94）

が存在していた、あるいはその存在が記憶されていたことがわかる。

　前掲『郷言解頤』は、京腔の劇団が多く王府に属していたとするが、同時期には多くの王府が皮影戯班を抱えており、また西派皮影戯は旗人の堂会で多く上演されていたとされ、ここに京腔と北京皮影戯との接点を見出すことができる。

5.3. 蘭州起源説と西秦腔

　涿州影には、前述のように甘粛省蘭州から伝播したとの伝承がある。これについて、周寿昌の『思益堂日札』巻七「読曲雑説」に以下のように見える。

> 今の楽部にもそれぞれ土調がある。例えば……甘粛には蘭州引がある。……蘭州引は都の影戯が演じている。[53]

　この記事は『思益堂日札』の十巻本のみに見えることから、五巻本が成立した1850年頃より後、周寿昌が没した光緒九（1884）年までの間に書かれたことがわかる。

　蘭州引は蘭州で行われる小曲で、一般に蘭州鼓詞と呼ばれる。北京の八角鼓が蘭州に伝播し、民間小曲を吸収して清の道光年間に形成されたとされる[54]。音楽形式は曲牌体で、北京西派と異なっており、その起源であるとは考えにくい。北京西派皮影戯が蘭州起源であるとの説を耳にした周寿昌が、現地の曲種である蘭州引と短絡的に結びつけたのであろう。

　では、蘭州起源説はなぜ生まれたのだろうか。筆者は、京腔が秦腔の影響で変容したことを反映したものだと考える。秦腔、即ち西秦腔は、『燕蘭小譜』によれば甘粛の曲調で、流沙2014は実際に甘粛で形成されたものであるとしている[55]。恐らく、琴腔を用いるようになった影戯班の芸人が、従来の乾唱を用いる老虎影に対して、甘粛・蘭州から伝来した秦腔を取り入れた皮影戯であると説明し、それが訛って蘭州起源伝承が生まれたのであろう。また、前に見たように、

---

[53] 今樂部亦各有土調。如……甘肅則蘭州引。……蘭州引則京師影戲演之。(p.154)
[54] 康䏵䏵2016参照。
[55] 「貳、西秦腔、甘肅調及四川亂彈」(p.57) 参照。

冀中老虎影にこの伝承がない理由も、これで説明がつく。

5.4. 河北高腔と老虎影・涿州影

清代、保定の高陽では高腔が盛行していた。それについて、流沙 1999 は次のように述べる。

> 河北保定出身の評劇俳優・蕭玉華がかつて筆者に語ったところによると、以前、河北の高陽一帯の高腔は、声腔からいうと、「南高」・「北高」の二派に分かれていた。近代になっても、この二派の高腔はいずれもそれぞれ異なった特徴を保っていた。そのうち南高は高陽高腔の最も古く原始的な流派で、歌唱は非常に高らかで粗野、かつ高腔だけを歌い、崑曲と混じり合っていない。北高の歌唱は、比較的繊細かつ優雅で、しかも崑曲と同じ舞台に登るなど、上演の風格は崑曲の味わいが強い。この種の高腔はいわゆる崑弋班の弋腔である。清末以後、「南高」は高陽県だけに伝わり、冀中のその他の地域はほとんど全て北派高腔を唱っている。[56]

これをふまえて、蘇子裕 2009 は以下のように述べる。

> 私は、「南高」とは南に向かって伝わった弋陽腔であり、いわゆる「北高」とは北方の高腔、実際には京腔のことであると考える。(p.55) [57]

保定は北京の南南西、約 140km に位置しているが、戯曲文化は河南・山東から北上して伝わるのではなく、北京から南下して伝わっており、南に行くほど古

---

[56] 來自河北保定的評劇演員蕭玉華曾經對筆者說，過去河北高陽一帶的高腔，如果從聲腔上來說，原來就分作「南高」與「北高」兩派。直到近代，這兩派高腔都還保持各自不同的特點。其中，南高為高陽高腔最古老而原始的的一派，唱腔非常高亢粗獷而且是專唱高腔，不與崑曲混在一起。北高的唱腔，則較為細緻優雅並且與崑曲同臺演出，在演出風格上更具有濃厚的崑曲韻味。這種高腔就是人們所謂崑弋班中的弋腔。清末以後，「南高」只有高陽縣還可以演唱，冀中其他地方幾乎全部唱北派高腔。(p.221)

[57] 我以為，所謂「南高」即南方傳去的弋陽腔；所謂「北高」即北方高腔 實際上就是京腔。(p.55)

い形態の戯曲が残っていたことがわかる。楊懋建『辛壬癸甲録』にいう。

> 保定は直隷の首都であり、北京から 330 里離れている。都の歌楼でふるい落とされると、往々にしてその余沢が近郊を潤す。そのなかの容色・技芸に見るべきところがあり、名声の出たものは、また飛び去って、都に上るのである。[58]

同書は道光十一（1831）年から十四（1834）年に書かれたものだが、北京でうだつの上がらなかった役者が都落ちして保定に至り、そこで再起をはかっていたとする。これも、衛星都市たる保定が、演劇文化上、北京を補完する従属的な機能を果たしていたことを示している。かかる北京と保定・冀中との関係性、および南高と北高の区別は、老虎影と涿州影の事例と極めて似かよっており、同地域における文化流通のあり方を反映していると見られる。

『廊坊戯曲資料匯編』第三輯は、廊坊の固安北王起営皮影戯について、以下のように述べる。

> この皮影戯は蘭州に起源し、清の道光年間に同村に伝わった。先人の王建朝が人を率いて西天和に参加し、後に同村の芸人が「義合班」を組織した。最も盛んだったのは光緒・宣統年間で、北京・保定一帯で活動し、寺の縁日などで上演活動などを行っていたという[59]。

西天和は西天合のことであろう。「2.1. 北京の影戯班」で見たように、光緒年間頃の北京西派の戯班として知られるが、以上の記述によれば、その歴史は道光年

---

[58] 上谷為直隷省會，距京城三百三十里。日下歌樓淘汰籔揚，往往以餘波潤三輔。其間色藝稍可觀、有聲名者，又輒颺去，入長安。（p.277）
[59] 这影戏源于兰州，清道光年间传入该村。先辈王建朝，领人驻过北京"西天和"后来本村艺人组成"义合班"。极盛时期为光、宣年间，活动于北京、保定一带，以"赶斋门"等从艺为生（p.49。龐彦強等 2005，p.477 にも転載される。なお「寺での上演活動」の原文"赶斋門"は、一般に仏寺で斎の施しを受けることを言うが、上演活動とそぐわないので、仮にこのように訳した）。

間にまで遡ることになる。いずれにせよ、北京西派皮影戯と冀中皮影戯との間に交流があったことがわかる。

　以上をふまえると、保定の南部で行われる老虎影は、より古い時期に北京より伝来したもので、北部で行われる涿州影は、京腔が乾隆年間末以降に秦腔化した、その影響を受けた皮影戯が伝播したものであると推測できる。

　各地の皮影戯を見ると、同じ地域の地方戯の声腔を用いるものが見られる一方で、例えば陝西の関中道情皮影戯で秦腔以前に流行していた道情が用いられ、浙江の海寧皮影戯で清代中期の乱弾が用いられているように、古い世代の戯曲の声腔が皮影戯に保存されている例も多々見られる。北京西派皮影戯や冀中老虎影・涿州影もそうした皮影劇種の１つであったことになる。

　また、徳順班の路家が北京北郊の昌平の出身であることと考え合わせると、北京西派皮影戯が北京周辺から人材の供給を受けていたことが明らかになる。西派も決して西城に閉じこもっていたわけではなく、北京の南郊・北郊との交流に立脚していたのである。この点において、北京西派のあり方は冀東地域と密接に結びついた東派＝冀東皮影戯と好対照をなしている。現在、涿州で皮影戯は行われておらず、涿州影の名称の由来は分からなくなっているが、その命名が、かかる北京南郊との文化的交流に立脚していたことは確実である。

5.5. 分唱形式と福影

　北京西派・冀中・冀東・東北の皮影戯は、いずれも複数の歌唱者が行当に分かれて歌唱する、いうなれば分唱形式を採るという共通点がある。それに対して他の地域の皮影戯では、１人の主唱者があらゆる行当を兼ねて歌唱する形式が一般的である。

　中国の影戯に関する最も早い記録である宋の高承の『事物紀原』巻九「影戯」に以下のように見える。

　　宋の仁宗の時、街に三国物語を語るのが上手い人がおり、ある者がその話に

装飾を施すために影人を作った。[60]

　皮影戯はこのように講談から発達した芸能であるので、1人が歌唱するスタイルのほうがより古いことは明白であり、これは逆に北京・冀中・冀東の皮影戯の近似性を際だたせている。

　北京東派を含む冀東皮影戯の、他の地域の皮影戯に見られない上演技法上の特色に、男性芸人が喉笛のあたりをつまんで裏声を出す歌唱技法「掐脖子」、および影巻を見ながら上演する「翻書影」が挙げられる。これらは、上演技術をより簡便化しコストを削減する技法であるといえる。すなわち、旦の歌唱には、芸人の適性と訓練の積み重ねが必要であるが、「掐脖子」はそのコストを軽減する。「翻書影」は、いうなればカンニングペーパーの公式化であり、芸人が台本を完全に暗記するコストを軽減できる。このコスト削減指向は、影戯班の人数の増加、ひいてはコスト増をもたらす分唱方式と相反しており、分唱方式が冀東以外からもたらされたことを物語っている。

　その条件を整えているのは北京以外にありえない。前述のように、北京皮影戯は王府と密接な関係があり、民間の影戯班と比べて強力な経済的後ろ盾を持っていた。そうした環境下では、分唱化によるコスト増よりもむしろ、審美性や芸術性が優先されたことだろう。

　筆者は以前、北京・冀東・東北にかつて台本を暗記し、2尺の影人を用いる皮影戯が広く分布していたことを論じたことがある[61]。その1つと目される福影は、大影・腹影・府影とも呼ばれ、1980年代頃には冀東の遷安・遷西・盧竜・撫寧一帯で行われていた。影巻は『封神榜』だけで、上演時に影巻を見ない。福影の音楽について、王大勇 1986 は以下のように述べる。

　　唱腔には〔哭腔〕と〔擂腔〕の2種類がある。〔擂腔〕は芸人が全員で後に続いて歌い、九腔十八調を歌い終わるとお終いになる。その音楽の旋律は簡単で、和尚の読経に似ている。伴奏は打楽器だけで、弦楽器は使わない。打

---
[60] 宋朝仁宗時，市人有能談三國事者，或採其說，加緣飾作影人（p.495）
[61] 千田大介 2004。

楽器には大鐃・大鈸・碰鐘・小双鈴・雲鑼・小堂鼓・木魚などがある。上演では鈸担当が小双鈴を兼ね、大鐃が鼓を兼ねる。台詞回しは韻を踏まず、歌唱は地声で、拍子を取る鼓板もなく、碰鐘・小双鈴が序奏となる。[62]

武場（打楽器伴奏）だけで文場が無いことから、乾唱形式であったことがわかる。また、「全員で後に続いて歌」うというのは幇唱のことであろう。いずれも弋陽腔の特色として知られるが、曲調・曲牌は老虎影よりも遥かに簡単である。

劉季霖2004は以下のように述べる。

北京皮影戯の芸人が唱う「梆子仏」は仏曲に似ており、1人が木魚を叩き、歌唱者はゆったりと長々と歌い、僧侶の読経のようであった。後の皮影戯の〔大悲調〕などの歌い方は、その影響を強く受けている。[63]

北京皮影戯の老芸人・路躍峰氏が生前に語ったところによると、北京では元朝より前に「梆子仏」と呼ばれる大影戯が行われていたが、河南から伝わったものである。[64]

木魚の伴奏を用い、「僧侶の読経のよう」であるなど、梆子仏は福影と非常に似ていたことがわかる[65]。大型の影人を用いる「大影」であるという点も共通しており、福影は梆子仏と同系であると考えられる。そうであるならば、老虎影・涿州影および冀東の灤州影・楽亭影などで用いられる〔大悲調〕・〔小悲調〕はここ

---

[62] 唱腔，有哭腔、抬腔两种。抬腔，全班人都跟着一起唱，有九腔十八调，唱完为止。其音乐旋律简单，近似和尚诵经。伴奏只有打击乐，没有丝弦乐器。打击乐器有大铙、大钹、碰钟、小双铃、云锣、小堂鼓、木鱼等。演出中掌钹者兼小双铃，大铙兼鼓。念不上韵，唱用本嗓，没有击节用的鼓板，由碰钟、小双铃引起。（p.62）

[63] 據北京影戲藝人演唱的"梆子佛"就近似佛曲，一人手敲木魚，演唱者聲音緩慢而悠長，如僧人誦經，後來皮影腔中，【大悲調】等的唱法，受此種唱腔之影響很深。（p.12）

[64] 据北京皮影老艺人路跃峰先生生前说过："在北京元朝前有一种叫'梆子佛'的大影戏，是由河南传入的。（p.19）

[65] 単弦牌子曲などの曲芸や民歌にも曲牌〔梆子仏〕があり、『中国曲芸志・北京巻』は「もとは明清の時代の宝巻を宣講する腔調である」（p.317）とする。

に起源することになる。

　王大勇 1986 には、また以下のように見える。

　　一般に福影は 3 〜 4 人で組織され、1 人が影人を操作し、その他のものは楽器と伴唱を担当する。[66]

ここから、福影は分唱方式でないことがわかる。
　以上のように、福影は音楽・上演方式などに梆子仏と相通じる古い要素を留めており、その成立は明らかに老虎影より古い。

6. おわりに

　以上に取り上げた北京・冀中・冀東の 4 種の皮影戯の特徴をまとめると、下表のようになる。

	祖師爺	文場	〔三赶七〕	〔大・小悲調〕	分唱	影人	馬上椿
福影（梆子仏？）	観音	×	×	？	×	両尺二	○
老虎影	？	×	×	○	○	両尺	○
涿州影、北京西派	観音	○	○	○	○	両尺	○
灤州影、楽亭影、北京東派	観音	○	○	○	○	七寸	×

　これらの中では、梆子仏の遺響を留める福影が最も古く、形成は明末清初に遡り得よう。明代に黄素志が冀東皮影戯を創始したという説は、遷安の福影の芸人であった安心斉が李脱塵に贈った『小史』に基づくので[67]、梆子仏が北京から冀東に伝来して福影が形成された歴史を反映しているのではなかろうか。
　清代には諸王府に影戯班が置かれ、そこで分唱方式が導入され老虎影が成立したと考えられる。老虎影は梆子仏を継承して〔大悲調〕・〔小悲調〕に発展させ、さらにいくつかの曲調・曲牌を導入したが、基本的には乾唱形式のままであった。

---

[66] 一般福影由三至四人組成。一人操纵影人．余者掌乐器兼伴唱。（p.62）
[67] 佟晶心 1934、p.7。

戯曲声腔としては、乾隆年間前半以前の弋陽腔ないしは京腔の影響を受けているものと思われる。

老虎影は乾隆末年から嘉慶年間のころ、秦腔化した京腔の影響を受けて文場の伴奏を導入し、涿州影すなわち北京西派皮影戯へと発展した。〔三趕七〕が導入されたのも、おそらくこの段階であろう。ともなると、明の正徳年間の百戯大会演の際に蘭州から伝来したとの伝承は、乾隆五十五（1790）年の万寿慶節を、より古い時代に言いかえたものである蓋然性が高い。

冀東の灤州影・楽亭影と涿州影は、いずれも〔三趕七〕を用いており、影巻に互換性があることから、同根であることは疑いないが、一方、両者の共通レパートリーとなっている本戯はいずれも比較的古いものである。ここから、乾隆・嘉慶のころに秦腔化した京腔の影響下に形成された涿州影が、ほどなく冀東地域にもたらされ、影人デザイン・音楽・上演技法や劇目などの面で、河北梆子などの影響も受けつつ独自に発展して、冀東皮影戯を形成したものと推測される。それが、道光・咸豊年間ころに逆に北京に進出して北京東派を形成したのだろう。

顧頡剛 1934 は以下のように述べる。

> 道光年間のころ、発展の過程で突然 2 つの流派が発生した。（一）西派、（二）東派である。[68]

東西両派は、東派が冀東から進出した影戯班であったことを考えれば、冀東皮影戯の北京進出によって生まれたとすべきである。

顧頡剛 1934 は、また以下のように述べる。

> 初めは木魚で読経をするかのような宣巻だったが、雍正年間末に笛子を用いるように改められ、節回しも弋陽腔からいささか遠くなり、崑腔に近くなった。乾隆年間末になって、四弦琴がまた加えられ、音楽も次第に複雑になり、曲調も当然、いっそう美しくなった。咸豊年間の初めになって、南絃子が新

---

[68] 时间在道光年间，在发展的过程里忽然发生了两大派别：（一）西派，（二）东派。(p.1231)

たに勃興するとともに、まもなく首座を占めるようになった……[69]

　この記述は『灤州影戯小史』に基づいていると思われるが、前述の京腔との対比において推測した北京皮影戯の発展過程と、付合する点が多い。
　錫慶班の事例に見える北京西派皮影戯と東派皮影戯の近さは、両者がかかる歴史的経緯を経て、同じ根から分かれた皮影戯であったことを反映したものと理解されよう。そして、北京西派皮影戯＝涿州影は、乾隆・嘉慶間の秦腔の影響を受けた京腔の遺響を、〔琴腔〕などに留めているのである。
　ところで、中国皮影戯研究の大きな枠組みを確立したメルクマール的著作である江玉祥 1992 は、全国の皮影戯をいくつかの「影系」に分類し、冀東や東北の皮影戯を「冀東影系」とする一方、北京西派皮影戯は「秦晋影系」に属するとしている。江玉祥氏の分類は、影人のデザインおよび祖師爺などに基づくものであるが、本稿で論じたように分唱方式や音楽の共通性などに注目すれば、それらは同系統と考えるべきである。
　これに限らず、皮影戯の先行研究では戯曲史の研究成果を参照していないものが多く、また芸人の伝承を批判的な検討を行わずにそのまま受け入れたり、影人のデザインのみに注視するなどして立論している例が多々見られる。しかるに、皮影戯も伝統劇種である以上、人が演ずる伝統劇と同様に、主に声腔によって分類されるべきであるし、また研究にあたっては戯曲史研究の成果を参照するべきである。その意味で、江玉祥の提示した枠組みは、修正されていく必要がある。
　北京・河北の皮影戯は音楽や影巻など資料が比較的豊富に揃っているので、今後、具体的な事例についてより詳細に研究することも可能であると思われるが、それは今後の課題としたい。

　　※本稿は、「北京西派皮影戯錫慶班をめぐって――北京・冀中・冀東皮影戯形成史考」（『中国都市芸能研究』第 16 輯、2018 年）を元に、タイトルを改めるとともに、全体を改訂したものである。

---

[69] 在以先只用木魚念經式的宣卷，到了雍正末年已改用笛子，腔調也離弋腔較遠，而合崑腔較近了。乃至乾隆末年，四弦琴又加入了，音樂漸漸複雜，韻調自然更覺動聽。直到咸豐初年，南絃子新軍突起，並且不久在那裡就作了主席……（p.1230）

参考文献一覧

古典文献

《事物紀原》，高承，中華書局，1989
《南詞敍錄》，徐渭，《中國古典戲曲論著集成》第三輯（中國戲劇出版社，1959）所収
《清史稿》，趙爾巽等，中華書局，1977
《思益堂日札》，周壽昌，中華書局，2007
《燕蘭小譜》，吳長元，《清代燕都梨園史料》（中國戲劇出版社，1988）所収
《辛壬癸甲錄》，楊懋建，《清代燕都梨園史料》（中國戲劇出版社，1988）所収
《光緒順天府志》，周家楣、繆荃孫，北京古籍出版社，2001
《燕都叢考》，陳宗蕃，北京古籍出版社，1991
《道咸以來朝野雜記》，崇彝，北京古籍出版社，1982
《揚州畫舫錄》，李斗，中華書局，1960 年
《俗文学叢刊》，中央研究院歷史言語研究所・新文豊出版股份有限公司，2001-2016

論著

澤田　瑞穂	1954	「灤州影戲の藝術」，『中国の庶民文藝』（東方書店，1986）所収
千田　大介	2001	「北京西派皮影戲をめぐって」，『近代中国都市芸能に関する基礎的研究成果報告論文集』（平成 9-11 年度科学研究費基盤研究(C)，研究代表者：岡崎由美，課題番号：09610462）
	2003	「華北旧皮影戲初考」，『中国都市芸能研究』第二輯，好文出版
戸部　健	2017	「北米における近代中国関係資料調査報告」，『中国都市芸能研究』第十五輯，好文出版
山下　一夫	2003	「芸術研究院戯曲研究所所蔵影巻目録」，『中国都市芸能研究』第二輯，好文出版
	2004	「『燕影劇』の編集をめぐって──ドイツ・シノロジストによる北京皮影戲の発見」，『中国都市芸能研究』第三輯，好文出版
	2005	「車王府曲本所収皮影戲考──北京東西両派との関係を中心に──」，『中国都市芸能研究』第四輯，好文出版
程志	2007	《京腔研究》，天津古籍出版社
傅惜華	1935	《北平國劇學會圖書館書目》，北平國劇學會
顧頡剛	1934	〈灤州影戲〉，《文學》第 2 卷第 6 期，
	1983	〈中國影戲略史及其現狀〉，《文史》第十九輯
関俊哲	1959	《北京皮影戏》，北京出版社
韓麗	2015	《冀南皮影戏艺术研究》，内蒙古大学硕士论文
江玉祥	1992	《中国影戏》，四川人民出版社
康睜睜	2016	〈兰州鼓子的艺术特征与传承发展研究〉，《北方音乐》2016 年第 18 期
李家瑞	1933	《北平俗曲略》，中央研究院歷史語言研究所

李秋河	2017	〈河間皮影戲〉,《滄州文藝網》(http://www.czswl.org/system/2017/05/20/011165636.shtml, 2019.1.10 最終確認)
劉季霖	2004	《影戲說－北京皮影之歷史,民俗與美術》,好文出版
劉慶豊	1986	《皮影史料》,黑龙江艺术研究所
劉栄德、石玉琢		
	1991	《乐亭影戏音乐概论》,人民音乐出版社
流沙	1999	〈京腔考〉(二稿),《明代南戲聲腔源流考辨》,財團法人施合鄭民俗文化基金會
	2014	《清代梆子亂彈皮黃考》,國家出版社
龐彦強、張松岩		
	2005	《河北皮影・木偶》,花山文艺出版社
斉如山	1935	〈影戲——古都百戲之四——〉,《大公報》8 月 7-10 日
蘇子裕	2009	〈河北高腔考〉,《文化遺産》2009 年第 4 期
佟晶心	1934	〈中國影戲考〉,《劇學月刊》第 3 卷第 11 期
王大勇	1986	〈福影調查記〉,《唐山戲曲資料匯編》第三集,內部資料
温景林	1986	〈皮影影卷一覽〉,《承德戲曲資料匯編》
魏力群	2015	《中国皮影戏全集》,文物出版社
翁偶虹	1985	〈路家班与北京影戲〉,中国人民政治协商会议北京市委员会文史资料委员会《文史资料选编》第二十三辑,北京出版社
張軍	2015	〈灤州影戲劇本《紅梅閣》初探〉,《贵州大学学报・艺术版》第 29 卷第 1 期
張敏	2015	〈刘德山：皮影收藏七十年〉,《兰州大学报》2015.10.29, http://news.lzu.edu.cn/c/201510/36986.html（2019.2.1 最終確認）
戦葆紅、馬文大、楊洲、羅雲鵬		
	2016	《未刊　清車王府藏曲本目錄索引》,學苑出版社
趙敬蒙	2004	《濒临失落的人类历史文化遗产—保定皮影》,河北大学硕士论文
趙志忠	1998	《北京的王府与文化》,北京：北京燕山出版社
中国美術全集編輯委員会		
	1988	《中國美術全集》工藝美術編 12 民間玩具剪紙皮影,人民美術出版社
中国曲艺志全国編集委員会、《中国曲艺志・北京巻》編集委員会		
	1999	《中国曲艺志・北京卷》,中国 ISBN 中心
ライナルト・サイモン（Rainald Simon）		
	1986	*Das Chinesische Schattentheater*（皮影戲）, Offenbach am Main: DLM Deutsches Ledermuseum/Schuhmuseum Offenbach

VII

1919年の梅蘭芳訪日公演と「東洋の美」の発見

平林　宣和

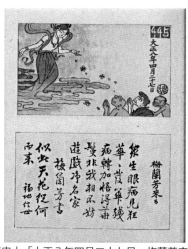

伊東忠太「大正八年四月二十七日　梅蘭芳来る」、
『阿修羅帖』第五巻 445、大正十（1921）年、国粋出版社

はじめに：

　梅蘭芳は東洋の美（東方美）の象徴である、という言説は、今日の中国ではおよそ疑う人の無い一種の常識となっている。言うまでもなく、こうした観念は近代以降に生まれたものだが、それが実際にいつ頃から一般化したのかは、まだ十分には検証されていないだろう。

　一方日本においては、1919年（大正八年）の梅蘭芳初訪日公演時に、この観念の原型がすでに一定数の人々に共有されていた。そしてそのことがまた、当時の日本で梅蘭芳が熱狂的に歓迎されたことの一因となったと考えられる。小論は、梅蘭芳を迎えた大正期日本の、「東洋の美」を巡る文化的な背景を素描することを試みるものである。

1：『古寺巡礼』

　1919年5月、梅蘭芳の初訪日公演が行われたのと時を同じくして、和辻哲郎 (1889-1960) の『古寺巡礼』が出版された。『古寺巡礼』は、和辻哲郎が1918年に奈良の社寺や博物館を巡り、天平時代の文物を中心に仏像、建築、仮面などを観覧して、そこに反映された古代ギリシャから東アジアに至るユーラシア大陸各地の文化的影響を見出していく一連の感興を記した書物である。その書き振りは、以下のような一例からも明らかであろう。

> 特に伎楽の衣裳は印度の風を用いなくてはならなかったであろう。…まして、唐風流行の天平時代に、西域や印度や波斯の衣裳を大胆に用いたとしても、少しも不思議はない。（和辻、1919、92頁）

　伎楽の仮面や衣裳について述べた上述の箇所では、天平時代の文物に反映された「唐風」、すなわちインドや西域、ペルシアなどの影響を受けた唐代文化の面影をそこに見出し、それら東洋文化と深く結びつく天平の文化への憧憬の念が吐

露されている。『古寺巡礼』が現在まで長く読み継がれるロングセラーとなったのは周知のとおりだが、本人が述べるように純粋な学術書ではなく（衣笠、2012、299頁）、これらの文物を目にした際の感興や憧憬がその記述の土台となっている。

さて、訪日公演と時を同じくして世に出たこの書物と梅蘭芳の間にどのような関係があるのだろうか。先述のように『古寺巡礼』は1918年の奈良への旅を直接の契機として書かれているが、その主旋律となる発想の一部は、この旅の前から和辻と友人との対話を通して徐々に醸成されてきたものである。その友人とは、『古寺巡礼』本文中にも何度か名前の登場する木下杢太郎（1885-1945）である。

木下杢太郎は1916年の秋に医師として中国東北部の奉天（現在の瀋陽）にある南満医学堂に赴任し、以降1920年まで大陸に滞在していた。その間に和辻哲郎との間でやり取りをした書簡が、『古寺巡礼』の発想を支える基盤となっている。学術的な根拠はさておき、天平時代の文物に広大な東洋文化の面影を見、そこに独自の美と憧憬とを見出す発想は、決して和辻哲郎個人の着眼ではなく、木下杢太郎をはじめとした当時の知識人や文学者に共有された時代の感覚だった。

同時にこの木下杢太郎こそ、1919年の訪日公演に先立つこと二年余り、1917年4月『大阪朝日新聞』紙上に自身が観劇した梅蘭芳の芝居に関する文章を発表し、当時の日本人に梅蘭芳の存在を広く知らしめた最初期の紹介者であった。

2：木下杢太郎と『女起解』

杢太郎は奉天着任後の1916年の年末、一人で北京への旅行に出かけている。12月31日に北京駅に到着した杢太郎は、まず当時『順天時報』に劇評を執筆していた北京在住の日本人、辻聴花（1968-1931）を訪ねた。そこで中国の演劇の話を聞き、当夜梅蘭芳の芝居があることを知った杢太郎は、早速劇場に赴くことにした。この時の様子を、杢太郎は後日「支那の劇」という文章にして、1917年4月23日の『大阪朝日新聞』紙上に発表している。

　　目今支那の六代目菊五郎との評判ある梅蘭芳と云う青衫が出るというから、また写真で見ると頗る美しい戯子（やくしゃ）であるから、即夜私は騾馬市の第一舞台に

赴いた。(木下、1917、279 頁)

　第一舞台とは、当時の北京では比較的新しい設備を備えた劇場である。ここで杢太郎は、梅蘭芳の演じる『女起解』を見ることになる。劇場でその演技を間近に目にした後、杢太郎は特に梅蘭芳の表情について以下のような感想を述べている。

其他多くの芝居で梅蘭芳は重(ママ)に泣く役を勤める。高い弱い声で途切れとぎれに物を言う。そして手帕子(ハンカチ)を顔に当てて泣く。然しその泣く瞬間に、すでに目は一種の微笑を湛えるのである。奈良の博物館に在る天平の仏像は其の容貌に瞑想と微笑との両相が同時に存している。…思うに東洋仏像に於けるこの特殊の相貌には亦必ずや其伝承があるのであろう。(木下、1917、281 頁)。

　杢太郎が『女起解』の主人公である蘇三を演じる梅蘭芳の表情から見出したのは、「天平の仏像」と共通した、一つの容貌に二つの表情が宿るという特徴であった。さらに杢太郎は、梅蘭芳と天平の仏像との間に、「必ずや其伝承がある」と両者のつながりを示唆している。
　天平の仏像が唐代文化の色濃い影響を受けていたとしても、千数百年後の梅蘭芳の表情に、同じ文化が直接受け継がれていることを証明するのは困難である。しかしながら、杢太郎が両者の共通性を見出したその瞬間に、杢太郎が和辻とともに抱いていた天平文化への憧憬、およびそれに繋がる東洋芸術全体のパースペクティブが、梅蘭芳という一人の俳優と、少なくとも美学的な水準において連結されたこともまた確かであろう。
　この時に梅蘭芳は、六代目菊五郎に並ぶ人気を誇る中国の一俳優から、日本の知識人が思い描く東洋芸術のパースペクティブの中に、また彼らの想像力の領域の中に位置づけられ、それまでにない「東洋」というコンテクストを得るに至ったのである。この杢太郎の短い一文こそが、冒頭で述べた「東洋の美」の象徴としての梅蘭芳の位置づけを示す、最も早期の事例となった。そして『大阪朝日新聞』に掲載されたこの文章は、後に一定の影響力を持つようになるのである。

3：伊東忠太と梅蘭芳

　先述のように『古寺巡礼』の執筆に当たって和辻に影響を与えたのは、奉天にいた木下杢太郎であった。この二人はほぼ同世代であるが、一方でもう一人、『古寺巡礼』に大きなインスピレーションを与えた、世代的には二周り上の人物がいる。それは、二十世紀初頭に中国やインドを巡り、後に日本を一方の極として広く東洋、さらにはヨーロッパへと至る建築の歴史的地域的パースペクティブを描き出した建築史家、伊東忠太（1867-1954）である。

　伊東忠太は19世紀の末、法隆寺の柱に古代ギリシャのエンタシスの影響を見出し、それを1893年に論文として公表した。そして1901年に紫禁城の建築調査を行って以降、たびたび中国および東洋各地を訪問し、特に雲崗石窟における実地調査は、彼の説く東洋を横断する文化伝播説の有力な根拠とされている。法隆寺エンタシス説は客観的に証明された学説ではないが、当時大きな影響力を持ち、和辻哲郎の『古寺巡礼』にも少なからず影響を与えたことは縷々指摘されている（井上、1994、14頁）。

　伊東忠太は和辻哲郎と同様、直接に梅蘭芳に関係した文章を執筆したり、訪日公演の手助けをしたりしたわけではない。その点では、木下杢太郎ほどに梅蘭芳に直に関与はしていないが、それでも両者の間にはいくつかの接点が見出される。その一つが、小論の扉絵に掲げた、伊東忠太によるスケッチである。

　伊東忠太は大正時代に『阿修羅帖』と名付けた絵日記を描き続けたが、そのなかの一枚に、「梅蘭芳来る」と名付けられたスケッチがある。その下には、どのような経緯で日記に収められたか判然としないものの、梅蘭芳本人、および訪日公演の手助けをした日本人の一人、福地信世の書が張り込まれている[1]。

　伊東忠太がここで描いたのは、梅蘭芳本人ではない。梅蘭芳の訪日公演、特に東京帝国劇場における上演の目玉となった、古装新戯『天女散花』の天女のイメージを描いたものである。伊東忠太は自身がデザインする建築に、様々な東洋

---

[1] 『阿修羅帖』については京劇研究者の佐々木幹氏からご教示を受け、画像も提供いただいた。感謝申し上げたい。

的モチーフをちりばめたが、スケッチに描かれた天女もまた、そうしたモチーフに連なるものであろう。ここでもおそらく梅蘭芳は、先の木下杢太郎の場合と同様、伊東忠太の抱く東洋のイメージに重ね合わされたのである[2]。

　もう一つ、早稲田大学の演劇博物館に、伊東忠太と梅蘭芳の関りを示す資料が収蔵されている。「団十郎、梅蘭芳筆跡衝立」と名付けられたこの珍品は、昭和初期に博物館に寄贈された。演劇博物館の二代目館長であった河竹繁俊は、この資料が寄贈された際のエピソードを以下のように記している。

　　故人入沢達吉医学博士から、早大の演劇博物館に珍品のご寄贈を受けたことがある。…昭和十二年の十二月、「貴館に差し上げたいものがあるから、とにかく一見してもらいたい」という意味のお手紙をいただいた。…「それは九代目団十郎の書と、梅蘭芳の絵とを両面に張り、伊東忠太君にデザインしてもらった衝立です」。（河竹、1964、176-177 頁）

　九代目団十郎の書と梅蘭芳の絵とは、それぞれ別個に入手されたもので、それを伊東忠太がデザインした衝立の裏と表に貼り込んだのがこの「筆跡衝立」である。どのような意図でこの衝立が作成されたのか、この資料では明確に語られていないが、日本と中国の稀代の名優の書画を一つにまとめ、さらに伊東忠太の手によりそれを完成させることで、それら全てを「東洋の芸術」として一括りにしようとする目論見があったのかもしれない。

　以上の二つは、それぞれに孤立した資料ではあるものの、いずれも梅蘭芳を「東洋」と結びつけようという企図を窺わせるものだといってよいだろう。

　さて 1956 年の梅蘭芳最後の訪日公演の折、河竹繁俊は早稲田大学を訪問した梅蘭芳にこの衝立を見せたが、その場に同席したのが龍居松之助（枯山：1884 - 1961）であった。龍居松之助は東京帝国大学で伊東忠太に師事し、1918 年に北京で中国の住宅建築と庭園の調査を行っていた。そこで梅蘭芳の芝居に魅せら

---

[2] 先述のシンポジウムにおける佐々木幹氏の報告によれば、茶人の高橋箒庵（1861-1937）が日記『萬象録』の中で、当時梅蘭芳の演じた天女を、天平時代の彫刻に見る天女のようだ、と評している。

れ、1919年の梅蘭芳訪日公演に際しては、招聘元の大倉喜八郎を助けて公演実現に奔走している[3]。梅蘭芳が龍居を介して伊東忠太と何らかの接点を持っていたのかどうか、今のところ判然としないが、ここにもまた日本で構想された東洋芸術のパースペクティブ

1919年4月28日『東京日日新聞』掲載の写真。前日に『東京日日新聞』本社で撮影されたもので中央に梅蘭芳、前列一番右が龍居松之助(枯山)、後列中央左が村田孜郎(烏江)。

と梅蘭芳とを結びつける、一つの補助線が見出されるのである。

4：東洋芸術と梅蘭芳

　以上述べてきたように、和辻哲郎、木下杢太郎、伊東忠太などが各々に、あるいは時に協同しつつ築き上げていった「東洋」のイメージは、様々な経路を通して梅蘭芳に重ね合わされていった。これらの「東洋への視線」は、そのまま日本で梅蘭芳を見た当時の観客の目にも反映されている。

　与謝野晶子（1878-1942）は、梅蘭芳訪日公演の後に「梅蘭芳に贈る歌」という詩を書き、『婦人之友』1919年7月号に発表している。1919年の訪日公演の際には、多くの文学者が梅蘭芳を賛美する作品を残したが、この詩はその中でも最もよく知られたものの一つであろう。その前半部分は以下の通りである。

　　うれしや、うれしや、梅蘭芳(メイランフワン)

---

[3]　龍居松之助の父親で満鉄理事を務めた龍居頼三も梅蘭芳と親交があった。

今夜、世界は
　　（ほんに、まあ、華美(はで)な唐画の世界、）
　　真赤な、真赤な
　　石竹の色をして匂ひます。
　　おゝ、あなた故に、梅蘭芳、
　　あなたの美しい楊貴妃ゆゑに、梅蘭芳
　　愛に焦れた女ごころが
　　この不思議な芳しい酒となり、
　　世界を浸して流れます。

　与謝野晶子は梅蘭芳の『貴妃酔酒』の舞台から、一幅の「華美な唐画の世界」を見出した。『貴妃酔酒』は唐代を背景とした芝居であるから、「唐画」を想起するのは不自然ではないが、よく知られるように京劇の衣裳、化粧、小道具などは、各王朝のデザインをそのまま用いているわけではなく、むろん唐代文化とも直接の関りはない。木下杢太郎と詩作の同人であった与謝野晶子もまた、杢太郎が天平の仏像と梅蘭芳とを結びつけたのと同様に、自らの抱く「唐風」のイメージを、梅蘭芳に重ね合わせたのではないか。
　一方、梅蘭芳と東洋芸術とを、より直接に結びつけた論者がいる。1919年5月の来日公演の半年後、京都帝国大学の漢学者を中心に、梅蘭芳の評論集『品梅記』が編まれたが、この書籍に寄稿をした神田喜一郎（1897-1984）は、梅蘭芳を知った経緯を以下のよう記している。

　　一昨年でもあつたか湖南先生（内藤湖南）が燕京で酷く梅蘭芳に魅せられて了はれたといふ逸話を桃華先生から承つた際でも実は逸聞そのものに感心したゞけであつて梅蘭芳の劇を見たいなどゝの野心は起らなかつた。然し梅の名はそれよりも以前に大阪朝日新聞に掲げられた木下杢太郎氏の北京見聞録で承知してゐたので湖南先生の逸事を耳にしてからは不思議にそれが私の頭脳に印象づけられるに至つたのである。（神田喜一郎、1919年、90頁）

神田喜一郎は京都帝国大学における内藤湖南（1866-1934）の弟子である。内藤湖南は木下杢太郎のほぼ一年後、1917年末に北京で梅蘭芳の『思凡』を観劇したことを同じ『品梅記』に記しており、梅蘭芳訪日時にも『思凡』を紹介する文章を新聞に発表したりしている。弟子の神田喜一郎はそのエピソードに触れつつも、最初に梅蘭芳のことを認識したのは、木下杢太郎が『大阪朝日新聞』に載せた先述の文章であることを明確に記している。
　さらに神田喜一郎は、観劇後の印象を以下のように綴った。

　　東洋の芸術には西洋芸術に於て見られない貴い価値のあることが梅蘭芳の劇に依つて漸やく覚醒した人々の間に知れるやうになつてきた。勿論それは西洋人の教示や指摘を待たずにである。（神田、1919年、97頁）

　神田喜一郎は、ここではっきりと「梅蘭芳の劇に依つて」、東洋芸術の貴い価値が人々に認知されるようになった、と記述している。小論の見立てに対していささか出来すぎたストーリーにも思われるが、『大阪朝日新聞』に掲載された木下杢太郎の記事から、ほぼ二年後の訪日公演に至るまでの間に、梅蘭芳に重ねられた「東洋芸術」の価値に対する認識が、少なくとも一部の日本人に共有されるようになったことを、若き漢学者の神田喜一郎は実感していたのである。
　以上のように、木下杢太郎の新聞記事を起点に結びついた、東洋芸術とそれを代表する梅蘭芳という概念は、想像力に関わる事柄ゆえ十分に証明可能ではない事例を含みながらも、大正期の知識人、文化人の間に一定規模で共有されるようになったと考えてよいだろう。

結び：

　木下杢太郎は梅蘭芳の芝居を観劇する前、到着したばかりの北京で一頭の駱駝を目にした。その駱駝から、木下杢太郎は中国から西域、さらにはヨーロッパへとつながっていく文化的地理的広がりを思い描く。梅蘭芳の表情に天平の仏像と同じ相貌を見させたのも、恐らくはそれと同じ想像力であったろう。小論は、こ

うした東洋への想像力を膨らませつつあった当時の日本の知識人、文化人のイマジネーションの領域に分け入り、その中に位置づけられた梅蘭芳と重なる「東洋の美」の象徴という概念の出どころを析出することを目的としたが、不十分ながらもその道筋はある程度素描できたのではないかと思う。

　一方、木下杢太郎の勧めで、1918年秋に北京で梅蘭芳の芝居を見た谷崎潤一郎も、梅蘭芳訪日に当たって文章を発表した文学者の一人である。当時の谷崎の文学的傾向の一つは「支那趣味」、「異国情調」といった言葉に代表される一種のオリエンタリズムであった（西原、2003、15頁）。この傾向は、木下杢太郎もある程度共有していたが、一方で『古寺巡礼』には、「異国情調」といったことばは数えるほどしか出てきておらず[4]、谷崎に見られる日本発のオリエンタリズムとは趣を異にしているように感じられる。

　また同時期の日本の画壇では、チャイナドレスを着用した女性像を描くことが流行していたが、その先鞭を付けた画家の藤島武二は、二十世紀初頭のイタリアに留学し、彼の地で勃興しつつあったオリエンタリズムの影響を受けていた。

　こうしたそれぞれに由来の異なる当時の「東洋」イメージは、いずれも1919年の梅蘭芳訪日公演に彩を添え、梅蘭芳の東洋イメージの増幅を支えていたと思われる。今回は和辻、木下、伊東を結ぶラインのみを扱ったが、大正期日本で醸成されていた時代の「空気」をより総体的に把握し、またそれらが神田喜一郎の説くように本当に「西洋人の教示や指摘を待たずに」生み出されていたのか、という点を検証するためにも、以後は上述した他の側面についても検討を加えたいと考えている。

　※小論は、2019年1月26日に、北京の梅蘭芳紀念館および国際交流基金の主催により開かれた「紀念梅蘭芳首次訪日演出100周年学術研討会」における研究報告を土台としている。

---

[4] 青空文庫版（https://www.aozora.gr.jp/cards/001395/files/49891_41902.html）で検索したところ、『古寺巡礼』の本文中、「異国情調」はわずか4か所のみであるのに対し、「天平」は156回も使用されていた。なお青空文庫版のテキストは、1946年の改訂版を底本としている。（2019年2月10日閲覧）

参考文献

井上章一　　　1994　　『法隆寺への精神史』、弘文堂。
河竹繁俊　　　1964　　「世界的名優梅蘭芳」、『日本演劇とともに』、東京書房。
神田喜一郎　　1919　　「梅蘭芳を見て」、『品梅記』、彙文堂書店。
衣笠正晃　　　2012　　「解説『初版　古寺巡礼』の魅力」、『初版　古寺巡礼』、筑摩書房。
木下杢太郎　　1917　　「支那の劇」、『大阪朝日新聞』、1917年4月23日（『木下杢太郎全集』第九巻所収、岩波書店、1980年）。
西原大輔　　　2003　　『谷崎潤一郎とオリエンタリズム　大正期日本の中国幻想』、中央公論新社。
和辻哲郎　　　1919（2012）『初版　古寺巡礼』、筑摩書房。

VIII

非遺時代における中国民俗文化の行方

――蘇州呉江の宣巻芸人を事例に――

佐藤　仁史

蘇州上方山楞伽塔院における宣巻風景

はじめに

　本稿は、筆者が 2004 年以来調査を進めている呉江の宣巻を事例として、現代中国における民俗文化の復興と変遷について、特に 1980 年代の改革開放期以降の状況が有する時代性に着目しつつ、社会史的な視点から検討するものである。

　宣巻ないし宝巻については、俗文学や宗教学などの分野において夙に注目され、少なからぬ研究が蓄積されてきた。宝巻について先駆的な研究を行った研究者の1人である澤田瑞穂の定義に拠れば、宝巻は、教派系教典を主とする古宝巻時代と、嘉慶 10 年（1805 年）を転機として民国期までに至った新宝巻時代とに大別される[1]。このうち、後者に関するものを包括的に分析した研究として澤田瑞穂の著作や車錫倫による一連の仕事が挙げられる[2]。これらの研究によって、テキストの全体像や個別具体的なテキストの変遷についての知見が相当増加したことは間違いない[3]。

　しかしながら、テキストの背後にある社会背景については、依然として十分な検討が加えられていない点があることもまた事実である。教派系の宝巻が隠密化した新宝巻時代についてのみみても、民間信仰を反映した宝巻と地域社会との関係（信仰を核とした地域統合とその重層性）、勧善や教化用倫理にみる知識人と民衆と

---

[1] 澤田瑞穂『増補宝巻の研究』国書刊行会、1975 年、34 － 38 頁。
[2] 宗教史の分野の成果として、浅井紀『明清時代民間宗教結社の研究』研文出版、1990 年、や馬西沙・韓秉方『中国民間宗教史』上海、上海人民出版社、1992 年、李世瑜『宝巻論集』台北、蘭台網路出版社、2007 年、Daniel L. Overmyer, *Precious Volumes: An Introduction to Chinese Sectarian Scriptures from the Sixteenth and Seventeenth Centuries*, Cambridge: Massachusetts, Harvard University Asia Center,1999. を、説唱文学の領域における代表的な成果として、車錫倫『中国宝巻研究論集』台北、学海出版社、1997 年、同『信仰・教化・娯楽――中国宝巻研究及其他』台北、学生書局、2002 年、をあげておく。
[3] 近年では各地で数多くの宝巻の蒐集・整理が進展しており、テキストを多角的に検討することが可能となっている。例えば、テキストの Ngram 分析による比較分析から発掘される情報も多いであろう。このような分析に、上田望『紹興宝巻研究　付「双状元宝巻」校注影印』〈平成 18 年度科学研究費補助金特定領域研究／東アジアの海域交流と日本伝統文化の形成散楽の源流と中国の諸演劇。芸能・民間儀礼にみられるその影響に関する研究（演劇班）・研究成果報告書〉2007 年、がある。

の関係、様々な活字メディアと宝巻との関係など様々な問題群が残されている[4]。また、改革開放以降における復興状況についても、それ自体が社会史研究にとっての好個の素材であるばかりでなく、民俗学や人類学などの分野における研究成果との対話という意味においても極めて重要な意味をもっている。

　ところで、改革開放期以降の時代性の変遷に着眼するに到った理由は、継続して行ってきた調査のあり方と密接に関連している。筆者は、2004年度〜2006年度科学研究費基盤研究B「清末民国期、江南デルタ市鎮社会の構造的変動と地方文献に関する基礎的研究」、2008年度〜2011年度科学研究費基盤研究B「解放前後、太湖流域農漁村の『郷土社会』とフィールドワーク」（以上、研究代表者・太田出）にかかり組織された太湖流域社会史調査班の活動の一環として、2004年夏より宣巻芸人のライフヒストリーや活動状況に関する調査を呉江とその周辺地域において進めてきた[5]。その成果の一部として、佐藤仁史・太田出・稲田清一・呉滔編『中国農村の信仰と生活———太湖流域社会史口述記録集』（汲古書院、2008年）、佐藤仁史・太田出・藤野真子・緒方賢一・朱火生編『中国農村の民間芸能———太湖流域社会史口述記録集2』（汲古書院、2011年）を刊行した[6]。そして、後者の出版を目処として呉江における宣巻芸人に対する組織的な調査は一旦終止符が打たれ、以降は筆者が個人的に宣巻芸人と交流しつつ単発的なインタビューを継続するという状態が続いていた[7]。

　その後、常熟において行われている木魚宣巻の芸人（読経先生とも呼称される）や

---

[4] このうち、勧善や教化用倫理にみる知識人と民衆との関係については、清末民国期の新聞においてみられる知識人によるテキストも興味深い分析対象となる。例えば、蘇州で1920年代に刊行された『中報』には「宣巻」と銘打たれた記事が数多く収録されている。
[5] その他、2006年度〜2008年度科学研究費若手研究B「清末民国期、江南デルタ農村の地域統合と民間信仰に関する基礎的研究」、2009年度〜2011年度科学研究費若手研究B「中国建国初期、江南郷鎮社会の再編に関する現地調査」（以上、研究代表者佐藤仁史）においても関連する調査を実施した。
[6] 関連する業績として、太田出・佐藤仁史編『太湖流域社会の歴史学的研究———地方文献と現地調査からのアプローチ』（汲古書院、2007年）、太田出・佐藤仁史・長沼さやか編『中国江南の漁民と水辺の暮らし———太湖流域社会史口述記録集3』汲古書院、2018年、がある。
[7] その後上演のクライアントや民間信仰との関係については、2014年度公益財団法人JFE21世紀財団の研究助成を得て、数名のシャーマンにインタビューを行った。佐藤仁史・宮原佳昭・宮内肇「近代中国における風俗改良論———湖南・広東・江南の比較を通して」『2015年度大学研究助成　アジア歴史研究報告書』公益財団法人JFE21世紀財団、2016年。

その聴衆の背後にある進香組織などとの出会いを契機として再び調査を本格化させると共に[8]、かつて行った調査の背景や時代性について再考察することの必要性を認識するに到った[9]。とりわけ、2000年代に一大ブームとなった民俗文化の非物質文化遺産（以下、非遺）への登録は、種々の民俗文化そのものやそれらを取り巻く人々のあり方に大きな影響を与えることになった。中国における非遺登録のあり方については、生活という観点が欠落していることや[10]、文化遺産をめぐる実践を行うアクターのうち、各種政府による「政策」の実践、学術やメディアなどの「表象」の実践に偏重しており、住民たちによる「生活」の実践が十分に検討されていないという民俗学者や文化人類学者の指摘がある[11]。筆者もこの指摘に首肯しつつ、本稿においてはアクターとしての芸人や芸能の継承状況に着目して、生活の角度から文化のありかたを検討するものである。非遺関連の事業に一段落がついた今こそが改革開放政策開始から非遺時期に至るまでの時代性を検討する好機であろう。

　ところで、非遺登録による成果として、宝巻そのものや上演を採録して文字化したものを集めた資料集が陸続と刊行されるに到っている。例えば、梁一波編『中国・河陽宝巻集』全2冊（上海、上海文化出版社、2007年）、中共呉江市委宣伝部等編『中国・同里宣巻集』全2冊（南京、鳳凰出版社、2010年）、銭鉄民編『中国民間宝巻文献集成・江蘇無錫巻』全15冊（北京、商務印書館、2014年）、常熟市文化広電新聞出版局編『中国常熟宝巻』全4冊（蘇州、古呉軒出版社、2015年）などがある。また、蘇州やその周辺地域を分析対象とした研究も蓄積されつつある[12]。このよ

---

[8] 常熟における調査の一部は、佐藤仁史・陳明華・張笑川「常熟宣巻調査報告──虞山鎮の一講経先生に即して」『中国都市芸能研究』第17輯、2019年、において紹介した。
[9] 以前実施した現地調査のうち、宣巻や民間信仰に関する調査の成果として、太田出・佐藤仁史編『太湖流域社会の歴史学的研究──地方文献と現地調査からのアプローチ』汲古書院、2007年、佐藤仁史・太田出・稲田清一・呉滔編『中国農村の信仰と生活──太湖流域社会史口述記録集』汲古書院、2008年、佐藤仁史・太田出・藤野真子・緒方賢一・朱火生編『中国農村の民間芸能──太湖流域社会史口述記録集2』汲古書院、2011年、を刊行してきた。
[10] 菅豊「何謂非物質文化遺産的価値」『文化遺産』2009年第2期。
[11] 河合洋尚・飯田卓編『中国地域の文化遺産──人類学の視点から』国立民俗博物館、2016年、7－9頁。
[12] 近年の学術研究には、陸永峰・車錫倫『呉方言区宝巻研究』北京、社会科学文献出版社、2012年、がある。

うな研究環境や状況の変化は、より多くの分析素材をもたらしたのみならず、研究蓄積の背景にある時代性そのものへの考察の必要性を筆者に痛感させるに到った。

　以上の如き問題意識にもとづき、第1章では、呉江における宣巻の形成過程を考える。第2章では、改革開放政策に伴って復興した宣巻やその背景についてみる。第3章では、非遺ブームのまっただ中にあった2004年〜2008年において筆者が行った現地調査の成果に基づき、宣巻と密接に関連する民俗文化の状況について、2芸人の上演記録を素材として分析を加える。第4章では、非遺登録後に浮上した芸能の継承問題について検討を行う[13]。

1. 呉江における宣巻の形成

　先ず、新編『呉江県志』の記載を手がかりに、清末民国期の呉江における宣巻の特徴と変遷を確認しよう。少々長いが県志の記載を引用する[14]。

　　宣巻　呉江県内における宣巻の伝播には百年近くの歴史があり、僧侶の講経を起源とする。上演時には、四角テーブル1卓に布を張り、正面に「××社文明宣巻」と記した。1人の宣唱者に対して、相方2人（2人以上の場合もある）が合わせ、宣唱者は「醒目」という木片で2つの木魚をたたき、宝巻の上に「経蓋」をかぶせた（ハンカチには仏像と社名を刺繍した）。当初は宣唱者が先ず木魚や磬をたたいてから宝巻を宣じた。内容の大多数は、例えば、『妙蓮』『雪山太子』『観音得道』『目連救母』『二十四孝』『孟姜女』『双奇冤』などの

---

[13] なお、本稿の一部は筆者による以下の旧稿を土台として大幅に加筆・改稿したものである。旧稿は非遺ブームにわく中で行った現地調査の傍らで執筆されたものであったので、この時期の時代性を十分に意識した論述ができなかった点に本稿との根本的な違いがある。佐藤仁史「一宣巻芸人の活動からみる太湖流域農村と民間信仰——上演記録に基づく分析」太田、佐藤前掲『太湖流域社会の歴史学的研究』所収、佐藤仁史「江南農村における宣巻と民俗・生活——芸人とクライアントの関係に着目して」佐藤・太田ほか前掲『中国農村の民間芸能』所収。

[14] 呉江市地方志編纂委員会編『呉江県志』（南京、江蘇科学技術出版社、1994年）第21巻文化、第3章文学芸術、第4節「民間戯曲曲芸」。

仏典であり、相方は「南無阿弥陀仏」と唱えた。後に、宣唱する内容は次第に民間の伝統的な故事や評弾、篤班（越劇の劇団）の台本をとりいれ、宣じながら唱うようになった。民国に入ると宣巻は絲弦宣巻へと変貌を遂げた。始まりに木魚を用いず、胡琴や蛇皮線、琵琶、揚琴、笛などの絲竹楽器を用いて、6から7人で『梅花三弄』『龍虎闘』『快六』などの曲を演奏した。宣巻の節は一般的に七字句で構成されており、曲調には梅花調や彩字調、弥陀調、書派調、十字調などがあった。絲弦宣巻に発展した後、宣巻の基本的な節以外に、芸人は各自の特徴を発揮し、滬劇や錫劇、揚劇、越劇といった地方劇の曲調を取り入れたので、民衆は宣巻を「什景呉書」とも称した。

宣巻芸人の多くは農民及び市鎮の貧民であり、上演費用は米を単位に計算をした。宣唱者が半分を得て、相方は米1斗を得た。絲弦宣巻班では股を単位に計算をし、宣唱者の2股に対して、他の構成員は1股という比率であった。1940年代に呉江県において活発に活動した宣巻団体は20班あまり、芸人は50人あまりにのぼった。影響力があり、技芸が比較的高かった芸人には、呉県宣揚社の許維鈞、芸民社の閔培伝、鳳儀閣の徐銀橋が挙げられる。解放初期、宣巻芸人には宣伝活動に参加した者もいた。後に活動は次第に減少し、のちに絶滅の危機に瀕した。

　長期的な変化の特徴として指摘できるのは芸能化と総括できる変化である。宝巻の変遷に関する概説的な理解を、澤田瑞穂による古典的な研究に即してみてみよう[15]。宝巻は嘉慶10年を画期として古宝巻時代と新宝巻時代とに大別される。古宝巻時代は、羅祖が正徳4年（1509年）に刊行した五部六冊以前の仏書に類する原初宝巻期、五部六冊とそれに影響を受けて編纂された「説理本意の宝巻、一宗の教典としての宝巻」が盛行したほぼ17世紀末から18世紀初頭にかけての教派宝巻期、清朝政府の邪教取り締まりと宗教活動の隠密化による教派宝巻沈衰期に細分されるという。新宝巻時代は嘉慶10年を転機として民国期までに至り、清末までの宣巻用・勧善用宝巻期と民国以降の新作読物化期に細分される[16]。

---

[15] 澤田前掲『増補宝巻の研究』34 － 38 頁。
[16] 古宝巻時代の宣巻がどのようなものであったかを示す信憑性の高い史料はないと澤田は言う

本稿と深く関わるのは新宝巻時代の宝巻である。この時期には通俗倫理を説く勧善懲悪調の色彩が濃厚になり、小説や戯劇、弾詞、民間伝説などで知られた物語が宝巻化するようになった。これは宣巻の芸能化・職業化の潮流と軌を一にするものと言えよう。上述の新編『呉江県志』において、仏典を中心とする木魚宣巻→戯劇や弾詞、民間故事を吸収→絲弦宣巻への発展という流れが清末民国期に顕著と捉えているのは、編纂当時存命であった老芸人に対する聞き取りに拠りつつ纏めたことが影響したものと思われる。

澤田瑞穂の研究に大きな影響を受けつつ、中国内外の宝巻の精査によって宝巻研究に深みを与えている車錫倫は、清末民初の新宝巻最盛期における江浙の特徴として、宣巻芸人の班や社が郷村ばかりでなく、市鎮や県城、上海や蘇州、杭州といった大都市にまで活動範囲を広げていたことを指摘している[17]。かかる現象は宣巻の芸能化による芸人の活動空間の拡張と表裏の関係にあった。そのことを論証する１つの証左を示そう。蘇州では、座唱形式から崑劇の上演芸術などを吸収して戯劇の一種へと変貌した蘇灘という地方劇が城内を中心とする周辺一帯で人気を博していた。老蘇灘芸人范少蘭の追憶に拠れば、民国初年に宣巻は絲弦宣巻へと発展して「新法宣巻」と称するようになっていたが、実際は完全に蘇灘を摸倣したものであったという。上演形式が似通ったことによって蘇灘芸人は商売を奪われていると感じ、1920年前後に蘇灘芸人公所に報告して官に訴え出たため、両者の間で長期にわたる紛争が発生した。宣巻には胡弓一本のみの使用を許し鼓板の使用を許さないこと、「文明宣巻」と明示することなどの指示が官より出されたが、状況は殆ど改善されず、紛争は解決されなかった[18]。この逸話は一

が、『烏程県志』の「近来、農村では俗化した勧世文を仏経に挿入したものを群相唱和することが流行っており、名を宣巻という。蓋し白蓮の名残である。郷村の老婦人が主であるが、多くは狡猾な僧に惑わされたのであり、大いに善俗の累となっている」という記述には、僧尼を中心とする古宝巻時代の状況を伝えているものと思われる。崇禎『烏程県志』巻4「風俗」。

[17] 車前掲『中国宝巻研究論集』8頁。車錫倫『中国宝巻総目』台北、中央研究院中国文哲研究所籌備処、1998年、はもっとも網羅的な宝巻目録である。

[18] 蘇州市文化広播電視管理局編『蘇劇研究資料』第2輯、蘇州市文化広播電視管理局、2002年、37頁。当該資料は1960年代初には編纂されたものであり、掲載されている老芸人に対する聞き取りの記録は貴重である。なお、当該資料の複写を張舫瀾氏に提供いただいた。この場を借りて謝意を示したい。

図1　呉江県地図
注：1990年当時の呉江県の地図である。現在は蘇州市呉江区に改編されている。

大芸能都市である蘇州城内においてすら地方劇の1つと利害が競合するほどに宣巻が芸能化していたことを示すものである。

しかしながら、呉江における宣巻の芸能化は一律に進行したわけではなく、芸人や演出地によって違いがみられた。解放前に活動を行った老芸人の証言をみてみよう。影響力の大きかった芸人として新編県志に言及されている呉県宣揚社の許維鈞（1909－91年）と鳳儀閣の徐銀橋の特徴について、許維鈞の弟子呉卯生氏（1927年生まれ）は、許が呉江に初めて絲弦宣巻の形式を持ち込み、他の芸人は木魚宣巻であったことを指摘した上で、「許維鈞が有名なのは蘇州評弾と類似している点にありましたが、農村部では評弾は殆ど受けませんでした。これに対して、徐銀橋の特徴は農村にあり、主に農村の婦女に受けました。彼は農村出身で専ら農村部の婦女を対象とし、声がよく、ユーモアにあふれ、分かり易かったからです」と対照する[19]。また、徐銀橋の弟子胡畹峰氏（1924年生まれ）は「徐銀橋の特徴は滑稽さにありました。今風の言い方をすれば、仕草や声がよく、上演に優れていたのです。許維鈞の特徴は文雅という点にあり、教養（文化）のある人は彼の宣巻が好きでした。というのも彼が書生かたぎであったからです。彼の宣巻は書派宣巻とも呼ばれ、蘇州の説書に似ていました」と回想している[20]。蘇州の評弾や説書の要素を取り込み、芸能化を推し進めた許維鈞の「書派

---

[19]『中国農村の信仰と生活』397-398頁。なお、中国戯曲音楽集成編委会編『中国戯曲音楽集成・江蘇巻』北京、新華書店、1980年、1464頁、の許維鈞の人物伝には、呉茂声と顧茂豊が弟子として下手を務めたことが言及されている。呉茂声は呉卯生氏であると思われる。

[20]『中国農村の信仰と生活』384頁。

宣巻」が市鎮の富裕層などに好評を博したのに対し[21]、徐銀橋の演劇化を抑えた「通俗易懂」（砕けていてわかりやすい）のスタイルが農村部の婦女に受けたという対比は、2人の印象においてほぼ一致している。本稿では、解放前に呉江県下で活躍し、改革開放後の再開期を担う弟子たちを育てた芸人を便宜的に第1世代と呼称することにする[22]。

2. 改革開放初期における宣巻の復興

本章では、改革開放政策の実施後、特に1980年代以降に再開された宣巻の復興状況について、芸能の継承関係や活動空間の特徴に着目してみていく。

まず中華人民共和国成立後から改革開放期に至るまでの状況について一瞥しておこう。中国建国後、一部の宣巻芸人は政府の宣伝工作に参与し、政策の内容を脚色して上演したという。民国期に短期間活動した老芸人沈祥元氏（1922年生まれ）に拠れば、1950年代に入ると宣巻の上演には当局における登記を経て、紹介状を発行してもらう必要があった。当時、同里鎮に登記に行くように芸人仲間の顧茂豊に誘われたが、彼自身は行かなかったという[23]。多くの芸人は一般農民として生活を行い、文革期まで上演されることがあったが、あくまでも秘密裏の散発的なものであったという証言も得られている[24]。

改革開放期に入ると、宣巻は農村部を中心に再び上演されるようになった。この時期の宣巻と農村社会との関係については次章において詳細に分析するので、以下では清末民国期との対比において3点の特徴を示しておきたい。

---

[21] 許維鈞は蘇州で宣巻を学び、30歳の時に活動拠点を同里鎮に移した。こうした背景から他の芸能を積極的に宣巻に吸収したスタイルが確立したと思われる。『中国・同里宣巻集』〈手抄点校本〉369頁。

[22] 『中国戯曲音楽集成・江蘇巻』1464頁。呉江における継承関係については、『中国・同里宣巻集』〈手抄点校本〉366-368頁、に詳しい。清末までさかのぼるという議論もあり、これに拠る場合には世代が深まる。

[23] 『中国農村の信仰と生活』375-376頁。楊申亮氏が呉江市文教局で収集した檔案によれば、顧茂豊は自らが属する公社外における1963年1月15日の上演に対して臨時上演唱証を申請し、許可されている。「関于流動芸人登記証的批復（1963年1月11日）」呉江区檔案館蔵。

[24] 『中国農村の信仰と生活』399頁。

第1点は、当局の管理と観光資源化の流れである。1980年代初頭においては宣巻芸人が上演する際、同里文化站に赴いて江蘇省文化局が発給した「演唱証」を取得する必要があったと張宝龍氏（1950年生まれ）は述べる[25]。また、呉卯生氏の回想に拠れば、同里文化站が組織した曲芸隊による芸人の管理は次のようなものであった[26]。

> 問：〔文化站への〕登記の主要な目的は費用上の見地からでしたか、それとも思想統制上の見地からでしたか。
> 答：この点については、〔文化站が〕管理組織であったというしかありません。当時の政策は比較的厳しいものでした。もし〔所属する単位の〕外で宣巻をしようとしたなら、曲芸隊の紹介状なしには上演できませんでした。〔紹介状がなければ〕他の鎮では文化部門によって調べられ、捕えられました。
> 問：曲芸隊を通して〔鎮文化站に〕登記すれば、上演内容は制限を受なかったのですか。
> 答：当時の曲芸隊に登記した時、彼らはどの台本を用いるのか、内容はどのようなものであるのか、迷信的色彩や扇情的内容がないかを審査していました。しかし、現在では同里の曲芸隊はこのような管理を行わなくなり、有名無実となっています。

　政府はこのような芸人管理を行いつつも、同里鎮を観光地として開発する一環として、同地の人文建設のために伝統文化の1つとして宣巻を保護する文化政策を改革開放期当初より進めた[27]。例えば文化部門によって企画された退思園での

---

[25]『中国農村の民間芸能』151頁。
[26]『中国農村の信仰と生活』399-400頁。
[27] 改革開放政策の開始直後の小城鎮建設の推進に際して費孝通は、呉江の小城鎮を5つの類型に分け、それぞれの歴史的背景や特質にあった建設の方向性があることを示した。そのなかで同里鎮は「かつての消費、享楽型の小城鎮であると言え、現在水郷風景を有する遊覧区を作っている」と述べ、観光資源としての特徴を強調していた。費孝通「小城鎮　大問題」費孝通文集出版工作人員編『費孝通文集』第9巻、北京、群言出版社、1999年。

上演がこのことを端的に示している[28]。このような流れの中で、呉江宣巻は同里という地名と結びつけられて語られるようになった。かような潮流は各級地方政府による非遺登録においても継承された[29]。観光資源としての観点から伝統文化を保存せんとする文化遺産実践の「政策」アクターの影響が極めて大きく働く中で、呉江の宣巻は「同里」という冠を載せられ、同地との関連が強く印象付けられる形に「創造」されてしまった[30]。しかしながら、先にもみたように形成期においても近年においても呉江宣巻は同里のみに限定される文化ではなかった。

　第 2 点は宣巻芸人の世代についてである。改革開放期初期に活躍したのは、民国期に第 1 世代に師事し、当時においても短期間の活動歴を有したか、中国建国後に第 1 世代の芸人に師事して芸能を学んだ第 2 世代ともいうべき芸人たちである。代表的人物を列挙すれば、呉江で最も早期に活動した呉仲和の弟子沈祥元氏、許維鈞の弟子呉卯生氏、徐銀橋の弟子胡畹峰氏などである[31]。沈祥元氏は 1922 年生まれで、八坼鎮龍津村放鳥港人の人である。幼少期に 10 年間私塾で学び、17 才から塾師となった。20 才の時に呉仲和について宣巻を学び始め、21 才の時から中国建国まで自らの班子を率いて活動した。その後、村に戻って農業に従事しつつ、1953 年より赤脚医生となり、1978 年まで兼務した。改革開放期に入ると再び宣巻を始めた。最盛期には 1 年で 200 回(場)上演したという[32]。胡畹峰氏は 1924 年生まれで、金家壩鎮楊墳頭村の人である。15 才以降、蘇州や蘆墟鎮の洋品店で店員となった。17 才の時に北庫鎮で小さな洋品店を開店した。18 才の時に徐銀橋の弟子となった。19 才で独立し、中国建国まで活動した。土地改革時は貧農に分類され、その後一貫して農業に従事した。互助組の組長を務めたこと

---

[28] 退思園は同里鎮屈指の庭園で、光緒 13 年（1887 年）に落成した。改革開放後には同里鎮の観光資源として整備され、様々な芸能も催されている。同里鎮人民政府編『同里鎮志』(揚州、広陵書社、2008 年) 5 章「退思園」。『中国農村の信仰と生活』260-261 頁。
[29]「"同里宣巻"完成蘇州市非物質文化遺産申報工作」『呉江日報』2006 年 6 月 12 日。
[30] 非遺申請・認定によって、民俗文化が変容してしまう側面については、佐藤仁史「地域文化を記録するということ──『中国・同里宣巻集』によせて」『中国都市芸能研究』第 10 編輯、2012 年、でも言及した。
[31] 沈祥元氏は許維鈞に師事したこともあった。
[32] 沈祥元氏のライフヒストリーは、『中国農村の信仰と生活』371-380 頁、を参照。

もある。1977 年より宣巻芸人を生業とするようになった [33]。呉卯生氏は 1927 年生まれで、八坼鎮南聯村中港の人である。16 才の時に私塾での学習を終えると、許維鈞について 3 年間学び、その後彼の下手を 3 年間務めた。土地改革の時の階級は貧農であった。1951 年に同里向東大隊で半年間小学校教員を務め、その後上海の自行車部品製造工場で 10 年間勤めた。1961 年以降、呉江試験農場、南聯大隊、呉江糧食機械廠などに勤務した。1987 年に退職し、専業の宣巻芸人となった [34]。

　1980 年代から 1990 年代初にかけて編纂された新編地方志には「〔宣巻は〕後に絶滅の危機に瀕した」とされ、車錫倫も調査を踏まえて同様の印象を記していたが [35]、1990 年代に入ると呉江宣巻は農村部において活況を呈することとなった。2004 年 9 月から 2011 年 3 月にかけての筆者による調査においては、第 2 世代の一部と彼らに師事して登場した第 3 世代の芸人達が活発な活動を行っており、芸能の継承が行われていることが確認できた（活動の詳細については次章以降で扱う）。第 3 世代の筆頭として挙げられるのは閔培伝の弟子芮士龍氏で、当時活動中の芸人の最高齢であった。その他、芮士龍氏の弟子で最も人気の高かった張宝龍氏（1950 – 2017 年）、沈祥元氏の弟子朱火生氏（1948 年生まれ）[36]、呉卯生氏の弟子肖燕氏（1968 年生まれ）、胡畹峰氏の弟子江仙麗氏（1977 年生まれ）、もともと越劇団にいて後に宣巻を行うようになった趙華氏（1979 年生まれ）などがいる。第 3 世代が中枢を担うようになった 1990 年代後半から 2000 年代にかけての時期には 20 組あまりの班子が活動していた [37]。

　第 3 点は、上演場面や上演に際して取り結ぶ関係の変容についてである。まず

---

[33] 胡畹峰氏のライフヒストリーは、『中国農村の信仰と生活』381-393 頁、を参照。
[34] 呉卯生氏のライフヒストリーは、『中国農村の信仰と生活』395-405 頁、を参照。
[35] 車前掲『中国宝巻研究論集』30—32 頁。その後、車前掲『信仰・教化・娯楽』147—150 頁、ではこの部分に関する記述を修正し、儀式の簡略化と娯楽性の増加や新世代の芸人の登場によって宣巻の活動空間がみいだされているとしている。
[36] 朱火生氏の活動については、佐藤前掲「一宣巻芸人の活動からみる太湖流域農村と民間信仰」も併せて参照されたい。
[37] 呉江市地方志編纂委員会編『呉江市志（1986 ～ 2005）』（上海、上海社会科学出版社、2013 年）第 30 巻文化、第 3 章文学芸術、第 1 節「文学」は、1980 年代に十数の班子が活動し、2000 年前後には活動範囲が江蘇、浙江、上海の交界地帯一帯に広がったとしている。

上演場面についてであるが、結婚、嬰児の「満月」(誕生1ヶ月のお祝い)、老人の誕生祝い、新宅の落成、廟会や仏会などの年中行事、家庭の太平祈願や商売繁盛に対する願掛けや願ほどきなどに宣巻が行われたことは以前と大差はないが、その比率には変化がみられるという。例えば、呉卯生氏は次のように述べている[38]。

> 問：1980年代以降の宣巻の上演状況はどんな特徴がありますか。
> 答：長寿祝いや嬰児の満月祝いに対する上演は比較的少なくなった。一般的には老板が金を儲けたので、〔願ほどきのために〕老爺を招いたり、〔村で〕神仏に奉納したりする上演が多い。

上演場面の詳細については次章で検討する。

また上演に際して取り結んだ関係については、ある新編郷鎮志に極めて示唆的な記載がある。『北厙鎮志』に拠れば、中国建国以前の上演には市鎮の「牌話」という仲介人を通じて以下の通り決定されていた[39]。

> 演芸団体(班や社)を招きたい私人や団体は、先ず"牌話"がいる場所に来て気に入った演劇団体(班や社)を選び、そして、演出日と演目を示す必要があった。"牌話"は客の要求に応じて人を派遣したり手紙を出したりして客が選んだ演芸団体(班や社)の領班に知らせた。〔領班に〕異議が無ければ日時を決定した。そして、"牌話"の立会いのもと双方が「定単」(協議書)を交わし、演出日時、劇目、費用などを確定した上で三方がサインをして最終決定をした。不測の事態が起こらない限り、双方とも決定を反古にすることはできず、契約を破ったほうが賠償する責任を負った。

ここで描写される状況は、沈祥元氏が「演劇や宣巻、堂会などの実施に際しては牌話、つまり連絡を仲介する業者を通して連絡しました」と聞き取り調査にお

---
[38]『中国農村の信仰と生活』401頁。
[39] 呉江市北厙鎮地方志編纂委員会編『北厙鎮志』(上海、文匯出版社、2003年)巻17文化体育、第1章文化機構和設施、第6節「牌話」。

いても述べられたように、第 2 世代の芸人によっても同様の状況が証言されているから[40]、呉江において一般的に行われていた状況であると考えてよかろう。これらは 1980 年代には復活せず、名刺や口コミを通して電話で芸人と直接連絡が取られようになった点が改革開放以降の特徴である。換言すれば、市鎮の茶館が有した情報センターとしての役割は少なくとも宣巻に関する情報については喪失してしまったのである[41]。

3. 非遺登録前後における宣巻の上演環境

　1990 年代以降に入ると、第 3 世代の芸人が呉江の農村部において広く活動を行うようになった。本章では彼らの活動と密接に関連していた上演環境について、この世代に属する 2 人の芸人に即して考察する。

　呉江市の無形文化遺産調査班による調査に拠れば、宣巻の上演場面として廟会、企業の開業、敬老院、新居の落成、長寿祝い、婚約・結婚などがあり、そのうち「廟会などの場面における上演では専ら"賧仏"（神への奉納）のために用いられる」とされている[42]。ここから上演場面の概況を把握することは出来るが、それぞれの場面がどの程度の割合なのか、中国建国前と比して上演場面の内訳にどのような変化がみられるのかについては判明しない。そこで、本章では朱火生氏と江仙麗氏の上演記録や芸人の口述記録から、宣巻の上演場面と民俗との関係についての手がかりを得る。

　上演記録の内容をみる前に 2 芸人の略歴をみておこう。朱火生氏は 1948 年に生まれた八坼鎮龍津村出身の芸人である。中学卒業後、数え年で 18 歳の時に理

---

[40]『中国農村の信仰と生活』376-377 頁。
[41] 樊樹志『江南市鎮――伝統的変革』上海、復旦大学出版社、2005 年、458―467 頁。近年では WeChat などの SNS を用いて連絡を取り合うばかりか、上演風景を発信している芸人も登場している。
[42]『江蘇省非物質文化遺産普査　呉江市史料匯編』第 1 巻、呉江、呉江市文化広播電視管理局、2009 年。兪前・張舫瀾「同里宣巻概述」『中国・同里宣巻集』〈口頭演唱録本〉、5 頁、も同様に記述している。「賧仏」は上演記録などにおいて「待仏」とも表記される。呉語方言においては類似した発音を有するため、「待」の字が広く用いられることになったのだと思われる。本稿では表記を「待仏」と統一する。

髪を学びはじめ、その後理髪業に従事した。文化大革命期には毛沢東思想文芸宣伝隊に加入し、農村部における宣伝工作に従事したこともあった。芸能の基礎はこの時期に学んだという。後に、農業や商業に従事した後、数え年で45歳の時に沈祥元氏の弟子となり芸人としての活動を開始した。1995

類型	内訳	内訳回数	回数
Ⅰ年中行事	集団活動（廟会など）	60	61
	観世音誕生日	1	
Ⅱ人生儀礼	誕生日・満月など	9	42
	長寿祝い	6	
	大学入学	4	
	新居の落成	18	
	結婚・婚約	5	
Ⅲ願掛け・願ほどき	病気や事故	9	167
	発財	126	
	宗教	32	
Ⅳその他	文芸・娯楽活動	7	14
	その他	7	
Ⅴ詳細不明	詳細不明	74	74
			合計 358 回

表1　宣巻の上演場面（朱火生氏）

年以降は専業の芸人となり、失明のため2008年に引退するまで活動した[43]。江仙麗氏は1977年に生まれた屯村鎮三友村出身の芸人である。中学卒業後、18才より父親から揚琴を学んだ（父親は文革期に毛沢東思想文芸宣伝隊にて活動歴あり）。後に、胡暁峰氏と金志祥氏に師事し、20才から23才までの間は彼らの班子において下手を務めた。23才より自分の班子を率いるようになり、現在に到っている[44]。

　宣巻の上演場面について詳細な分析を可能としたのは上演記録の存在である。宣巻芸人は商売上の必要性から、どのような形式であれ上演記録を持っている[45]。上演記録には一般的に上演日、依頼者、上演場所、演目、報酬額などが記されている。その目的は、上演を依頼された日を記録し、重複して依頼を受けないよう

---

[43] 朱火生氏のライフヒストリーは、『中国農村の民間芸能』109-141頁、を参照。
[44] 江仙麗氏のライフヒストリーは、『中国農村の民間芸能』247-269頁、を参照。
[45] 朱火生氏と江仙麗氏以外にも、呉江では張宝龍、趙華、芮時龍の各氏も類似した上演記録をつけており、訪問の際に閲覧させていただいた。記して感謝したい。また、常熟や張家港の宣巻芸人（現地では「講経先生」と称される）も類似した活動記録を有していた。2018年8月24日に張家港妙橋鎮金村の金正球氏から上演記録を閲覧させて頂いた。

類型	内訳	上演記録に表れる呼称	内訳回数	回数
Ⅰ 年中行事	廟会	廟会、廟上宣巻、廟会生日	133	133
Ⅱ 人生儀礼	誕生日	生日、小孩生日、添孫子	21	68
	大学合格	孫女考上大学、孫娘考上大学	6	
	結婚	結婚	6	
	新居の落成	進屋、送進屋	16	
	長寿祝い	做寿、八十大寿	15	
	慶事	喜慶	4	
Ⅲ 願掛け・願ほどき	太平祈願	太平宣巻、接太平	14	267
	願掛け・願ほどき	願信	33	
	待仏（神明への奉納）	待仏、待劉皇、待観音	119	
	集団での待仏	集体待仏	50	
	老板による宣巻	老板待仏、老板宣巻	41	
	商売繁盛	発財宣巻	10	
Ⅳ 娯楽活動など	集団活動	集体活動	32	67
	老年者による活動	老年活動、集体老年活動	32	
	集会	集会	3	
Ⅴ 詳細不明	記録なし		87	87
			合計	622 回

表2　宣巻の上演場面（江仙麗氏）

にするためである。また、過去の記録は、同じ依頼者から再び依頼を受けた場合に同じ演目を上演しないためにも重要である。筆者は、宣巻の上演場面についてより詳しく理解したいという目的から、朱火生と江仙麗の両氏にそれぞれ上演の目的と依頼者の性質について記すことを依頼し、両氏の快諾を得た。以下の分析が可能になったのも両氏のご厚意に依る。

　上演場面についての詳細が記された期間における上演回数は、朱火生氏が2006年3月から2007年1月までの358回、江仙麗氏が2005年1月から2007年

12月までの620回である[46]。それを便宜的に5つの類型に分けて集計したものが表1と表2である。「Ⅰ年中行事」には廟会や春台戯をはじめとする年中行事に類するものを集計した。「Ⅱ人生儀礼」は結婚、嬰児の満月、大学合格、長寿祝いなど人生儀礼に関わるものを含んでいる。「Ⅲ願掛け・願ほどき」は商売繁盛や病気治癒についての願掛けや願ほどきに際して行われる上演や、「待仏」と称される神明への奉納を含む。「Ⅳ娯楽活動など」には、Ⅲにおいて神明が招待され、接仏・送仏という儀式が行われるのに対して、宗教性をまったく帯びない純粋な文芸・娯楽活動として催されるものを集計している。「Ⅴ詳細不明」は記録が全くないか、記してあっても戸主の名前があるのみで上演場面が判明しないものを指す。

上演場面をどのように記録するのかについて両者の定義は異なるために、表の分類はあくまでも便宜的なものであり、言葉の解釈によっては別の類型に分類すべきものがある可能性を断っておきたい。この点を考慮しつつ、表から読み取れる上演場面の特徴の傾向についてみてみよう。

「Ⅰ年中行事」は神明の生誕日を中心とする廟会が中心を占めている。朱火生氏は廟会を「〔廟会とは〕つまり、1～3つの村が聯合して地元の神明に感謝することだよ。もし1つの村では人が少なくて挙行できない場合があるからね。1～3つの村が合同で廟を建立し、日にちを定めて廟会を実施する。毎年同一の日にね。当日になったら、これらの村の人々は廟会に参加して焼香する」と理解しており[47]、村廟において固定された日に開催される廟会のことを指している。これらの廟会には、「待青苗」ないし「青苗会」と呼ばれ、旧暦7月に村落を挙げて行われる共同行事も含まれている[48]。確かに青苗会に代表される村廟での廟会は村落の共同行事的色彩を帯びてはいるものの、運営の実態を微細にみてみると、「仏娘」と呼称される霊媒を中心とする女性の集団によって実質的に運営されて

---

[46] 朱火生氏の上演記録は1999年から始まる合計1032回の上演について記されているが、上演場面についての記録が開始されたのは2006年3月からである。また、表2は合計622回あるが、これは1回の上演について2種類の上演場面が記されていることもあったためである。
[47] 『中国農村の民間芸能』130-131頁。
[48] 『北厙鎮志』巻18社会、第1章民間風俗、第1節「時令節日」。

いる状況があることにも注意しなくてはならない[49]。

　これに対して、江仙麗氏の廟会の定義は、「〔廟会は〕一般的に仏娘が組織したものです」「廟会とはつまり廟で行う〔宣巻の〕ことです。あるものは家で行います。病になり〔治癒したあとで〕、神明を家の中に招いて願ほどきを行い、自分の願いに区切りをつけるのです。ある仏娘は室内に仏台があるので、これは室内の廟会といえます。このように様々な状況があるのです。ある廟会は神明の誕生日で、6月19日や2月19日に行います」というものであり[50]、仏娘が自宅の一室を改造したり（「金堂」「仏堂」などと呼ばれる）、簡素な廟を建てたりして奉じている神明に関わる活動も「廟会」とみなされている[51]。また張宝龍氏に対する調査でも「神明の誕生日がつまり廟会である」と言及されており[52]、村廟の廟会と仏娘の小廟や金堂における廟会の境界は曖昧である。したがって、江仙麗氏の記録においては、本来ならばⅢに分類するべき性質のものも「廟会」と記されているため、朱火生氏や他の芸人の証言に比して割合が高く出ている可能性が高い。これらを考慮しても全体の2割弱をこの類型が占めると判断できよう。

　「Ⅱ人生儀礼」は行事として判別しやすいためか、結婚、嬰児の満月、大学合格、長寿祝い、新宅落成など明確に記されており、両者とも上演全体の1割強を占めるという数値も殆ど一致している。変化という側面からこの数字を考えてみると2点の特徴が浮かび上がってくる。第1は、民国期にも短期間の活動歴を有する老芸人呉卯生氏が「長寿祝いや満月のような状況は〔1980年以降〕比較的

---

[49] 呉江において女性の霊媒は「師娘」「仏囡児」などとも呼称される。筆者が定点観測を行っていた村の1つでは、当該村出身である紹介者が村の「迷信」的側面を知られたくがないために、青苗村の共同的行事の側面を強調しており、当初筆者もそのように捉えていた。しかしながら、筆者が村に入ることによって、青苗会が異なる地点で2回行われるようになり、それが廟会の主導権を握りたい仏娘の行動に起因することを知ったことで、共同行事ではない側面に気づかされることになった。
[50] 『中国農村の民間芸能』264、267頁。
[51] 老芸人で多くの弟子を育てた呉卯生氏は、廟会を「待仏」のことであるとしている。また、柳玉興氏は廟会と待仏を明確にわけているが、全体の上演のうち廟会は8割を示すと述べている。彼のいう廟会では、本稿で分析する廟会と「待仏」とをあわせた割合であると思われる。『中国農村の信仰と生活』401頁。
[52] 『中国農村の民間芸能』148頁。

少なくなりました」[53]と言及しているように、この類型は減少しており、人生儀礼の簡略化の趨勢を示している。第2は、大学合格を祝った上演のように、農村部における進学率の上昇といった2000年代の社会変化を反映した上演があることである。

「Ⅲ願掛け・願ほどき」は上演場面の主要を占め、半数から6割に達している[54]。この類型については2芸人の記録方法は相当異なる。江仙麗氏は「待仏」という言葉を用い、それが廟会とは異なるとした上で次のように述べている[55]。

 問：待仏とはどのようなものなのですか。
 答：待仏とは、子供が大学に合格した時や、老板がその年の儲けがよかった時に行う行事です。エビや魚の養殖に従事している老板が行うのも待仏です。
 問：待仏を行う時にはどこから神明を招くのですか。
 答：自分の村の神を招きます。村には小廟があり、そこには神明が安置されていますから。金家壩鎮では荘家圩劉王廟の神様を家に招くことが多いです。
 問：待仏を行う時には必ず村の神明を招かなければならないのですか。
 答：そうです。
 問：仏娘の〔家に安置されている〕神を招くこともありますか。
 答：あります。村には仏娘がいて、彼女の神明を招くことになっています。

商売繁盛などに対する願掛け・願ほどきなどの際に神像を迎え入れて奉納する上演が「待仏」と表現されているのである。また、「待菩薩」と表現されることも多い。注意しなければならないのは「待青苗」とよばれる年中行事も「待仏」に分類されてしまっている可能性があり、Ⅰに分類されている行事もⅢとの境界

---

[53]『中国農村の信仰と生活』401頁。
[54] 陳鳳英氏は廟会と待仏が全体の7割を占め、そのうち待仏が最も多いとしている。また、肖燕氏が上演の7割を占めると言及した廟会には「待仏」が含まれている。『中国農村の民間芸能』195、218-219頁。
[55]『中国農村の民間芸能』267頁。

は曖昧であることである。これに対して朱火生氏の記録では「奉敬〇〇（神明名）」と記録されており、「戸主性質」（依頼人の性質）と組み合わせて考えると、多くが商売繁盛に関連するものか、仏娘が介在した活動であることがわかる。他の芸人についていえば、張宝龍氏は「待仏で最も多い状況は商売繁盛の願掛けです」と述べ[56]、芮時龍氏は「老板」（個人企業家や商人に対する呼称）による願掛け・願ほどきが「待仏」の大半を占めているとしていることから[57]、芸人が「待仏」とよんでいるものの性質は明らかであろう。

「Ⅳ娯楽活動など」は両者で割合がかなり異なることをどのように判断すればよいのであろうか。表2にある集団活動は神を招かずに行う活動であると述べられているのに対して[58]、朱火生氏は「菩薩（神明）を招かない上演は、現在は基本的にありません」と述べており[59]、上演の割合にこれだけの差がでたのは、両者における「集団活動」の捉え方の違いに起因すると思われる。

「Ⅴ詳細不明」の殆どが関連の記載がない場合であり、記入を忘れてしまったか、どのように記入するか判断のつかなかったものと思われる。したがって、上演の性質はⅤをのぞいたⅠ〜Ⅳの割合が全体の傾向を示していると考えて差し支えないだろう。

以上、2芸人の上演記録と数人の芸人の口述記録から2000年代における上演場面の特徴をまとめると、次の3点を指摘できるように思われる。①上演の半数を占めたのが「待仏」と総称される、商売繁盛や病気治癒の願掛け・願ほどきに際して神明に奉納された宣巻である。②村廟や大廟で行われる廟会も数の上で多くないがある程度の数を占め、かつて行われていた村の共同祭祀が形を変えて復活したものも含まれる。③人生儀礼は全体として相対的に割合を減らしているが、大学合格や新宅落成などの上演場面には2000年代の時代性が反映されている。

---

[56]『中国農村の民間芸能』148頁。
[57]『中国農村の民間芸能』106頁。
[58] 江仙麗氏は「神明に奉納しない活動がもう1つあります。例えば、村に神明がいないけれども皆が宣巻を聴きたいとして上演する場合があります。祭日でなくても、村での集団活動として行うのです。菩薩がいない宣巻は、つまり文芸活動ということになります」と定義している。『中国農村の民間芸能』263頁。
[59]『中国農村の民間芸能』132頁。

総じて言えば、朱火生氏が「宣巻と菩薩（神明）とは千絲万縷の関係にある」と述べているように、芸能化が著しく進んだ絲弦宣巻の形態を採る呉江宣巻も、民間信仰に関連する民俗と密接不可分の関係にある[60]。かような状況を宣巻活動のクライアントに着目してみた場合、多くの待仏儀式を主催する仏娘と商売繁盛の願掛け・願ほどきを行う個人企業家という2大クライアントの存在が浮かびあがってくる[61]。またこの両者も神明に対する儀礼を行う点において、後者が前者のクライアントという関係であった。ところで、村廟（社廟）で行われていた活動は拠金の方法や組織形態からみると村落の共同行事としての側面も有していたが、実際に行事を取り仕切っていたのは仏娘を中心とする女性の進香組織であった点にも民間信仰変容の時代性をみいだすことが出来る[62]。

4. 非遺登録後における宣巻の上演環境と継承問題

(1) 呉江宣巻の非遺登録と宣巻

　本章では、呉江宣巻の非遺登録後に顕著となった上演環境の変化と芸能の継承問題について、対照的な道を歩んでいる2芸人の動向に着目して若干の考察を行う。

　呉江宣巻の非遺認定は次のような手順で行われた。2006年、蘇州市人民政府は同里宣巻を第2期蘇州市級非物質文化遺産簿に登録したことを公布した。続いて翌年、呉江市人民政府より第1期呉江市級非物質文化遺産に登録された。そして2009年には、江蘇省人民政府は第2期江蘇省級非物質文化遺産に登録された。2018年12月4日には、同里宣巻は、近隣の錦溪宣巻、河陽宝巻、勝浦宣巻を一

---

[60] 『中国農村の民間芸能』132頁。
[61] 朱火生氏は、宣巻のはじめとおわりに行う接仏儀礼・送仏儀礼の際に唱う接仏歌・送仏歌や、幕間に歌う各種の「小調」（民間俗曲）などを記したノートをつけていた。その中に、送仏儀礼の後、宣巻の口火で話す挨拶の雛形も記してあった。ここに示された開廠老板、養魚老板、養蝦老板、養蟹老板、養猪老板、養鶏養鵝老板、開車老板、種田人、運輸老板、做生意人、若然搓麻將人などが宣巻の主要クライアントである。『朱火生氏ノート』（未定稿）。
[62] 佐藤仁史「"迷信"与非遺之間——関於江南的民間信仰与農村婦女的一些思考」『民俗研究』2018年第1期。

括して呉地宝巻として第4期国家非物質文化遺産に認定された[63]。

　政府による認定と平行して、2007年初に普査領導小組が組織され、文化広播電視管理局と文化館の関連人員によって構成された工作小組と在野の郷土史家による専家組がその下に設けられた。同時に各鎮において文化服務中心を核とする普査小組が設置され、文化工作経験者、退職教員、鎮志編纂者などに基層の調査への参与を求めた[64]。宣巻調査の実質的な指導的役割を担ったのが当地の民俗に造詣が深いことで知られていた張舫瀾氏（1939年生まれ）であり、彼を中心に組織された調査班によって呉江の宣巻芸人の活動や所蔵宝巻についての詳細な調査が進められた[65]。調査に伴い大多数の芸人は張氏の紹介により呉江市民間文芸家協会などに加入した。加入申請書には芸人の略歴や得意な演目などが記されており、彼らの加入が非遺申請と軌を一にしていたことが推測される[66]。

　上記調査の決算ともいえるのが、『中国・同里宣巻集』（中共呉江市委宣伝部等編、南京、鳳凰出版社、2010年）である。まず、『中国・同里宣巻集』の構成をみてみよう。本書は〈口頭演唱記録本〉と〈手抄校点本〉の2冊からなり、それぞれに25種の宝巻が収められている。このうち、〈口頭演唱記録本〉の25種については張舫瀾氏を中心とする文字採録組が宣巻芸人の上演会場や自宅に赴いて録音し、それを文字に起こしたものである。それぞれの巻には、内容の概要、採録対象芸人、録音日、整理日、上演地点、上演状況についての解説が附されている。採録された宝巻はほとんどが多くの芸人によって上演されるなじみの深いものが大半を占めている。張氏は、生ける無形文化財の保護・救済方法について述べて、「原味原汁」（本来の姿）を保つことを重視し、軽々しく修正を加えないことを旨

---

[63]「同里宣巻入選第四批国家級非物質文化遺産代表性項目名録」呉江通　http://www.wujiangtong.com/webpages/DetailNews.aspx?id=13034（2019年1月14日閲覧）。
[64]『江蘇省非物質文化遺産普査　呉江市史料匯編』第1巻、呉江市文化広播電視管理局、2009年。なお、当該資料は張舫瀾氏所蔵のものを閲覧させていただいた。
[65] 張舫瀾氏は1939年に呉江蘆墟鎮において生まれた。中国民間文芸家協会会員、中国民俗学会会員、江蘇省呉歌学会副秘書張を務める。長編叙事呉歌『五姑娘』の蒐集・整理にあたったことで知られる。主要著書に『呉江伝説』南京、江蘇鳳凰文芸出版社、2014年、主要編著に『中国・蘆墟山歌集』上海、上海文芸出版社、2004年、『中国・蘆墟山歌続集』上海、上海文芸出版社、2014年、『中国・同里宣巻集』南京、鳳凰出版社、2010年がある。
[66]『呉江市民間文芸家協会会員登記表』（宣巻の関係者として合計61人分がある）。当該資料の複本を張舫瀾氏所蔵より閲覧させていただいた。

年	2000	2001	2002	2003	2004	2005	2006	2007
上演回数	173	212	155	113	156	184	224	228
年	2008	2009	2010	2011	2012	2013	2014	2015
上演回数	238	178	146	118	110	90	57	38

表3　江仙麗氏の上演回数
　注：江仙麗氏の上演記録より作成。なお、2002年8月および9月の情報が不完全なため、2002年の上演回数は実際よりも低く計算されている。

としたとしている。なお、彼らの調査に拠れば、民間に所蔵される宝巻の抄本は少なくとも150種にのぼるという[67]。

　地域文化をいかに記録するかという角度からみれば、本書はテキストそのものに焦点をあてたものであり、テキストを取り巻く環境については、芸人レヴェルを範囲とすることに留まっていることもまた事実である。無形文化財の保存・継承という観点から考えると、総体としての芸能、すなわち宣巻と密接不可分の関係にある民俗生活を含めた上演環境を総合的にとらえて記録することも必要であると思われる[68]。しかしながら、このことは従来「封建迷信」としてみなして、改造の対象としていたり、保存の対象から追いやったりしてきたものに対する価値の転換を伴わなくてはならないことでもある。

(2) 上演環境の変化

　第3世代の芸人は非遺登録の前後から大きな社会変動に直面する中で、様々な生存戦略を採ることを余儀なくされるようになった。以下では対照的な歩みをみせている2芸人の状況に即してみてみよう。

①江仙麗氏の場合

　江仙麗氏の上演記録には2000年1月から2016年夏までの上演状況が記録されている[69]。そのうち、年間回数を通算できる2000年から2015年までの上演回数

---

[67] 兪前・張舫瀾「同里宣巻概述」『中国・同里宣巻集』〈口頭演唱録本〉、5-6 頁。
[68] 生活から民俗を捉えることの重要性については、菅前掲「何謂非物質文化遺産的価値」、佐藤前掲「地域文化を記録するということ」で指摘されている。
[69] 『江仙麗氏上演記録』（2000 年 1 月～ 2016 年 10 月、閲覧日 2015 年 8 月 29 日）。

写真1　趙華氏の上演記録（2015年8月30日、筆者撮影）

をまとめたものが表3である。

　2003年に一時期的に上演回数を減らしていることを除けば、2009年までは年間155回から238回の上演回数があり、特に各級政府の非遺に認定された時期にピークを迎えている。その後、急激に上演回数を減らし、ピーク時の6分の1まで落ち込んでいる。上演回数を大きく減らしている要因の1つとして、2000年代中盤以降に顕著となった農村の集団移転があったことを本人ははっきりと理解していた[70]。

> 問：先ほど伺った観衆の問題について印象に残っているのが、江南農村の変化の大きさ、特に集団移転があります。
> 答：その通りです。蘆墟鎮や呉江（松陵鎮）龐楊湖周辺地域は、いくつかの村を移転させて作った地域です。それから、同里鎮の静思園も同里鎮周辺の村落を移転させて作りました。越沢小区も同様の背景があります。
> 問：農村の集団移転は、あなた達の上演にどのような影響をもたらしましたか。
> 答：村の廟もみな取り壊されてしまったため、廟での上演がなくなってしまいました。……現在は結婚や新宅造成、大学合格などの上演となります。また、村廟での上演はかつてより少なくなりましたが、家の中に仏台を備え、そこに大老爺や観音を安置している家があります。このような家では毎年上演します。

---

[70] 江仙麗氏口述記録（2015年8月29日採訪、未定稿）。

農村の集団移転によってもたらされたのは、村廟において行われていた廟会や青苗会などの村の共同行事の大幅な減少であり、それに比例して、第3章でとりあげた、Ⅱの類型やⅢの類型の比重が高まっていることがわ

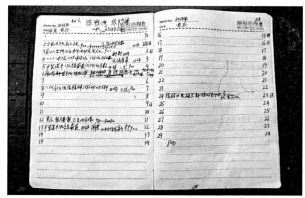

写真2　江仙麗氏の上演記録（2015年8月29日、筆者撮影）

かる。興味深いのは仏台に言及されていることであり、このことは集団移転しても仏娘が依然として形を変えて活動をしており、宣巻芸人の主要クライアントとなっていることを示している。

　いくつかの村落が移転して成立した新たな「小区」の中には、方法を講じて土地や建物を借り受け、それらを廟として利用している地域もあった。呉江のZ小区はそのような事例の1つである。2015年8月における現地調査では、一見すると倉庫のような佇まいの、小区の端に建設された排房（並屋）の各部屋に、移転前の村で信仰されていた神明がそれぞれ祭られ、廟会も別々に執り行われていた。この点からみると、従来の村落意識が強いとみることができるかもしれない。しかし、個々の廟の運営を主導しているのは仏娘であるという事実からは、これとは異なる側面も浮かび上がる[71]。

　1955年に貧農家庭に出生したある仏娘は、幼少期に「紅小兵」（初級中学以下の年代の紅衛兵）となった経歴も有した。数え年で28歳の時に配偶者が病を得たことを機に仏娘との接触があったという。数え年38歳の時に自宅に仏台を設けて

---

[71] 村廟が実質的に霊媒を中心とする進香組織によって運営されていたこと、組織を担ったのが中老年の女性であったという事例は枚挙に暇がない。なお、伝統中国期江南の民間信仰の特徴として鎮城隍廟が叢生したことが挙げられるが、これらは現在では殆どが姿を消し、観光地化したものが残存しているにすぎない。わずかに復興した蘇州市呉江区八圻鎮や上海市松江区広富村（かつての広富林鎮）でもその運営は霊媒が個人的に主催していた。

写真3　集団移転後の新社区に建造された廟（2015年9月2日、筆者撮影）

仏娘としての活動を開始した。曾祖母、祖母ともに仏娘であり、主に上方山太姆や観世音を奉じているという[72]。口述調査の際、彼女は「現在では毛主席も神になりました。仏台にも毛主席の像があります」と述べ、途中で毛主席が憑依する現象に遭遇した。このような神明の創造という現象は、「小伝統」において「大伝統」がどのように理解され、取り込まれていったのかを示す興味深い事例であり、今後の継続調査による深化が待たれる[73]

②趙華氏の場合

続けて、江仙麗氏とは全く異なる生存戦略を採っている趙華氏の状況をみてみよう。趙華氏は1979年に杭州市臨安県に生まれ、紹興出身である父親の薫陶を受けて幼少時より越劇を好んだ。12歳の時に浙江芸校越劇班に入って越劇の本格的な訓練を受けるようになった。様々な役柄を経験した結果、最後には「尹

---

[72] X・GZ氏口述記録（2015年9月2日採訪、未定稿）。上方山太姆は上方山姆姆とも呼ばれ、江南一帯において特に女性の信仰を広く集める神明であり、五通神信仰との関連を含めて江南の民間信仰を理解するうえで極めて重要な存在である。多くの宣巻芸人や霊媒によって言及がなされている。地方志横塘鎮志編纂委員会編『横塘鎮志』（上海、上海社会科学院出版社、2004年）第15章民俗、第4節「上方山廟会」に拠れば、伝統中国期の巫女は自らが上方山姆姆の「義理の娘」（乾女児）であると称したという。このような状況は改革開放以降においても広くみられる。

[73] 1990年代より毛沢東の神格化の現象が各地でみられた。そのような事例として、韓敏「毛沢東の記憶と神格化——中国陝西省北部の『三老廟』の事例研究にもとづいて」『国立民族学博物館研究報告』29巻4号。2005年、がある。

派小生」を専門とした。数え年17才の時に学業を終え、臨安越劇団に加入した。その後、呉江の金献武氏と知り合いになり（後に結婚）、呉江に移住して宣巻を学び始めた。芮時龍氏に師事し、彼の下手を務めながら実力を磨いた。2002年より独立して自らの班子を率いている[74]。

写真4　ある霊媒の自宅に設置された祭壇。毛沢東像もみられる（2015年9月2日、筆者撮影）

　呉江宣巻の非遺登録に際しては芮時龍氏が非遺伝承人に認定されているが[75]、年齢の関係上上演回数は往事には遠く及ばない。これに対して、実質的な活動を継続している趙華氏は他の芸人からも「趙華が同里〔宣巻〕の代表です」と言及され[76]、非遺関連の行事やメディアの取材、政府文化部門の活動の際には真っ先に声を掛けられるように、第3世代を代表する地位を築くに到っている。

　2015年夏に閲覧に供された本人の上演記録（2010年3月〜2015年7月）のうち、通年の状況が明らかとなる2011年から2014年の上演回数を集計したところ、2011年218回、2012年256回、2013年267回、2014年274回であった。1月〜3月の情報が得られない2010年も166回も上演があり、少なく見積もっても2011年程度の上演回数があったと推測される[77]。この状況は江仙麗氏の班子と対照的であるが、彼女の劇団はどのようにして上演回数を順調に維持しているの

---

[74] 趙華氏のライフヒストリーについては、『中国農村の民間芸能』223-246頁、を参照。
[75] 『中国・同里宣巻集』〈手抄点校本〉375頁。
[76] 江仙麗氏口述記録。
[77] 『趙華氏上演記録』（2010年4月〜2015年7月、閲覧日2015年8月30日）。

であろうか。近年の変化について、趙華氏は次のように述べている[78]。

> 多くの地域において〔集団移転に伴い、上演は〕行わなくなりました。もちろんまだ〔村廟は〕多くありますけれどね。また、上演方法もとても簡素化されました。宣巻活動は基本的に老人が行うものです。……費用もあなた達が調査に初めて来た時（2004年～2006年頃）は大体400-450元でしたが、現在では1200元位になっており、最も安くても1000元は必要です。1200元は〔農村の〕老人にとって容易な負担ではなく、子女に出してもらって漸く実施できるのです。……1200元だけで宣巻活動ができるわけではありません。活動中の飲み食いや神明への供物、蠟燭、錫箔などにもお金がかかるからです。また、手伝ってくれた人にも少なくとも食事を振る舞わなくてはなりません。このことも〔上演が少なくなった〕原因です。もっとも主要な原因はやはり高齢化に尽きると思います。高齢化という環境の変化が我々芸人に影響しているのです。

ここで説明されているのは、単に村廟における上演環境の変化というよりも、宣巻全体を取り巻く状況全体の変化である。社会的変化の要因を高齢化に帰結させる説明は仏娘についても同様にみられ、「このような人（仏娘）は次第に少なくなっています。……若い仏娘は口達者で、信仰に関することを巧みに説明しますから、多くの人に依頼を受けるのです。しかし全体的に言って、仏娘も減っているように感じます。彼女らも高齢化しているからです」と述べている[79]。

以上のような芸人視点からの観察が妥当か否かはここでは措いておくとして、高齢化によって上演の機会が減少しているにも拘わらず、趙華氏の劇団が順調に上演回数を増やしているのはなぜであろうか。上演記録をみてみると、「同川書場」「龐揚書場」においての上演が一定の割合を占めていることがわかる[80]。同氏

---

[78] 趙華氏口述記録（2015年8月30日採訪、未定稿）。
[79] シャーマンを中心とする女性の進香組織について筆者は、改革開放政策がもたらした農村社会構造の結果、再び社会の周縁へと追いやられた存在として指摘したことがある。佐藤仁史前掲「"迷信"与非遺之間」。
[80] 例えば、『趙華氏上演記録』2014年4月16日の条。筆者が2015年8月31日に上演を参観

によれば書場での上演は100回にのぼり、「これらは呉江経済開発区同里鎮古鎮保護委員会から依頼された公益を目的としたものです。年末に当委員会から政府の補助金が与えられます。これは非遺の旅游項目として与えられた補助金なのです」と述べているよ

写真5　新たな社区に設置された書場における上演前の様子（2015年9月1日、筆者撮影）

うに[81]、官との繋がりによって芸能の生存空間を求めていこうとするものである。また、上演記録の中には含まれていないが、同氏は2010年より同里中学の課外活動として結成された「宣巻社」において、宣巻をはじめとする芸能を教えているという。農村の退縮ないし消滅によって農村における上演は大幅に減少したものの、都市部における上演機会を機敏に捉えて生存空間を求めている点に趙華氏の活動の特徴をみてとれよう。

(3) 継承問題

　それでは、第3世代として活動する芸人達は次世代への継承をどのように考えているのかについて一瞥しておきたい。結論を先に述べれば、現在の呉江において中核を担っている2人もこの問題については悲観的且つ現実的な意見を有している。先ずは江仙麗氏の言をみてみよう[82]。

　　　した場所も城南社区書場であった。
[81] 趙華氏口述記録。
[82] 江仙麗氏口述記録。

問：あなたは〔呉江宣巻において〕最も若い世代ですが、さらに若い芸人はいますか。
答：おりません。〔最も若いのは〕趙華です。
問：〔弟子を〕育てないのですか。
答：養成したとしても年齢がいった人ですね。私よりも若い世代の人はみな〔宣巻が〕好きではなく、身につけようとはしません。私と趙華の年齢が最も若く、その他の芸人は〔若くても〕4、50代ですね。

1980年代以降に出生した若い世代が農村の伝統芸能に殆ど関心を示さないことを端的に語っている。江南農村が大変貌を遂げ、従来の上演場面が減少して行く中で、観光や教育における活動空間に活路をみいだした趙華氏も継承問題には極めて悲観的な見解を示す[83]。

21、2才の若者が学びにきて受け入れられるでしょうか。芸能を学んでも兼職であるなら、精粋を学ぶことはできないので学ぶ意味はありません。もし専業とするとしても、極めて困難な将来であると私自身が感じています。このような状況のもとで専業となる意味があるでしょうか。ですので、私は地方政府の領導に次のようにいったことがあります。芸人を養成するのであれば、その人を文体站か類似した単位に籍を置かせ、その上で芸人を兼職させるべきだと。こうすれば、その人は精魂を傾けて学び、精髄も身につけることができるでしょう。籍が文体站にあれば、芸人の道を歩んだとしても生活の保障が得られます。このような体制であればリスクもなく、私も安心して教えることでできます。他人の人生を誤らせることができましょうか。
（中略）
〔宣巻を〕継承できるか否かについて、私の見解は惨憺たるものです。宣巻の消滅は避けがたい運命で、再び流行するまでには到らないでしょう。ただし、少しの期間延命し、何年か長く延命できればというのが最近の活動の主

---

[83] 趙華氏口述記録。

眼です。なぜなら私より若い世代〔の芸人は〕全くいないからです。

　雄弁なこの証言は宣巻の継承問題の置かれた状況を様々な角度から考えさせる材料を提供している。ここで公的な制度の中に一定の活路がみいだされていることは、本人がもともと政府の越劇団に所属していたことが発想の根底にあるようにも思われる。しかしながら、他の演劇や芸能に比べて芸術としての地位が低い宣巻が制度化した芸能として存続することがそもそも可能であるのかという疑問が湧く。前章でみたように、宣巻は民間信仰をはじめとする農村の民俗生活と不可分の関係にあり、農村の生活という要素から離れて存続させることは難しい。また上演環境も含めて保護しようとしても、かつて「封建迷信」としてみなして改造の対象としていたり、非遺の対象となった文化と密接に関わりながらも保存の対象から追いやったりしてきたものに対する価値の転換が必要になる。集団移転や都市化によって従来の農村が急激に減少してはいるものの、一部の地域では何らかの形でしばらく維持されていくものと思われる。かような状況のなかで生活を含めた芸能をどのように総体的に記録していくのかが観察者にとっての課題となっている。

おわりに

　その起源が清末にまでさかのぼる呉江宣巻は、民国期後半に到ると木魚宣巻の形態から絲弦宣巻へと発展した上演形態を採る芸人も登場していた。蘇州の中心部に近く、芸能に対する需要の大きかった同里鎮を擁した呉江県では、特に絲弦宣巻を採用した芸人が市鎮の住民を中心として好評を博するようになっていた。現在まで継承された上演形態を完成させたという意味で、本稿ではこの時期の芸人を第1世代と暫定的に定義した。

　中華人民共和国建国後には宣巻や関連する民俗はほぼ途絶えてしまったが、改革開放政策が採られると、呉江においても部分的に上演が再開されるようになった。この時期に活動したのは第1世代に師事し、民国期にも若干の活動歴のあった第2世代の芸人達であった。再開当初においては所属する行政単位以外での上

演には政府文化部門における登記と紹介状が必要であったように、政府による管理の影響が濃厚であった。また、上演場面についていえば、観光資源として同里鎮で行われた場合を除くと、市鎮との関係が希薄になっていたことがこの時期の特徴であったと指摘できる。

　1990年代以降になると政府文化部門における管理という足枷はほぼなくなり、復興した民俗文化と連動した上演が多くを占めるようになった。「復興」とはいうものの、宣巻芸人の上演記録を微細にみていくと、村落における共同行事はかつてよりも減少し、結婚や新宅落成、大学合格など改革開放によってもたらされた経済発展を反映した人生儀礼に関連した上演の比率が増加していた。上演の大半を占めたのが、経済のグローバリゼーションを背景に登場した農村企業家が願掛けのために依頼した上演であり、その性質上現地で仏娘と呼称される宗教職能者が密接に関わっていたこともこの時期の特徴である。この時期には教条的な文化政策が退歩し、相対的にいってより広い文化的社会的活動空間が農村を中心に広がっていたことを反映でもあった。

　各級政府が宣巻を非遺として認定した2000年代後半以降になると、宣巻は大きな転換点に直面することとなった。農村の集団移転、すなわち村落を都市や市鎮周辺に移転させる政策の推進によって、村の共同行事としての廟会が消滅するなど民俗文化の場自体が失われることとなった。加えて、高齢化や世代交代がこのことに拍車をかけた。復興後の民間信仰の中核であった仏娘を中心とする中老年女性の進香組織は高齢化に伴って活動が減少し、都市や市鎮で生まれ育った新しい世代はこうした活動に関心を示さなくなっている。第3世代の宣巻芸人も同様の問題に直面している。すなわち芸人自身の高齢化に加えて、観客の高齢化と減少、世代交代によって芸能や農村民俗に全く関心を示さない地域住民の増加という苦境に芸人は直面しているのである。芸人によっては、非遺登録に伴い政府部門との繋がりを強化することで活動空間を確保しようとしている者もいるが、高齢化と世代交代の波に抗うことは極めて困難に映る。

　1994年に刊行された新編『呉江県志』において、宣巻は「絶滅の危機に瀕した」と述べられていた。この描写は非遺登録後に顕著となった江南農村社会の大変容とそれに伴って従来の上演状況が激減している現状を説明するのにふさわ

いのかもしれない。地方政府の文化部門の政策にも拘わらず、大きな趨勢としては宣巻が「絶滅」への一途をたどることは避けられないと思われる。とはいえ、現在でも依然として関連した民俗文化は活発に行われている場合があることにも留意しなくてはならない。江南一帯に広がっている上方山太姆信仰の拠点である上方山で知り合った仏娘を 2018 年夏に訪問したところ、彼女は上方山太姆を奉じる以外に、毛沢東や楊開慧を神明として奉じていること、彼らを祭る廟を有していることを示した上で、「近年の社会は腐敗に満ちており、これらの解決には毛沢東と楊開慧の霊験に頼る必要がある」と語った[84]。この仏娘は相当都市化が進んだ市鎮在住であることに加えて年齢も若く、進香組織の構成員にも 40 代とおぼしき人々も少なからずいた。個別の事例なので一般化は出来ないが、筆者の観察に拠ればかような組織は少なくないものと推測される。であるならば、本稿で取り上げた民俗文化が完全な「絶滅」に到るまでにはなお暫くの時間が残されているのかもしれない。芸能や背後にある民間信仰を取り巻く状況や時代性を総体的に考察するための材料を観察・収集することが急務となっている。

---

[84] X・YZ 氏口述記録（2017 年 12 月 2 日採訪、未定稿）。

執筆者紹介

石　光　生（せき　こうせい）
　1954年生。カリフォルニア大学ロサンゼルス校(UCLA)演劇学博士。現職は国立台湾芸術大学戯劇系教授。専門は儀礼と演劇、インターカルチュラル・シアター。主な著作に『跨文化劇場：傳播与詮釈』（書林出版社、2008年）、『台湾伝統戯曲劇場芸術：儀式・演変・創新』（五南出版社、2013年）、「人文与科技融合的省思：執行両項偶戯数位典蔵的経験分享」（『芸術論衡』復刊第6期、成功大学芸術研究所、2014年）など。

邱　一　峰（きゅう　いつほう）
　1971年生。国立政治大学中国文学研究所博士課程修了。現職は嶺東科技大学通識教育中心助理教授。専門は中国文学、台湾民間文化。主な著作に『台湾皮影戯』（晨星出版社、2003年）、『閩台偶戯研究』（国立政治大学中文系博士論文、2004年）、「従文化創意産業看当代戯曲発展——戯曲芸術新方向的一種観察」（『嶺東学報』第四十期、2016年）など。

山下　一夫（やました　かずお）
　1971年生。慶應義塾大学大学院文学研究科中国文学専攻後期博士課程単位取得退学。現職は慶應義塾大学理工学部准教授。専門は中国文学。主な著作に「台湾における外国語教育の現状について——第二外国語を中心に」（『複言語・多言語教育研究』第5号、2017年）、「『銷釈准提復生宝巻』初探」（侯沖主編『経典、儀式与民間信仰』、上海古籍出版社、2018年）、『地方戯曲和皮影戯——日本学者華人戯曲曲芸論文集』（共編、博揚文化事業有限公司、2018年）など。

氷上　正（ひかみ　ただし）
　1953年生。東京都立大学人文研究科中国文学専攻博士課程単位取得満期退学。現職は慶應義塾大学総合政策学部教授。専門は中国古典小説・中国戯曲。主な著作に『中国の禁書』（共訳、新潮社、1994年）、『性愛の中国史』（共訳、徳間書店、2000年）、『インテンシブ中国語——集中型中国語講座』（共著、東方書店、2000年）、「北京における相声の現状についての一考察」（『近現代中国の芸能と社会——皮影戯・京劇・説唱』所収、好文出版、2013年）など。

戸部　健（とべ　けん）
　1976 年生。慶應義塾大学大学院文学研究科後期博士課程修了、博士（史学）。現職は静岡大学学術院人文社会科学領域人間・社会系列教授。専門は中国近現代史。主な著作に『近代天津の社会教育──教育と宣伝のあいだ──』（汲古書院、2015 年）、「天津 1911 年──鼠疫をめぐる中医の社会史──」（『衛生と近代──ペスト流行にみる東アジアの統治・医療・社会──』法政大学出版局、2017 年）など。

千田　大介（ちだ　だいすけ）
　1968 年生。早稲田大学大学院文学研究科中国文学専攻博士課程中退。現職は慶應義塾大学経済学部教授。専門は中国の通俗文芸。主な著作に「乾隆期の観劇と小説〜歴史物語の受容に関する試論〜」（『中国文学研究』第二十四期、1998 年）、「北京西派皮影戯をめぐって」（科研費報告書『近代中国都市芸能に関する基礎的研究』、2001 年）、「北京皮影戯西唐故事考──「大罵城」と『三皇宝剣』伝奇を軸に──」（『中国都市芸能研究』第 17 輯、2019 年）など。

平林　宣和（ひらばやし　のりかず）
　1966 年生。早稲田大学大学院文学研究科芸術学専攻博士課程単位取得退学。現職は早稲田大学政治経済学術院教授。専門は近現代中国演劇史。主な著作に中国芸術研究院戯曲研究所編『中国演劇史図鑑』（監訳、国書刊行会、2018 年）、章詒和著『京劇俳優の二十世紀』（共訳、青弓社、2010 年）、『文明戯研究の現在』（共編訳、東方書店、2009 年）など。

佐藤　仁史（さとう　よしふみ）
　1971 年生。慶應義塾大学大学院文学研究科後期博士課程修了。博士（史学）。現職は一橋大学大学院社会学研究科教授。専門は中国近現代史。主な著書に『近代中国の郷土意識──清末民初江南の在地指導層と地域社会』（研文出版、2013 年）、『嘉定県事── 14 至 20 世紀初江南地域社会史研究』（共著、広東人民出版社、2014 年）、『垂虹問俗──田野中的近現代江南社会与文化』（共著、広東人民出版社、2018 年）など。

中國都市藝能研究會叢書 05

中華圏の伝統芸能と地域社会

2019 年 2 月 28 日　　初版 1 刷発行　　定価はカバーに表示されています

編著者	石　光　生（せき・こうせい）	邱　一　峰（きゅう・いつほう）
	山下　一夫（やました・かずお）	氷上　　正（ひかみ・ただし）
	戸部　　健（とべ・けん）	千田　大介（ちだ・だいすけ）
	平林　宣和（ひらばやし・のりかず）	佐藤　仁史（さとう・よしふみ）

発行者　　尾方敏裕
発行所　　株式会社 好文出版
　　　　　〒 162-0041　東京都新宿区早稲田鶴巻町 540　林ビル 3F
　　　　　電話　03-5273-2739　　　FAX　03-5273-2740
　　　　　URL　http://www.kohbun.co.jp/
DTP 制作　電脳瓦崗寨
　　　　　http://wagang.econ.hc.keio.ac.jp/

© 2019 K. Shih, Y.Chiu, K. Yamashita, K. Tobe, T. Hikami, D. Chida, N. Hirabayashi, Y. Sato
　Printed in Japan　ISBN978-4-87220-219-9

本書の一部あるいは全部を無断で複写・複製・転載・使用することは法律で禁じられています

版權所有　翻印必究